高校学生工作的社会工作参与

——一个基于多所高校的经验研究

张 微 | 著

图书在版编目(CIP)数据

高校学生工作的社会工作参与：一个基于多所高校的经验研究/张微著. —北京：中央编译出版社，2019.10

ISBN 978-7-5117-3739-7

Ⅰ.①高… Ⅱ.①张… Ⅲ.①高等学校-学生工作-研究 Ⅳ.①G645.5

中国版本图书馆 CIP 数据核字(2019)第 196694 号

高校学生工作的社会工作参与：一个基于多所高校的经验研究

出 版 人：	葛海彦
出版统筹：	贾宇琰
责任编辑：	李媛媛
责任印制：	刘　慧
出版发行：	中央编译出版社
地　　址：	北京西城区车公庄大街乙 5 号鸿儒大厦 B 座(100044)
电　　话：	(010)52612345(总编室)　　(010)52612335(编辑室)
	(010)52612316(发行部)　　(010)52612346(馆配部)
传　　真：	(010)66515838
经　　销：	全国新华书店
印　　刷：	北京紫瑞利印刷有限公司
开　　本：	710 毫米×1000 毫米　1/16
字　　数：	294 千字
印　　张：	19.75
版　　次：	2019 年 10 月第 1 版
印　　次：	2019 年 10 月第 1 次印刷
定　　价：	85.00 元

网　　址：	www.cctphome.com	邮　箱：	cctp@cctphome.com
新浪微博：	@中央编译出版社	微　信：	中央编译出版社(ID：cctphome)
淘宝店铺：	中央编译出版社直销店(http://shop108367160.taobao.com)　(010)55626985		

本社常年法律顾问：北京市吴栾赵阎律师事务所律师　闫军　梁勤
凡有印装质量问题，本社负责调换。电话：(010)55626985

目 录

第一章 绪 论 / 1

一 研究缘起与研究意义 / 1
    (一) 研究缘起 / 1
    (二) 研究意义 / 3

二 研究综述与创新之处 / 4
    (一) 研究综述 / 4
    (二) 本书创新之处 / 19

三 理论基础与概念界定 / 21
    (一) 理论基础：马克思有关"人的全面发展"理论 / 21
    (二) 概念界定 / 25

四 研究思路与研究方法 / 32
    (一) 研究思路 / 32
    (二) 研究方法与对象的选取 / 34

第二章 我国高校学生工作面临的问题 / 38

一 我国高校学生工作主体的困顿 / 38
    (一) 学生工作价值理念的异化 / 38
    (二) 学生工作内容偏离、泛化与悬浮 / 42
    (三) 学生工作者的职业化与专业性困境 / 44

二　我国高校学生工作客体的倒逼压力 / 46
　　（一）常规工作路径实效性下降 / 46
　　（二）传统组织形式的整合度下降 / 49
　　（三）学生与学生工作者的关系疏远 / 53
三　我国高校学生工作面临的环境挑战 / 59
　　（一）社会转型给高校学生工作带来的挑战 / 59
　　（二）信息化给高校学生工作带来的挑战 / 63
　　（三）高等教育改革给高校学生工作带来的挑战 / 66

第三章　社会工作与高校学生工作的特点及内在关联 / 68

一　我国高校学生工作的历史沿革与特点 / 69
　　（一）我国高校学生工作的历史沿革 / 69
　　（二）我国高校学生工作的特点 / 80
二　社会工作的历史沿革与特点 / 85
　　（一）社会工作的历史沿革 / 85
　　（二）社会工作的特点 / 90
三　社会工作与高校学生工作的内在关联性 / 96
　　（一）社会工作与高校学生工作的耦合性 / 96
　　（二）社会工作对高校学生工作的弥补性 / 104

第四章　社会工作参与高校学生工作的显功能 / 109

一　成长发展指导的有效提供 / 109
　　（一）助人自助：社会工作参与大学生成长发展指导的价值基础 / 110
　　（二）社会工作参与提供各种成长发展指导的行动实践 / 118
　　（三）理念耦合与方法专业：社会工作促进成长发展指导的内在逻辑 / 132
二　弱势大学生的全面关注与帮扶 / 137

（一）对弱势大学生关注与帮扶的全面性：社会工作的专业
　　特质 / 137
（二）社会工作参与弱势大学生全面关注与帮扶的行动实践 / 146
（三）去标签化、关注情绪、聚焦优势：社会工作促进弱势
　　大学生关注与帮扶的内在逻辑 / 158
三　学生组织的内源性建设与引导 / 162
（一）自组织化：社会工作参与学生组织建设与引导的
　　行动策略 / 162
（二）社会工作参与学生组织建设与引导的行动实践 / 169
（三）学生组织的内源性建设：社会工作促进学生组织建设与
　　引导的内在逻辑 / 182

第五章　社会工作参与高校学生工作的潜功能 / 187

一　"全员育人"的操作化 / 188
（一）社会工作的"人在环境中"：全员育人操作化的
　　行动选择 / 188
（二）"人在环境中"指导下全员育人操作化的行动实践 / 196
（三）对思想政治教育环境优化论的具体化、明确化：社会工作
　　促进"全员育人"操作化的内在逻辑 / 203
二　学生管理三级预防体系的构建 / 208
（一）预防性：社会工作的本质特征与基本功能 / 208
（二）社会工作预防性行动框架参与高校学生管理的行动
　　实践 / 213
（三）三级预防体系的构建：社会工作提升高校学生管理
　　预防功能的发生逻辑 / 224
三　高校学生工作者核心素质的优化 / 228
（一）核心素质结构与内容要素的耦合：社会工作促进高校学生
　　工作者核心素质优化的逻辑基础 / 228

（二）理念、能力、思维的优化：社会工作参与高校学生工作者
核心素质优化的实践后果 / 235
（三）社会工作促进高校学生工作者核心素质优化的内在
逻辑 / 239

第六章 社会工作参与高校学生工作的实践模式 / 244

一 社会工作参与高校学生工作的影响因素 / 244
（一）微观因素 / 246
（二）中观因素 / 251
（三）宏观因素 / 257
二 实践模式类型变量与分析变量的建构 / 260
（一）变量建构的基本思路 / 261
（二）实践模式划分的类型变量 / 263
（三）实践模式特征的分析变量 / 267
三 实践模式的类型、特征与适用性 / 271
（一）原发融入附着型模式 / 272
（二）内驱诱导协助型模式 / 274
（三）外驱嵌入合作型模式 / 277
（四）三种实践模式划分的适用性意义 / 279

结　语 / 283
参考文献 / 286
附录 / 303

第一章 绪 论

一 研究缘起与研究意义

（一）研究缘起

作为一名高校教师，我在入职的第二年担任了学生班主任，至此，开始了四年高校学生工作的工作历程。工作伊始，我就深刻感受到我的工作对大学生思想政治教育、成长和发展指导等方面的重要性。与此同时，我也深刻感受到高校学生工作在大学生思想政治教育工作中出现了功能弱化现象。这样的实践困境使我思绪颇多，同时也促使我开始在四年学生工作中尝试着从自身的专业视角——社会工作——开展一系列学生工作的行动实践。在实践过程中，我觉知到社会工作专业的行动框架能在高校学生工作这一实践场域中发挥诸多效用，就有了系统探讨社会工作参与高校学生工作相关议题的想法。诚然，个人感受并非能成为学术论文选题的依据。正如著名社会学家米尔斯（Mills C.W.）在《社会学想象力》中说的那样，将个人困扰上升为公众议题才是社会研究的精髓与要义之所在。于是，我便开始了从更为宏观的视角——新形势下高校思想政治工作改革与创新及社会工作专业本土化这两大背景去思考上述论题。

随着我国改革开放的不断深化，社会各系统的转型步伐逐渐加快。高等教育系统作为社会系统的重要组成部分，在这样的变革中不仅不会独善其身，而且会成为问题与矛盾的"喷射点"。各种社会思潮，各种价值取向都会汇集于此，对思想和心理并未完全成熟，世界观、人生观和价值观尚未丰满的大学生思想和价值观念带来巨大冲击，使其在成长与发展的关键期会产生各种困惑与不解，甚至是徘徊与迷失。因此，近年来党和国家高度重视大学生思想政治工作，中共中央办公厅、国务院联合教育部、宣传部等多部委陆续出台了一系列相关政策文件，如《关于进一步加强和改进大学生思想政治教育的意见》（2004）、《关于加强高等学校辅导员班主任队伍建设的意见》（2006）、《普通高等学校辅导员队伍建设规定》（2006）、《关于进一步加强高校实践育人工作的若干意见》（2012）、《高等学校辅导员职业能力标准（暂行）》（2014）和《关于进一步加强和改进新形势下高校宣传思想工作的意见》（2015）等。

更为重要的是，2016年12月8日习近平总书记在全国高校思想政治工作会议中发表重要讲话，将高校思想政治工作上升到了高校培养什么样的人、如何培养人以及为谁培养人这个根本问题。他强调，做好高校思想政治工作，要因事而化、因时而进、因势而新。要遵循思想政治工作规律，遵循教书育人规律，遵循学生成长规律，不断提高工作能力和水平。随后，中共中央、国务院印发了《关于加强和改进新形势下高校思想政治工作的意见》（以下简称《新意见》）。《新意见》进一步明确了新形势下加强和改进高校思想政治工作的若干重要议题。其中指出，要推进高校思想政治工作改革创新。强调要贴近师生思想实际，以改革创新精神做好高校思想政治工作。这为新形势下大学生思想政治工作的改革与创新指明了方向。高校学生工作作为高校思想政治工作的重要组成部分，在新形势下进行改革与创新是其运动发展的内在规定性所在。

同时，作为助人专业的"社会工作"，其本质是一种发展导向的助人专业，这与高校学生工作的本质在哲学内涵上具有高度的同一性。从其历史发展脉络看，虽舶来于西方，但在社会需要的催生和国家政策的推动下已在中国本土生根发芽，嵌入到了诸多传统的社会服务领域，并逐渐向更多社会服务领域延展。社会工作服务领域的延展，不仅是其作为整体的一种"结构式"嵌入，更是其专业的理念、知识与方法等行动框架在传统社会服务领域中的渗透与融入，以减轻甚至消解原有结构中的张力。可以说，社会工作专业已在制度与实践层面具有了合法性。

基于对上述两方面宏观背景的审视，我更加坚定地意识到，以笔者的实践经历为逻辑起点，从宏观背景视角探讨社会工作参与高校学生工作的相关学理性议题。

（二）研究意义

1. 理论意义

本书的理论意义在于研究的学科交叉性，即对高校学生工作及社会工作本土化两个领域研究的丰富与深化。具体而言，一方面，从研究视角而言，本书是对高校学生工作创新这一主旨研究的丰富。本书从社会工作的学科视角聚焦高校学生工作创新议题，是对既往基于思想政治教育学、高等教育学、管理学等传统学科视角开展该主旨研究的丰富；另一方面，从研究内容而言，本书探讨了社会工作参与高校学生工作的若干议题，包括关联性、功能、模式等，在客观上亦可深化社会工作本土化，特别是学校社会工作领域本土化相关领域议题的研究。

2. 实践意义

本书的实践意义在于为新时代高校思想政治工作的改革与创新提供有益参考与借鉴。具体而言，本书立足实证，力图从社会工作专业的学科视角破解现行高校学生工作在实践中面临的困境，打破对传统高校学生工作模式的路径依赖，提高高校一线学生工作者工作的专业化和科学化水平，提升工作实效性，使高校学生工作回归思想政治教育的本质，使其更好地适应时代的发展与满足学生的需要，以促进大学生的全面发展和综合素质的提升。

二 研究综述与创新之处

（一）研究综述

本书涉及的"社会工作"与"高校学生工作"两个关键词，其在国外与国内研究中是两种不同的逻辑关系，这两种不同的逻辑关系，并非是其在概念表述上的不同，而是由于该议题涉及的内在事实在国外与国内的实践中是两种不同的发展脉络。

1. 国外研究综述

在西方发达国家，特别是英美国家，由于其社会工作专业的原发内生性，致使在高校中开展的社会工作本身在内涵与实践两个维度与高校学生工作无法剥离，而是综融于高校学生工作（英美国家称之为"学生事务管理"）中。从某种意义而言，高校学生工作的实践与在高校中的社会工作实践具有高度的交叠性。因此，国外"社会工作参与高校学生工作"这一议题在实践中是不存在的，而在逻辑上也是不成立的。因此，就该议题国外研究的梳理而言，国外在高校开展社会工作相关研究的发展脉络与本书的研究议题是贴合的。

历史与逻辑是统一的，逻辑的高度即历史的高度。由于美国社会工作的实践起步较早，其相关研究成果较多且较为典型，因此，本书对国外相关研究的梳理主要以美国的相关研究为例。

美国在学校场域内开展的社会工作起源于1906年的"访问教师（Visiting Teacher）"运动，检视相关文献不难发现，在历史实践的发展过程中，受到美国主流社会思潮与社会工作理论的影响，其理论模式呈现出由单一向多元，再走向综融的发展趋势。美国学校社会工作学者伍达德（Woodard E.C.）①、凯雷（Kelley J.L.）②、韩考克（Hancock B.L.）③等人，相继提出高校社会工作的运作模式。其中凯雷的说法常被引用。他认为学校社会工作者在工作过程中经常要扮演通才（Generalist）、直接服务（Direct Service）、团队领袖（Team Leader）、被咨询者（Consultant）、社区组织者（Community Organizer）等角色。为了说明学校社会工作者提供此等服务的途径，安德森（Alderson J.J.）提出了四种运作模式：传统临床模式（Traditional Clinical Model）、学校变迁模式（School Change Model）、社区学校模式（Community School Model）、社会互动模式（Social Interaction Model）④。接着，美国学者弗雷（Frey A.J.）和达普尔（Dupper D.R.）在借鉴前人研究成果基础上首次提出广域临床模式（Broader Clinical Model）。

本书按史论结合的逻辑脉络对美国高校学校社会工作主要理论模式予以梳理如下：

第一，传统临床模式（Traditional Clinical Model）。

传统临床模式的临床就是直接提供服务或治疗的意思⑤，又称为传统治疗模式，是在学校社会工作中最常见且运用最广的一种学校社工

---

① Fink A.E., *The Field of Social Work*, 6th, New York: Holt Rinehart and Winston, Inc., 1978, pp.277-278.

② Sarri R.C., Maple F.F., *The School in the Community*, Washington, D.C.: NASW, 1972, p.59.

③ Hancock B.L., *School Social Work*, New Jersey: Prentice-Hall, Inc., 1982, pp.1-2.

④ Alderson J.J., "Models of School Social Work Practice", Sarri R.C. & Maple F.F.(ed), *The School in the Community*, Washington, D.C.: NASW, 1972, p.60.

⑤ 徐震、林万亿：《当代社会工作》，台北：五南出版社1983年版，第429页。

作模式。此种模式是属于封闭关系且高度发展模式。① 换言之，传统临床模式着重"工作者—案主"的关系，直接提供社会个案工作服务。此种模式发端于 20 世纪 20 年代，起源最早，运用广泛，是学校社会工作中最为经典且通用的模式。传统临床模式的中心课题大多放在被认定有社会适应困难和情绪困扰的个别学生身上，这些困扰经常会阻碍学生在学校里发挥其应有的潜能。此种模式工作目的非常广泛，最主要的是通过社会个案工作的协助，促使被认定有困扰问题的学生，在学校体系中能充分发挥其学习的效能，并造就最佳的学校生活经验。从一些早期的文献中不难发现，传统临床模式包含了许多具有现代意义的理论预设。如注意学生性格的完善；视学校为一种社会系统；个别学生必须配合和适应学校的条件等。这种传统的方法维持了学校既有的条件，传统上一直是要求塑造学生去适应学校的条件。②

传统临床模式的主要实务程序是源于卢兹（Lutz W.A.）的临床标准模式，认为学校社会工作者与学生、学校、家长和社区的关系是封闭的，但却不断地发展。近来，临床标准模式已有日益扩充的迹象，开始强调对个人、家庭和团体提供直接的服务。简单地说，就是强调咨询。心理分析理论、自我心理学、个案工作理论及方法论的观点是其重要的基础理论，同时，心理—社会模式的评估方式（Psychosocial Evaluation）也是学校社会工作者进行诊断的重要理论工具。③

在对学生问题的归因上，传统临床模式认为学生内在情绪或心理之所以有困扰，是因为亲子关系与家庭关系出了问题。也就是说，学校社会工作者往往在解释学生问题的成因时是以其家庭系统的问题作为逻辑

---

① Sarri R.C., Maple F.F., *The School in the Community*, Washington, D.C.: NASW, 1972, p.62.

② Hancock B.L., *School Social Work*, New Jersey: Prentice-Hall, Inc, 1982, p.250.

③ Sarri R.C., Maple F.F., *The School in the Community*, Washington, D.C.: NASW, 1972, p.64.

起点。在传统临床模式中,学校社会工作者通常需扮演使能者(Enable)、支持者(Supporter)、协力合作者(Collaborator)和被咨询者(Consultant)等角色,直接协助个别的学生。

第二,学校变迁模式(School Change Model)。

20 世纪 60 年代后,受到当时美国社会民权运动思潮的影响,诸多研究文献纷纷从结构主义的视角提出学校社会工作者应考虑从学校方面为学生提供更佳的服务,因而随之兴起了学校变迁模式。

学校变迁模式,也称为机构变迁模式(Institutional Change Model)或社会变迁模式(Social Change Model),有时也称为社会改革模式(Social Revolution Mode)。① 其基本假设是学校的改变滞后于社会的变迁,甚至与社会的变迁格格不入,因此,学生的困难应从学校的结构层面予以归因。该模式的工作聚焦于改变学校办学的硬件与软件。因为这些硬件与软件的不足会影响甚至阻碍学生的全面发展,成为学生发展的障碍性因素。基于此,学校变迁模式的主要目的在于顺应社会不断变迁的需要,改变那些功能欠佳的学校规范与设施条件。简言之,在此模式中,学校社会工作者开始介入学校体系的变迁,以变迁推动者的身份,为维护学生的权益而促使学校改变。

学校变迁模式针对学校功能欠佳的情况,提供一种补救性服务,服务的重点主要在于改变学校与学生的关系,倾听学生与家长的心声,并通过学生与家长的意见来改变校方的工作方式。同时,此模式以维护学生权益为要务,要求在学校权力结构中,学校社会工作者必须具有较高社会变革意识,而不是墨守成规,必须不断接受社会变迁的挑战,必须具备组织行动的知识和有效协调的技术,并在此工作模式中勤加演练,使自己富有较高谈判的能力,并扮演学校变迁的推动者和催化者的角色。

在学校变迁模式中,学校里所有教育主体,包括教师、行政人员和

---

① 李增禄:《社会工作概论》,台北:巨流出版社 1986 年版,第 144 页。

监护人（Custodians）等，都可能成为被改变的目标系统。谢菲（Shafer W.E.）曾指出，教师如果把偶尔有偏差行为的学生看作是惹是生非者（Trouble maker）而另眼相待，这种标准将会影响学生的学校生涯。① 另一位学者鲍雨（Bower E.M.）更批评说，现在若干学校机构已经变了样，它的基本目的是在管理学生的日常行为，而不是在教育学生，如此哪能期望学校规范和机构政策不对学生的成就和效能产生坏的影响。② 显而易见，该模式认定学校规范或执行者陷于僵化而不能发挥其功能，是学生困扰的主要根源，有些人甚至认为学校能比学生更像是学校社会工作的案主。③ 因此，学校社会工作者在处置学生的偏差行为，或协助适应欠佳的学生时，必须首先考虑学校本身。

然而，学校变迁模式的缺陷是显而易见的，这遭到了许多研究者的诟病。其把焦点几乎全部放在学校，这样的归因与聚焦是单元且片面的，忽视了其他因素的影响，包括学生自身的主体性、家长的努力与配合、社会的参与等。而事实上，学校变迁模式在实践中很难单独在学校体系中实施。即使付诸实施，仍不能忽视前述传统临床模式对学生直接提供社会个案服务的必要。有时可能先进行一段时间的直接服务，评量效益后再运用学校变迁模式④。

第三，社区学校模式（Community School Model）。

社区学校模式同样兴起于 20 世纪 60 年代，关心的是学校与社区关系中不断增多的困扰问题，尤其是城市内学校有关青少年（包括大学生）犯罪、被退学、失业和边缘化等问题的处置。芮伯（Nebo J.C.）认为，学校社会工作者必须参与社区组织工作，否则学校社会工作者无

---

① Shafer W.E., "Deviance in Public School: An Interactional View", in Tomas E. J., *Behavioral Science for Social Worker*, New York: Free Press, 1967, pp.51-59.

② Sarri R.C., Maple F.F., *The School in the Community*, Washington, D.C.: NASW, 1972, p.45.

③ Hancock B.L., *School Social Work*, New Jersey: Prentice-Hall, Inc., 1982, p.3.

④ 李增禄：《社会工作概论》，台北：巨流出版社1986年版，第414页。

法成功地发挥其功能。① 显然,社区学校模式的主要焦点是放在社区,认为社区中的不利因素往往阻挡或抑制了在校学生的发展。这些不利因素主要是指社区的目的和规范跟学校的步调不一致,也就是社区不了解学校,不信任学校,当然也就不支持学校。因此,弗利汉(Hourihan J.P.)指出,社区学校模式下,学校社会工作者必须与所处的学校和社区密切关联,以保证当社区和学校遭遇激烈变迁时,协助学校体系中不能充分发挥效能的人群,尤其是适应欠佳的学生,加以调整和整合。② 因此,该模式的工作目的是要促使社区了解学校的政策,支持学校的做法,以便发展学校的教育方案去协助有困难的学生,并改善影响学生学习和妨碍学生发挥社会功能的情况。同时,该模式还强调社区参与(Community Participation)。梅尔(Merl L.)特别指出:"当社区与学校之间的关系有了困扰时,学校社会工作者必须主动到有问题、有需要,以及可能发掘潜能的地方去。工作者必须主动找上门,不要等到被找上门。"③

社区学校模式认为学生产生问题的原因在很大程度上包括学生所处社区的经济条件匮乏、社区组织松散、社区功能欠佳等。这些困扰的根源可能出于学校人员未能充分了解学生所处社区的文化差异、致贫原因。德斯勒(Deshler B.)认为,如果我们要教导具有完美人格的学生,则必须注意影响学生的所有势力。换句话说,学校社会工作者不仅要注意学生在学校里的时间而且也应该留意学生课下在家庭与社区的所有时

---

① Nebo J. C., "The School Social Worker As Community Organizer", *Social Work*, 1963, 8(01), p.105.

② Sarri R. C., Maple F. F., *The School in the Community*, Washington, D. C.: NASW, 1972, p.68.

③ Sarri R. C., Maple F. F., *The School in the Community*, Washington, D. C.: NASW, 1972, p.67.

空。① 因此，社区学校模式的工作取向包括学校周边的社区环境。其认为，社区与学校一样，对于学生教育目标的达成同样重要，社区与学校二者之间是交互作用的。

在社区学校模式中，必要的技术和工作者的态度十分重要。在技术方面，学校社会工作者必须掌握参与社区工作必要的技术，诸如调查、分析、组织、规划、沟通、协调等。在态度方面，当学校社会工作者的活动集中于社区时，学校有关人员可能很难意识到这是有利于学生的，于是产生对工作者不认同和此工作是否合法的想法。此时，学校社会工作者应该力排众议，取得学校的支持。斯驱利特（Street D.）认为社区团体对学校提出建议性的批评，不是多管闲事，而是学校自我革新（Self-initiated）的一种机会。所以他主张学校社会工作者必须同时认同社区和学校，并且具备维护和推动变迁的高度技术，这才符合社区学校模式的要求。② 学校社会工作者的角色着重在协调学校与社区的关系，经常扮演着媒介者（Mediator）、使能者（Enabler）、拥护者（Advocator）、组织者（Organizer）、发展者（Developer）等角色。

综而述之，社区学校模式认为学生发生困扰问题的主要原因是社区与学校未能密切配合，社区不了解学校的政策，不支持学校的方案；而学校人员也未能充分了解学校所处的社区背景。因此强调学校社会工作应采取更为宏观的社区取向，在参与社区活动的过程中，设法促进学校与社区之间的相互了解，并调整两者之间的相互关系，从而解决学生的困扰，满足学生的需求。

第四，社会互动模式（Social Interaction Model）。

20 世纪 70 年代后，美国教育迅速发展，促使学校社会工作者尝试

---

① Sarri R. C., Maple F. F., *The School in the Community*, Washington, D. C.: NASW, 1972, p.69.

② Sarri R. C., Maple F. F., *The School in the Community*, Washington, D. C.: NASW, 1972, p.70.

调整其角色与工作方式而发展出来的一种运作模式。该模式可以说是前述三种模式的整合。该模式认为在个人成长的过程中，社会互动是彼此需要的一种关系，当这种关系处于不当运作时，便会产生困扰的问题。

因此，其从全面的观点关注学生个体及其周围各种团体或势力的交互影响，同时也重视学生、学校、家庭和社区等多个要素的交互关系。此模式更多地把焦点放在个人和环境要素的交互影响，包括学生社团、学校人员、家庭成员、社区组织及其他有关人群等。其工作的目的主要在审视与学生个人产生交互作用的领域，并运用专门化的方法，调适学生的困扰问题及其社会过程中所有参与环境系统者的交互关系。

社会互动模式的理论基础是问题中心模式。具体而言，社会互动模式是以学生或学生团体的困扰问题为中心，首先界定问题的意义；其次，把学生（案主）当作学校、家庭和社区体系的一部分，广泛察觉侵害学生以致造成困扰的各种因素；然后系统调整服务对象与每一有关系体系之间的交互关系，这些体系包括个人和他自己、个人和他成长过程中有关的群体。具体地说，在社会互动模式中，学校社会工作者必须涉及与学生相关的各种案主系统，包括学校、家庭、社区、教师及其他的学生，并以专业的技术连接这些不同的系统，发挥影响力，以解决问题。[1]

在该模式下，学校社会工作者必须具备各种服务对象系统的知识，能够深入了解学生个体和家庭成员、同辈群体、老师以及更大的系统等之间的关系。其工作就是根据这些关系的一般特质，由学校社会工作者以一种专业的方法，在权责范围内有目的、有计划地协调各种案主关系，使其产生良好的互动。在工作中，学校社会工作者主要是扮演一种协调者的角色。

总之，社会互动模式为社会工作者对服务对象的介入提供了更为综合性的视角。这一视角体现在学校社会工作者能从更为宽广的视域，通

---

[1] 李增禄：《社会工作概论》，台北：巨流出版社1986年版，第415页。

过更为专业的技术帮助服务对象提升社会适应能力，改善其与多个环境系统的关系，并最终提升服务对象——学生的社会功能。

第五，广域临床模式（Broader Clinical Model）。

美国学者弗雷（Frey A.J.）和达普尔（Dupper D.R.）借鉴了伍德（Wood G.G.）[①]、弗兰克林（Franklin C.G.）[②]等人的研究成果后，在2004年全美社会工作年会上首次提出了"广域临床模式（Broader Clinical Model）"[③]，这是在原有四种模式的基础上，针对20世纪80年代以后的社会发展趋势提炼出的新模式。它是一种观点明确、元素清晰、结构合理、具有操作性的运作模式，反映了当代美国学校社会工作的新进展。[④]

广域临床模式主要是受生态系统、赋权、预防以及其他注重于影响学生环境条件的理论的影响，为学校社会工作者提供了一种概念性的工具，以便拓宽他们的实务领域和干预目标。[⑤] 显然，该模式主要注重影响学生的所有系统，包括学校、家庭、同辈群体和社区，并且着力减少这些环境中危险因素的影响。此外，这一模式还认为不应该局限于诊断和治疗的理论，而应该包括优势视角、赋权以及批判性的社会工作理论。

该模式对学生问题的归因不仅局限于学生本身的原因，还从更全面

---

① Wood G.G., *Middleman R B. The Structural Approach to Direct Practice in Social Work*, New York: Columbia University Press, 1989, p.65.

② Franklin C.G., "Predicting the Future of School Social Work Practice in the New Millennium", *Social Work in Education*, 2000, (22): pp.3-7.

③ Frey A.J., Dupper D.R., "A Broader Conceptual Approach to Clinical Practice for the 21st Century", *Children&Schools*, 2005, 27(01), pp.33-44.

④ 参见田国秀：《学校社会工作的模式变迁：美国的经验及启示》，载《首都师范大学学报（社会科学版）》，2014年第6期，第126—132页。

⑤ 参见袁琳：《临床象限——21世纪一种新的学校社会工作实务模式简介》，载《社会工作》，2006年第7期，第16—18页。

的观点着眼，包括影响学生的各种环境条件。由此，以学生和学校的双重改变为目标，将工作焦点置于宏观层面上的预防和多层面的干预上，工作内容并非仅限于以学生个体为中心的改变，同时兼顾学校文化和风气的改变。社会工作者通过对四个领域的介入与干预，为学生提供一种综融取向的服务。这就意味着学生个体以及影响学生的所有系统都将成为潜在干预系统。具体而言，学校社会工作者在实务中可能触及与学生相关的各种系统，包括父母老师、同学、行政人员以及为学生提供服务的其他相关人员，甚至学校的社团、组织、政策、计划等。

在工作者的知识储备上，广域临床模式主张学校的社会工作者成为一个具备跨学科知识的通才，拥有四个向度的知识和技能储备，使工作者在实务中能够实施更广泛更灵活的干预方法。

在此模式中，学校社会工作者主要扮演学校的干预专家角色，可成为学校变革计划中的重要一员，对学校改革与发展可施予重要影响。

不难看出，广域临床模式是一种综融性多交点干预模式，其不仅是对上述传统临床模式、学校变迁模式和社区学校模式的综融，更是在操作性方面对社会互动模式的一种深化与细化，可谓是新世纪以来最具影响力的学校社会工作干预模式。

检视上述五种美国高校学生工作的工作模式不难发现，若从历史维度加以审视，其工作模式的变迁呈现出如下特点：第一，在哲学基础上，呈现出由改良主义的临床模式到结构主义的变迁模式再到多元主义的综融模式的变化趋势；第二，在工作焦点上，其呈现出由关注学生个体系统到关注学生环境系统再到关注个体与环境交互关系的变化趋势；第三，在工作者角色上，其呈现出由单一的治疗者、变迁者角色到多元的协调者角色再到更为宽广的干预者角色的变化趋势。然而，若从逻辑的维度加以审视，五种模式并无优劣先后之分，每种工作模式均对当前我国高校学生工作的改革与创新，特别是社会工作参与高校学生工作创新的实践具有一定的参考价值与借鉴意义。但值得注意的是，由于我国在社会制度、文化背景、主流价值观和教育方针等方面均与美国存在巨大差异，使得我国高校学生工作的历史传统与现实状况均与美国高校差别甚大。同时，由于专业社会工作本身就是舶来品，其在我国发展的态势本身就是嵌入性的。基于此，在探讨社会工作参与我国高校学生工作这一议题时，并不可能照搬美国模式，而应是通过对本土实践经验的概括与总结，建构出具有本土特点的一套实践模式。

2. 国内研究综述

近年来，国内社会工作参与高校学生工作的相关议题研究不断涌现。从宏观背景看，这是基于内地高校学生工作有待创新及社会工作本土化、专业化、职业化进程加快的双重背景而予以显现。检视近十年该议题相关研究成果发现，其主要蕴含或穿插于研究者们对社会工作与高校学生工作、大学生思想政治教育及高校德育工作组合的相关领域之中。研究者们多使用"介入"、"引入"、"运用"及"嵌入"等相关概念来表述社会工作参与高校学生工作这一内在事实，对研究结论予以进一步考量发现，研究者们的观点多聚焦于如下三方面：

第一，必要性探讨。如谷慧玲和孟子焱指出，由于社会转型加剧，大学生所处环境日益多元复杂，容易出现各种社会适应问题与危机事件，而现有学生工作运行机制无论是从理念还是从模式来说仍然以教育与管理为主，并无法有效及时应对诸多个性化需求与个别化问题，与此同时，学生工作者服务理念与专业能力不足，无法为学生提供有效的成长发展指导。而学校社会工作所秉持的人本、专业的价值理念和工作方法在应对新形势下学生出现的问题具有鲜明的优势，这一优势集中体现在为学生整合各种优质资源，为大学生有效提供成长发展服务，促进学生全面发展。① 同时，王杨和陈树文指出，学校社会工作是对高校学生教育工作的必要补充和完善，有助于高校学生工作朝着专业性、系统性

---

① 参见谷慧玲、孟子焱：《学校社会工作介入高校学生工作问题研究综述》，载《才智》，2011年第1期，第307—308页。

与完善性的方向发展。① 可见,大多研究者们均认为高校学生工作的困境及亟待创新是社会工作参与的必要性之所在。

第二,可行性探讨。即认为社会工作的本土化专业化进程与国外学校社会工作的实践经验为引入奠定基础;学校社会工作与高校学生工作有较高契合度,二者是互补的关系,存在导入的可行性。宋莉和郑添华通过对学生工作与学校社会工作的比较分析指出,从价值理念的一致性、功能作用的互补性、工作方法的关联性三方面来论证学生工作与学校社会工作融合的契机②;黄志祥认为,学校社会工作与思想政治教育有共通之处,同时两者存在各自优势与不足,其共通之处在工作对象、目标与原则上。而二者的差异在于推行方式、本土化程度、价值取向、工作方法等方面③;刘扬和章国昌认为,学校社会工作与高校学生管理在目标和理念上有很高的一致性,二者的综合有助于提升德育、素质教育等方面的成效。④

第三,引入策略探讨。即探讨社会工作引入高校学生工作中保守与激进的两种不同引入策略。

一方面,保守的观点为一种"融入说",即在不改变高校学生工作原有框架的基础上将社会工作元素,如理念、方法和技巧等融入到高校学生工作中。姜峰等人主要强调社会工作理念的引入,可有效促进学生

---

① 参见王杨、陈树文:《学校社会工作介入高校学生工作探析》,载《广西社会科学》,2012年第1期,第186—188页。

② 参见宋莉、郑添华:《大思政视野下高职院校社会工作介入学生工作的思考》,载《教育与职业》,2014年第35期,第70—72页。

③ 参见黄志祥:《学校思想政治教育与学校社会工作:比较、借鉴、整合》,载《西南民族大学学报(人文社会科学版)》,2011年第S3期,第108—110页。

④ 参见刘扬、章国昌:《学校社会工作介入高校学生管理的可行性及路径分析》,载《南昌航空大学学报(社会科学版)》,2011年第1期,第62—66页。

工作各种职能的发挥，提升工作的实效性①；王思斌和阮曾媛琪指出，学校社会工作者要主动争取实践空间，尽力争取校方的接受、认可、信任和支持，视自己为高校学生工作者的一分子②；姚进忠和邓玮也提出，不能操之过急，要稳定推进工作，从学生工作的某一方面入手，首先展示社会工作的服务效果，进而让学工部门意识到社会工作行动框架对高校学生工作的建设性意义。③

另一方面，激进的观点为一种"重构"说，即将社会工作视为一种完整的制度或系统，嵌入到高校学生工作的体制中，通过重构创新高校学生工作体系。张斯虹在《社会工作嵌入高校学生工作研究》一书中指出，学校社会工作嵌入我国高校学生工作的路径主要有两种：体制内嵌入和体制外嵌入。所谓体制内嵌入，是指依循原本的行政体系，在政府的支持下，在原有的高校学生工作体制内的嵌入。所谓体制外嵌入，是指体制之外寻求社工服务的方式，主要表现为以政府出钱购买学校社会工作专门机构的服务，专职社工进驻学校开展工作④；刘扬和章国昌也表达了同样的观点，表示应该由政府或教育部门推动，在原有学生工作体制内增设社会工作岗位，并由具有第三方性质的社会工作组织承接此项工作，并派遣专职社会工作者进入到校园内开展工作⑤；孙跃

---

① 参见姜峰、钟维悦、邓卓星：《学校社会工作对创新学生工作理念与方法的启示》，载《经济师》，2010年第8期，第120—121页。

② 参见王思斌、阮曾媛琪：《和谐社会建设背景下中国社会工作的发展》，载《中国社会科学》，2009年第5期，第128—140页。

③ 参见姚进忠、邓玮：《学校社会工作介入高校学生工作的新取向——基于嵌入性整合的分析》，载《集美大学学报（哲学社会科学版）》，2012年第3期，第107—113页。

④ 参见张斯虹：《社会工作嵌入高校学生工作研究》，广州：中山大学出版社2013年版，第111—113页。

⑤ 参见刘扬、章国昌：《学校社会工作介入高校学生管理的可行性及路径分析》，载《南昌航空大学学报（社会科学版）》，2011年第1期，第62—66页。

在《我国高等学院校学校社会工作介入模式》中提出了在学校学生工作组织结构中增设社会工作服务中心,旨在改革现有的学生工作组织结构,保证专业社会工作在高校学生工作中的合法性。①

综上所述,目前国内该议题的研究成果颇多,内容较为丰富,就对研究基础的探讨而言,国内学术界已对社会工作参与高校学生工作的必要性与可行性的问题上达到共识,认为社会工作是可以也是有必要促进高校学生工作的改革与创新的;而在参与路径上,国内学术界形成的"融入"与"重构"两种倾向,在学术探讨中并驾齐驱,并无明显的孰主孰次之分。然而,若进一步考量上述文献,研究者们在方法论层次上的两个更一般性的问题值得深究。

首先,价值中立原则的持守问题。价值中立是社会研究的基本准则。韦伯指出,"一门经验科学不能告诉任何人应该做什么——但能告诉他能够做什么——以及在特定条件下——他想做什么"②。其强调,研究者的价值观可以影响研究的选题和目的,但研究者在研究过程中和作出结论时不应掺入自己的价值观,而应遵循客观公正的程序,坚持逻辑分析的原则。③ 也就是说,社会研究中的"价值关联性"不能损害"价值中立性",即社会科学的选题与目标是价值关联的,但社会科学的研究过程与结论应持守价值中立的原则。综观近十年针对该议题的研究不难发现,研究者们的研究立场似乎更多的是基于社会工作学科的本位,似乎预设了"社会工作能在高校学生工作中予以建构"的前提,并在此逻辑基础上进行了相关研究,并得出了研究结论。这样的研究立场基于社会研究的选题与目标是无可厚非的,研究者们在研究选题与目

---

① 参见孙跃:《我国高等院校学校社会工作介入模式研究》,天津:南开大学博士学位论文,2009年,第127—129页。

② 〔德〕马克斯·韦伯:《社会科学方法论》,杨富斌译,北京:华夏出版社1999年版,第151页。

③ 参见〔德〕马克斯·韦伯:《社会科学方法论》,杨富斌译,北京:华夏出版社1999年版,第100—145页。

标上，可将社会工作作为高校学生工作创新的充分条件，这一点也在学术界达成了共识，但需进一步审视的是，在研究过程中，若研究者仍将上述命题作为其研究的预设予以"悬置"，并成为研究的逻辑起点，这也许就有违于社会研究方法的基本准则。因为若基于高校学生工作创新的本位而言，其创新的路径是多元的，包括其自身体制构架的革新，高校学生工作的专业化以及国外经验的借鉴等，社会工作并非其创新的不二选择。因此，这意味着上述不经意的"悬置"使得研究者们似乎忽视了高校学生工作发展的历史传统与内在逻辑，进而在研究中跃过了对社会工作的功能实现、路径选择等实然问题的探讨，而专注于引入必要性、可行性和建构统一模型等应然问题的研究。就此种意义而言，目前相关研究"价值中立"原则的持守问题值得警醒与反思。

其次，逻辑与历史的统一性问题。逻辑与历史是统一的，研究的表征本质上是现实境遇的映射。目前，相对于社会工作在社会基层治理领域实践空间不断延展，实践中专业自主权不断增强的发展态势，其在高校这一时空场域中的制度化实践效应显得较为势微，处于"前制度化"阶段。① 因此，研究者们对该问题的研究应符合其历史发展的节点。在功能主义大师帕森斯的系统功能变迁的思想中，任何系统变迁，新系统的出现均由于系统内容的"张力"所致，并经历新系统出现后的"适应能力上升"，被原有系统"包容"，并最终确立其合法性与制度化的"价值普遍化"过程。若基于此种系统功能变迁的规律考量目前社会工作引入高校学生工作的过程，现行高校学生工作的结构性"张力"是促使其寻求创新的原动力，而社会工作的引入需使原有系统"适应能力上升"，然后才可能是"包容"与"价值普遍化"。因此，若要真正澄清社会工作参与高校学生工作的问题，需基于高校学生工作的本位，探

---

① 参见张大维、郑永君：《软性嵌入：学校社会工作介入德育教育的行动策略——基于武汉两所学校的社会工作介入实验》，载《中州学刊》，2015年第7期，第84—88页。

讨现行高校学生工作面临结构性"张力"时,社会工作如何使其"适应能力上升",即阐明社会工作专业的参与能在其革新(功能拓展)中发挥何种功能。只有如此,才可能进一步去探讨"包容"与"价值普遍化"的议题。就此种内在规定性反观目前国内该领域的研究,研究者们的研究逻辑及其形成的研究结论似乎忽视了"适应能力上升"这一系统变迁的必经阶段,而直接预设了社会工作的参与一定可提高校学生工作的"适应能力",并肯定能够被现行高校学生工作体系"包容",甚至被合法化与制度化,从而得以价值普遍化。这样的研究逻辑似乎超越了目前社会工作促进高校学生工作系统功能变迁的发展阶段,使研究的逻辑与历史的境遇产生了错位。就此种意义而言,现有社会工作是如何提升高校学生工作的"适应能力",即社会工作在高校学生工作中发挥了何种功能,能在实践中如何弥补高校学生工作中的功能性缺陷的相关研究是不足的。因此,就整体而言,现有相关研究在逻辑与历史的统一性问题上应引起关注。

综上所述,无论是研究者们在研究过程中不经意的价值判断,还是研究逻辑超越历史进程,这均使得国内该领域的研究呈现出演绎推理的应然研究多,归纳概括的实然研究少的倾向。就像莫顿指出帕森斯对科学的误解——思想体系在进行大量的基础观察之前就能有效地确立起来那样,这样的研究倾向映射了研究者们操之过急,过于急切地想在高校学生工作的实践场域中建构社会工作的行动框架,而忽视了在行动实践中所显现出来的诸多实然议题。若进一步究其成因,主要是由于方法论上未持守实证取向。这样的研究倾向就长远而言是不利于该领域的研究向纵深发展的。因此,就既往研究而言,后续研究至少应从如下向度予以延伸或调整。这亦即本书的创新之所在。

(二) 本书创新之处

基于对上述国内外现有文献的述评,本书的创新之处可体现在如下方面:

高校学生工作的社会工作参与：一个基于多所高校的经验研究

第一，重塑实证取向，聚焦实然问题。就目前国内社会工作参与高校学生工作的相关研究而言，研究内容过多关注于应然演绎的问题，而关于社会工作参与高校学生工作实践中的实然问题（如功能实现、实践模式等）关注甚少。目前，国内已有社会工作参与高校学生工作的相关行动实践，且形式多元，既包括具有社会工作专业背景的高校辅导员开展的行动实践，也有社会工作专业教师积极参与，还有社会工作机构派驻专职社会工作者参与到高校学生工作中的行动实践。然而，无论行动实践形式如何，其蕴含的行动意义脉络趋同，即社会工作行动框架的参与，因此，秉承实证取向，从不同实现形式中概括归纳出社会工作参与高校学生工作的实然问题是可能的。因此，基于"行动研究"的基本框架，笔者同时作为行动者与旁观者的双重角色，对全国多所高校开展的社会工作参与高校学生工作行动实践进行了研究，通过参与观察、深度访谈、案例收集、实践反思等方法收集一手研究资料，力图从不同形式的行动实践中归纳概括出社会工作在参与高校学生工作行动实践中的实然问题。

第二，调整研究视角，回归问题导向。如前所述，目前相关研究绝大多数均以社会工作为主位，高校学生工作为客位，这样的研究立场所延续的研究自然在社会工作参与高校学生工作的问题上缺乏问题导向。具体而言，现有研究忽视了对现行高校学生工作存在问题的系统深入地分析，这使得研究者们的研究更像是以概念上的演绎为导向（如必要性与可行性的研究），而并非以现实问题为导向。本书则力图调整研究视角，从系统深入地反映现行高校学生工作面临的问题出发，从高校学生工作的视角探讨社会工作参与的必要性与合理性。

三 理论基础与概念界定

（一）理论基础：马克思有关"人的全面发展"理论

"人的全面发展"理论是马克思主义理论体系的重要组成部分，若就个体层面意义而言，其是马克思主义理论体系逻辑的出发点与落脚点。就实践层面而言，马克思主义"人的全面发展"理论是大学生思想政治教育的基本指导思想，是高校学生工作实践的理论基石，是高校学生工作者开展一切工作的出发点与落脚点，更是高校学生工作一切创新实践活动的终极目标指向。

马克思主义"人的全面发展"理论具有三重含义：一是作为"类"的意义的人的全面发展，二是作为"社会"意义的人的全面发展；三是作为"个体"的人的全面发展。三者相辅相成，和谐统一。

首先，作为"类"的人的全面发展。马克思认为，人的全面发展首先是作为人类的一种理想和人的终极关怀而存在的，人的发展的理想状态是全面的自由的充分发展。在马克思看来，正是资本主义分工使人变成畸形的、片面的人。他指出："工场手工业把工人变成畸形物，它压抑工人的多种多样的生产志趣和生产才能，人为地培植工人片面的技巧"，"不仅各种局部劳动分配给不同的个体，而且个体本身也被分割开来，成为某种局部劳动的自动的工具"。① 同时，恩格斯认为："由于劳动被分割，人也被分割了。为了训练某种单一的活动，其他一切肉体的和精神的能力都成了牺牲品。人的这种畸形发展和分工齐头并进，分工在工场手工业中达到了最高的发展。"② 在资本主义制度下，畸形发

---

① 《马克思恩格斯全集》第23卷，北京：人民出版社1972年版，第399页。
② 《马克思恩格斯选集》第3卷，北京：人民出版社1995年版，第642页。

展的"不仅是工人,直接或间接剥削工人的阶级,也都因分工而被自己用来从事活动的工具所奴役;精神空虚的资产者为他自己的资本和利润欲所奴役;律师为他的僵化的法律观念所奴役,这些观念作为独立的力量支配着他;一切'有教养的等级'都为各式各样的地方局限性和片面性所奴役,为他们自己的肉体上和精神上的短视所奴役,为他们的由于接受专门教育和终身从事一个专业而造成的畸形发展所奴役——哪怕这种专业纯属无所事事,情况也是这样。"① 显而易见,在马克思和恩格斯看来,资本主义社会作为一种畸形社会结构,不仅压抑了被统治阶级的发展,同时也压抑了统治阶级的发展,此种限制与压抑是作为"类"的人的全面的压抑。因此,从推翻资本主义社会,建立共产主义社会的人类社会革命的最终目标而言,其解放的是做为"类"的人的全面解放,即作为"类"的人的全面、自由、充分的发展。事实上,在马克思看来,人的全面发展是人存在意义的终极理想状态与价值追求。

其次,作为"社会"意义的人的全面发展。此种意义上的人的全面发展是人的解放的历史过程。关于人的解放的历史进程,马克思把人类历史归结为"个人本身力量发展的历史"②。他指出:"人们的社会历史始终只是他们的个体发展的历史,而不管他们是否意识到这一点。他们的物质关系形成他们的一切关系的基础。这种物质关系不过是他们的物质和个体的活动所借以实现的必然形式罢了。"③ 可见,人的全面发展的过程是由社会生产力水平发展的历史过程所决定,人的全面发展是社会发展历史过程的必然结果。

再次,作为"个体"意义层面的人的全面发展。作为个体层面的

---

① 《马克思恩格斯选集》第3卷,北京:人民出版社1995年版,第642—643页。

② 《马克思恩格斯选集》第1卷,北京:人民出版社1995年版,第124页。

③ 《马克思恩格斯选集》第4卷,北京:人民出版社1995年版,第532页。

人的全面发展是作为人的全面发展的第三层含义。作为个体的人的全面发展，是现实的人的主体性的全面的、自由的、充分的发展。恩格斯指出："推动人去从事活动的一切，都要通过人的头脑"，"外部世界对人的影响表现在人的头脑中，反映在人的头脑中，成为感觉、思想、动机、意志，总之，成为'理想的意图'，并且以这种形态变成'理想的力量'。"① 可见，个体层面的人的全面发展是人类解放的重要尺度。若只"着眼于'类'的发展来考察人的发展，至多只能得到一种抽象进步或进化的观念；着眼于个人考察人的发展，人的发展的曲折和坎坷、丰富和复杂性，才能真正进入考察者的视野。"② 同时，马克思将人的全面性界定为："个人的全面性不是想象的或设想的全面性，而是他的现实关系和观念关系的全面性。"③ 在他看来，"全面发展"实质是"个性发展"，即发展的基本内容是个性发展；经由个性的充分发展实现全面发展；离开了个性发展，全面发展是不可能的。④ 由此可见，在马克思和恩格斯的眼中，人的全面发展是现实的人的个性的发展，是人作为个体其主体性的平等发展、完整发展、和谐发展和自由发展的统一。

综而述之，马克思主义关于人的全面发展的阐述是在理想、现实和历史三个维度上的统一。其既是作为"类"的人对未来理想社会的一种价值目标追求，又是社会意义层面的人的解放的历史过程，同时也是作为个体层面的人的主体性，及自觉性与能动性的完全解放。

马克思主义人的全面发展的科学论断是大学生思想政治教育和高校学生工作的理论基础，其指导意义至少体现在如下方面：

第一，人的全面发展是人的本质属性与本质需要的集中体现。因

---

① 《马克思恩格斯选集》第4卷，北京：人民出版社1995年版，第232页。
② 黄克剑：《个人自主活动与马克思历史观》，载《中国社会科学》，1988年第5期，第120页。
③ 《马克思恩格斯全集》第46卷下，北京：人民出版社1979年版，第36页。
④ 《马克思恩格斯选集》第3卷，北京：人民出版社1995年版，第302页。

此，马克思和恩格斯在考察人类社会进化和发展进程时，揭示了人与动物的不同，指出了人的自由自觉的创造性活动对人发展的重要性，揭示了人"不仅是为了实现他们的自主活动，而且就是为了保证自己的生存"①，"人以一种全面的方式，也就是说，作为一个完整的人，占有自己的全面的本质"②。可以说，人的全面发展性是人的本质的重要方面之一，是其区别于动物的本质属性。在高校学生工作中，大学生通常被视为工作客体而存在，而事实上，其本身并非完全是作为物存在的客体，而是作为具有自觉性和主体性的人的存在。也就是说，在高校学生工作中，大学生本身就是作为主体而存在，高校学生工作的目的与手段均统一于大学生作为主体存在的全面发展。换句话说，全面发展性本身就是作为大学生在理想与现实双重层面的必然追求，是其作为人的本质属性与需要的完整统一。

第二，人的全面发展是主体性与社会性的集中体现。马克思指出，"活动主体包括个体、群体和社会。个人活动和本质力量只有外化、对象化为社会活动，在这一社会关系下才有人对自然的关系，才有人的存在，在合理的社会结构中，才会有人在生产领域中的自由和人的能力的全面发展的自由。"③ 由此可见，马克思主义认为，只有确立人在社会生活中的主体地位，才能达到自由生存、自主活动和自我实现。人作为活动的主体，只有在社会关系中才可能实现其自身自由、全面、充分的发展。事实上这意味着在大学生成长与发展过程中绝不可能是其作为独立主体的发展，其成长与发展必将是在一定的社会关系中才可能得以实现。也就是说，其全面发展的实现是必须在一定的社会关系中加以完成。这些社会关系包括师生关系、同学关系、亲子关系等一切社会关系。

---

① 《马克思恩格斯选集》第1卷，北京：人民出版社1995年版，第129页。
② 《马克思恩格斯全集》第42卷，北京：人民出版社1979年版，第123页。
③ 修毅：《人的活动的哲学》，北京：中国大百科全书出版社1993年版，第186页。

第三，人的个性的全面发展与社会历史发展具有和谐统一性。马克思、恩格斯在考察社会发展和文明的进程时指出："在社会发展中，既要求社会为每个人提供相对公平、公正的发展机会；同时每个人也都要依靠自身的能力，最大限度地发挥自己的潜能，推动社会全面发展。"[1]不难看出，人的全面发展与社会的全面发展是和谐统一的。一方面，人的全面发展是建立在社会全面发展的基础之上的。另一方面，社会的全面发展必须带动作为人的全面发展的实现。这意味着，一方面促进大学生个体的全面发展程度是以当前我国社会历史发展程度为基础的，另一方面，社会历史发展必然促进大学生的全面发展。作为高校学生工作主体而言，其在实践中创新是一种必然选择，是其适应社会历史发展，并更好促进大学生全面发展的必然选择。

综而述之，马克思有关人的全面发展理论对人的本质、人的需要、人的发展、人的个体发展与社会发展关系、人的个性与社会性关系等诸多问题予以了全面而科学的论述，为本书有关高校学生工作创新、社会工作参与高校学生工作创新提供了坚实的理论基础，是本书在逻辑上予以展开，在实践中予以开展的理论基石。

（二）概念界定

1. 高校学生工作

"学生工作"这一概念的提出始于20世纪90代初期。在我国社会主义市场经济体制不断发展的进程中，与高校学生发展有关的课外具体事务逐步增多，如毕业生就业管理、学生心理辅导、特困生资助、勤工助学管理等。由此，上述事务的复杂性在实践中超越了原有高校的"德育"或"思想政治工作"的内涵。于是，内涵更为丰富，外延更为宽

---

[1] 韩庆祥、张洪春：《论以人为本——从物到人》，南京：江苏人民出版社2006年版，第180页。

广的"学生工作"这一概念被频繁地使用。

在"高校学生工作"内涵的问题上，目前学术界并未形成较为适切的界定。有研究者认为，我国高校学生工作是指那些直接作用于学生，由专门机构和人员从事的有目的、有计划、有组织地发展、养成、提高学生政治、思想、品德、心理、性格素质和指导学生正确行为的教育、管理和服务工作。① 有研究者认为，"在我国，高校学生工作是一个类概念，是对学生在课外进行非学术的教育、管理、服务等活动的总称。反映高校学生工作从关注学生政治思想发展到学生的全面发展。其中对学生进行思想政治教育始终是我国高校学生工作的重要内容。"② 同时，还有研究者认为，高校学生工作是指高等学校通过非学术性事务和活动对学生进行教育、管理，以规范、指导和服务学生，丰富学生校园生活，提高学生素质和能力，促进学生全面发展的组织活动。③ 有研究者从理论与实践两个维度对高校学生工作予以界定。其认为"从理论上讲，广义的学生工作是指学校为学生健康成长服务的所有直接和间接的工作总和；狭义的学生工作是指与教学工作相平行的直接以学生的思想政治教育、成长发展指导、学生事务管理为主要内容的学校工作。从实践上看，高校学生工作作为实现高校整体育人目标的一项不可或缺的重要内容，可被视为学校管理者为满足学生在智力教育之外培养情感、增长知识、锻炼能力等方面的需要而开展的教育、管理、服务活动或项目的总称。"④

---

① 中共北京市委教育工作委员会宣教处、北京高校学生工作学会编：《新时期高校学生工作实用读本》，北京：北京邮电大学出版社2000年版，第5—6页。

② 储祖旺：《高校学生事务管理教程》，北京：科学出版社2008年版，第5—6页。

③ 参见童静菊：《生本理念下高校学生工作体系研究》，华中科技大学博士学位论文，2008年，第33—35页。

④ 方宏建、张宇：《高校学生工作概论》，济南：山东大学出版社2009年版，第2页。

不难看出，上述研究者的定义均有其不同的侧重点，但若对上述定义予以综合考量，高校学生工作内涵呈现出如下几个方面的特质。第一，从实践领域看，高校学生工作具有课外性与非学术性；第二，从内容看，高校学生工作由教育、管理和服务三部分内涵组成；第三，从对象看，其实践对象为高等学校的在校生；第四，从目标看，其目标均为促进学生全面发展，促使其成为社会主义事业的合格建设者和接班人。

同时，值得注意的是，上述定义似乎忽视了有关工作主体层面的界定问题，首先，就实践主体而言，即高校学生工作的工作主体为何。从表面而言，高等学校是高校学生工作的实施主体。但事实上，高等学校的主体地位是在贯彻和落实党和政府高等教育方针的前提下而确立的。因此，就此种意义而言，高等学校在高校学生工作中的主体地位必须建立在贯彻和落实党和政府教育方针的基础上。其次，就实践领域而言，高校学生工作的实践领域除了针对客体的教育、管理、服务的实践领域外，事实上，其针对自身开展的旨在提升工作能力主体建设的实践活动，也是其重要的实践领域。基于此，在对高校学生工作进行界定时，不应忽视上述内容。因此，本书在此基础上，对高校学生工作的界定纳入了工作主体的意涵，对高校学生工作作如下界定：高校学生工作是指高等学校在贯彻与落实党和政府高等教育方针的前提下，以"立德树人"为目标，为促进在校学生的全面发展，成为社会主义事业合格的建设者和接班人而面向在校学生开展的课堂教育以外的所有教育、管理与服务工作及针对工作主体自身开展的队伍建设工作的集合。

2. 高校学生工作者

在国内，对于"高校学生工作者"并无明确的界定。若从字面意思上理解，高校学生工作者可被理解为"从事高校学生工作的人员"。而若基于此种理解，高校学生工作者的外延从规制、实践和理想层面可有不同理解。首先，就规制视角而言，高校学生工作者可与辅导员划等号。在此种边界下界定高校学生工作者，其核心体现了从事高校学生工作者的职业性，即专职从事高校学生工作的人员。其次，若从具体实践层面理解，高校学生工作者指与学生直接接触，并从事学生工作的一线人员。其除了专职人员外，还包括了兼职担任班主任、辅导员、院系党总支副书记、书记等角色的诸多高校工作人员。再次，若从"全过程育人、全方位育人、全员育人"的理想层面理解，高校中的全体工作人员都可被视为高校学生工作者。可见，从规制、实践和理想状态对高校学生工作者予以不同理解，其内涵可从小到大予以不同的界定。

在本书中，研究重点主要聚焦于高校学生工作的日常实践，因此，对"高校学生工作者"的界定也主要基于高校学生工作的日常实践。由此，对"高校学生工作者"的界定主要是指目前在高校中无论专兼职而实际从事高校学生工作的一线工作人员，包括辅导员、班主任和院系党总支副书记等。在此种意义上界定高校学生工作者，主要是凸显高校学生工作者在实践中作为一种角色的意义建构，而非强调其职业性或理想性的意义建构。

3. 社会工作

社会工作虽是西方舶来的专业，但现在已成为我国基层治理与社会福利传递中不可缺少的制度安排。就概念本身而言，其是 Social Work 的直译，无论是在我国还是在西方国家，无论是从历史的视角还是从逻辑的视角，其内涵均十分丰富。从宏观制度视角而言，社会工作可被视为是社会的一种制度安排。如《世界社会科学百科全书》（1968 年）中指出，社会工作是旨在帮助社会上受到损害的个人、家庭、社区和群体，为他们创造条件，恢复和帮助人们适应和改善社会制度。就微观行动而言，社会工作是一种职业、专业的助人活动。如，民政部将社会工作界定为社会建设的重要组成部分，是一种体现社会工作核心价值理念，遵循伦理规范，坚持"助人自助"宗旨，在社会服务、社会管理领域综合运用专业知识、技能和方法帮助有需要的个人、家庭、群体、组织和社区，整合社会资源，协调社会关系，预防和解决社会问题，恢复和发展社会功能，促进社会和谐的职业活动。就专业活动而言，社会工作是一种专业行动实践。美国社会工作者协会给出的定义中，社会工作是一种专业活动，即扶助个人、群体、社区强化或回复能力，以发展其社会功能，并创造有助于达成其目标的社会条件。美国《国家社会服务方案的发展》中指出，社会工作是协助个人及其社会环境，以使其更好地相互适应的专业活动。

本书的研究主旨是高校学生工作的社会工作参与，即社会工作参与到高校学生工作的行动实践中。在此主旨下，社会工作的意涵需进一步加以明确。如前面文献综述部分所述，我国社会工作参与高校学生工作行动实践仍处于"前制度化"阶段，且本书探讨该议题，是在实然层面的探讨，且基于经验取向。因此，在界定"社会工作"的意涵上，本书的界定应符合实然状况，并非意指社会工作作为制度安排或职业活动的一面，而是意指其专业的一面，即社会工作是指其作为一种专业性的实践活动在长期的行动实践中所形塑的一整套专业行动框架。包括基本价值、专业价值、基础理论、实践模式及具体技巧从宏观到微观的专业行动逻辑。简言之，在本书探讨社会工作参与高校学生工作的议题中，社会工作意指其在参与高校学生工作的行动实践中所表现出的有别于传统高校学生工作的行动框架。

4. 社会工作参与高校学生工作的显功能与潜功能

在本书中，高校学生工作的社会工作参与的功能实现问题是重要议题之一。因此，需对功能分析所使用的概念工具予以进一步澄清。在此方面，默顿（Merton R.K.）有关社会事项"显功能"与"潜功能"的功能分析十分经典，"显功能与潜功能"的概念是与"正功能与反功能"的概念一起被默顿以语义相反组概念的形式提出。其之所以提出这两组概念，旨在批判之前的功能主义者将"功能"概念的主观内在性与客观外在性，即将行动者的主观动机与客观后果混为一谈。

默顿对功能概念做了新的阐释。在帕森斯（Parsons T.）眼中，"功能"是指某一结构要素和某一行动对社会协调做出的贡献。而在默顿看来"功能"是一个中性概念，是指"可以观察到的客观后果"。① 事实上，这种后果首先是依照其对社会所起的作用性质不同可分为"正功能"和"反功能"。"正功能"概念的含义与帕森斯的功能概念含义相同。"反功能"概念是指会导致社会协调性和适应性下降，或者导致功能紊乱的后果。显然，该组概念的提出是人们认识到某些社会行动或事项可以有着普遍的反功能后果，即某物可以有减少系统适应的或调整的后果。其次，默顿根据主观动机与客观后果的一致性性质不同，将功能分为"显功能"与"潜功能"。在默顿看来，显功能是指某一具体单元（人、亚群体、社会系统和文化系统）的那些有助于其调适并且是有意安排的客观后果。潜功能是指同一层次上的无意图的、未认识到的后果。②

显然，默顿关于社会行动或社会结构的显功能与潜功能的区分，实质上是从社会活动结果的分析提出了某一社会行动或社会事项功能发挥的预见性问题和隐蔽性问题。所谓预见性，即行动者的主观动机对客观后果在行动前是否具有预先性。也就是说，行动者对行动结果的预见是事先的，还是事后发现或通过反思发现的。若事先预见与事后发生相一致的结果，此种功能即为显功能；若事后结果是行动者事先未预知的，其即为潜功能。所谓隐蔽性问题，是指行动者的主观动机对于施予对象而言是否是事先可知的，是指潜功能是对谁而言的。例如，就社会福利

---

① 参见黎民、张小山：《西方社会学理论》，武汉：华中科技大学出版社 2005 年版，第 152—154 页。

② Merton R.K., *Social Theory and Social Structure*, Glencoe IL: Free Press, 1957, p.69.

制度而言，其对于施予客体的功能是促进社会成员的生活福祉。就此种意义而言，其功能的发挥是显在的；事实上，社会福利制度对于施予主体而言，其还有一个潜在的功能，即促进社会秩序的稳定与促进社会成员团结。因此，潜功能的隐蔽性意涵是基于社会行动者与行动对象的不同视角而言的。

就本书而言，在探讨社会工作参与高校学生工作的议题时，其核心要义是探讨功能实现的客观后果。也就是说，主要是指社会工作在参与高校学生工作创新过程中所发挥的功能何在。因此，就此种意义而言，本书所探讨的"功能"的概念更接近于默顿对"功能"的定义。进一步而言，探讨社会工作参与高校学生工作行动实践的功能，其要义主要是展现社会工作在高校学生工作实践中所发挥的积极实践后果，这一内容显然是属于正功能的范畴。而正如默顿所说的那样，某一活动或信念的潜功能恰恰不是常识，因为它们是未被意料到和未被广泛认识的社会后果和心理后果。所以，关注潜功能的结果要比关注显功能的结果体现着更大的知识增长。① 对于本书而言，若从"显功能"与"潜功能"这组概念来审视社会工作参与高校学生工作的功能实现问题显然更具研究价值。因此，"显功能"与"潜功能"这组概念被引入了本书有关社会工作在高校学生工作实践中功能发挥这一议题显得更为适切。

如前所述，"显"与"潜"区分的实质在于主观动机与客观结果的预见性与隐蔽性上。换句话说，显功能的发挥就是行动者在主观动机上的事前预见性与主观动机上对施予对象的非隐蔽性。而"潜功能"则是行动者主观动机上的事前非预见性和对施予对象的隐蔽性。在本书中，社会工作参与高校学生工作功能实现的过程即高校学生工作者在社会工作行动框架下实践，并产生实践客观后果的过程。提供专业服务是社会工作行动框架的基本功能，由此，社会工作参与高校学生工作的显

---

① Merton R.K., *Social Theory and Social Structure*, Glencoe IL: Free Press, 1957, p.87.

功能可被理解为在高校学生工作服务的实践领域中行动者开展具有服务性质的实践及其客观后果,因为这样的功能实现是行动实践者在行动前就自知的,而客观后果也是行动实践者所预见与期望的。因为对于行动者而言,其实践的主观目的就是直接指向实践对象的,其客观后果是行动者想达到的,亦即其所预见到的。而就社会工作参与高校学生工作的潜功能而言,其可被视为行动实践后果是行动者事前未预料到或具有隐蔽性的实践后果。如前所述,教育、管理、服务和自身建设是高校学生工作的基本实践领域,就此种意义而言,社会工作参与高校学生工作的潜功能意指社会工作参与高校学生工作行动实践后,在服务功能实现以外,在高校学生工作教育、管理以及其自身建设等其他实践领域中的功能显现,因为这些功能显现并非行动者事先预见的或隐蔽性的。

四 研究思路与研究方法

(一) 研究思路

本书的研究思路按照为什么要参与、为什么能参与、参与什么、怎么参与的内在逻辑予以展开。

第一,阐述"为什么要参与"的问题。即澄清社会工作参与高校学生工作的现实动因。具体而言,本书将高校学生工作为何需要社会工作参与作为逻辑起点,通过定量与定性相结合的实证研究方式,力图从高校学生工作主体困顿、客体的倒逼压力以及面临的环境挑战三个维度呈现我国高校学生工作面临的现实问题。现实问题的存在成为其需要创新的内在动因,而在本书的逻辑框架中,就演化为社会工作参与高校学生工作的问题导向,即本书现实依据所在。

第二,阐述"为什么能参与"的问题。解决高校学生工作面临问题的路径是多元的,而社会工作行动框架为什么能参与其中。本书在内在逻辑上必须进一步回答这一问题。因此，本书分别梳理与阐述了高校学生工作与社会工作的历史发展与专业特性，从而竭力阐明两者的内在关联性。此种内在关联性是两者一致性与差异性的统一。由此，本书从社会工作与高校学生工作的耦合性和社会工作对高校学生工作的弥补性两个方面阐述了两者的内在关联性问题。

第三，阐述"参与什么"的问题。在参与高校学生工作过程中，社会工作的作用呈现在高校学生工作的哪些领域，即功能实现问题，是本书需继续予以回答的问题。在功能实现问题上，本书基于对实证资料的研判，借助显功能与潜功能这对概念工具，对社会工作参与高校学生工作的功能实现问题予以了回答。此内容涉及本书的第四章与第五章。其一，在第四章中，呈现社会工作参与高校学生工作的显功能。在此方面，通过对实证资料的概括对社会工作参与高校学生工作的显在实践后果，从成长发展指导的有效提供、弱势学生的全面帮扶和学生组织内源性的建设与引导三个方面予以呈现。其二，第五章呈现社会工作参与高校学生工作的潜功能。在潜功能的呈现方面，基于对研究资料的进一步分析，进一步挖掘了社会工作参与高校学生工作的潜在实践后果。此种潜在实践后果涉及"全员育人"的操作化、学生管理三级预防体系的建构和学生工作者核心素质的优化三个方面。同时，在上述两部分内容的阐述逻辑上，采取了"宽—窄—宽"的方式。先从一般性的理论基础入手，然后对具体的行动实践与实证资料予以分析，再结合理论基础实证分析抽象出社会工作参与高校学生工作功能实现背后的内在逻辑。

第四，阐述"怎么参与"的问题。在此部分中，需继续回答的问题是社会工作参与高校学生工作如何实现。在此问题上，本书尝试通过建构社会工作参与高校学生工作一般性的实践模式来予以回应。首先从微观、中观和宏观三个层面分析了社会工作参与高校学生工作的影响因素，因为只有对这些多层次多维度的影响因素予以明晰，才能为后续不同实践模式的建构奠定基础。紧接着，基于对既往模式研究不足的阐析，结合对影响因素的分析，从模式划分类型与特征分析两个维度提出了参与实践模式建构的变量体系。最后，基于模式划分的类型变量，本书尝试提出原发融入附着型、内驱诱导协助型和外驱嵌入合作型三种社会工作参与高校学生工作的实践模式，基于特征分析变量对每种模式的特征予以明晰，并进一步从适用范围与结构生长探讨实践模式建构的适用性意义。

（二）研究方法与对象的选取

1. 研究方法

第一，文献研究法。文献法是指从各种资料如报刊、图书、文件、档案、报表、报告以及各种音像材料中收集研究者所需要的资料的方法。① 它是一种间接收集资料的方法，主要有两种途径：一是收集历史上的文献资料以研究当时的社会现象，了解以前的社会状况，并探讨过去与现在状况之间的联系。二是收集反映当前社会生活各方面状况的文字及其他材料，研究现实生活某一方面的现象、规律及其与社会生活其他方面的联系。本书第三章需对我国高校学生工作与社会工作的历史沿革及特点进行梳理与分析。因此，在资料来源上，必须从各类历史文献中收集有关我国高校学生工作与社会工作的相关政策文献。

第二，调查研究法。调查研究法是一种采用自填式问卷和结构式访问的方法，系统地、直接地从一个取自某种社会群体的样本那里收集资料，并通过对资料的统计分析来认识社会现象及其规律的社会研究方式。② 调查研究法的一大优点是保证研究的信度，即真实性与可

---

① 陈万柏、张耀灿：《思想政治教育学原理（第三版）》，北京：高等教育出版社2015年版，第19页。

② 风笑天：《社会研究方法（第四版）》，北京：中国人民大学出版社2013年版，第143页。

靠性。为了全面、客观、真实地描述高校学生工作面临的现实困境，本书使用了问卷调查与结构式访谈相结合的研究方法。具体而言，一方面，为了从客位视角反映高校学生工作的现状与问题，本书在全国范围内的多所高校展开问卷调查，共收集有效问卷1195份。另一方面，还选取了6名不同类型高校的专职学生工作者进行了结构式访谈，并从主位的视角与定量资料相互印证，得以进一步澄清高校学生工作的现实问题。

第三，行动研究。《国际教育百科全书》中将行动研究定义为："由社会情境的参与者，为提高对其所从事的社会或教育实践的理性认识，为加深对实践活动及其依赖的背景的理解进行的反思研究。"[①] 行动研究的实质是研究者从研究的客位转换成研究的主位，使自身成为行动实践的亲历者与执行者，并在行动实践中归纳、反思与改进实践，这样的方法论取向既打破了研究者与行动者之间的鸿沟，又破解了研究中价值中立与意义关联之间的壁垒，是研究者在行动中研究，行动者在研究中行动。行动研究具有技术、实践与解放三大不同的研究取向。本书主要采取实践取向的行动研究。在资料的来源上，行动实践的资料源自笔者和多位具有社会工作专业背景的高校学生工作者，包括党总支副书记、辅导员、班主任等。在多年的学工经历中，笔者及上述多位同仁有意地在高校学生工作中运用社会工作的理念、方法与技巧进行了社会工作参与高校学生工作的行动实践。

2. 调查对象基本情况

在本书中，调查对象主要包括三类：

第一，在校大学生。本书采用多段抽样的方法，在全国范围内不同类型的多所高校选取了1500名在校大学生进行了问卷调查，其中有效

---

① 王攀峰：《行动研究的理论与方法》，北京：首都师范大学出版社2013年版，第69页。

样本 1195 个。基本情况如下：在性别结构上，男性 557 人，女性 638 人，分别占 46.6% 和 53.4%；在年级结构上，大一 94 人，大二 555 人，大三 424 人，大四 104 人，大四以上 18 人，分别占 7.9%、46.4%、35.5%、8.7% 和 1.5%；在专业结构上，理工医农类 625 人，人文社科类 453 人，艺术体育类 117 人，分别占比 52.3%、37.9% 和 9.8%；在生源地结构上，来自农村 785 人，来自城市 410 人，分别占比 65.7% 和 34.4%；在院校类型结构上，一本 392 人、二本 410 人、三本 214 人、高职高专 179 人，分别占比 32.8%、34.3%、17.9% 和 15.0%。

第二，非社会工作专业背景的高校学生工作者。本书选取了不同类型、不同层次、不同地域的 6 名高校学生工作者，旨在更加深入地了解现行高校学生工作的困境、压力与挑战，以提升研究的效度。这 6 名高校学生工作者并非具备社会工作专业背景。

第三，具有社会工作专业背景的高校学生工作者。笔者选取了 6 名具有社会工作专业背景的高校学生工作者进行深度访谈与案例收集，以展示社会工作参与高校学生工作中的功能实现问题。

具体如下：

其一，非社会工作专业背景的高校学生工作者。

① XLL，女，东部沿海地区某师范类大学辅导员，从业 15 年；

② JXX，男，南部沿海地区某医学类大学辅导员，从业 7 年；

③ FH，男，东部沿海地区某综合性大学辅导员，从业 13 年，曾获"全国辅导员节能大赛"一等奖；

④ MM，女，中部地区某民办综合性大学辅导员，从业 3 年；

⑤ ZZF，男，中部地区某综合性大学辅导员，从业 7 年；

⑥ WS，男，中部地区某综合性大学某院系党总支副书记，从业 10 年。

其二，社会工作专业背景的高校学生工作者。

① LS，女，中部地区某综合性大学学生班主任，从业 8 年；

② CZ，男，中部地区某综合性大学学生班主任，从业 5 年；

③ MG,女,中部地区某综合性大学某院系党总支副书记,从业8年;

④ TS,女,东部地区某师范类大学辅导员,从业5年;

⑤ WJ,女,中部地区某综合类大学学生班主任,从业4年;

⑥ JT,女,东部地区某师范类大学辅导员,从业2年。

第二章 我国高校学生工作面临的问题

本书探讨的议题是高校学生工作的社会工作参与。就该议题而言，首先需回答的问题是"为什么要参与"的问题，对此问题的回答并非来自于概念的推演，而是源自于对实现问题的回应。也就是说，社会工作参与到高校学生工作中是以回应现实问题为导向的，而这个现实问题就是目前我国高校学生工作面临的问题，其成为了社会工作参与高校学生工作的现实动因。

因此，本书的起始部分首先应澄清高校学生工作面临的现实问题。本章将从主体困顿、客体倒逼压力和环境挑战三个层面对该问题予以呈现。

一 我国高校学生工作主体的困顿

我国高校学生工作主体的困顿主要是指高校学生工作者在工作中面临的两难境地给自身带来的困扰。通过对实证资料的研判，目前我国高校学生工作主体困顿主要存在于工作价值理念、工作内容和工作者职业发展三个方面。

（一）学生工作价值理念的异化

从广义上而言，学生工作理念是指人们在对教育规律认识的基础上，形成的关于学生工作性质、职能、使命、目的等一系列问题的理性认识。就狭义而言，学生工作的理念，是指在进行学生工作过程中对学生工作的目的和实现目标所秉承价值取向的认识和看法。通过对从学生视角收集的定量资料和从学生工作者视角收集的定性资料分析发现，目前我国高校在开展学生工作的过程中，在工作目标和导向上出现了一定的异化现象，这对我国高校学生工作的长远与健康发展是无益的。

1. 工作目标的虚化

我国高校学生工作的传统源自于思想政治工作，虽然随着时代的发展，其功能与职责不断拓展，但其作为社会层面的目标与其作为个体层面的目标始终一以贯之。即就社会层面而言，是培养社会主义事业合格的建设者和接班人；就个体层面而言，则是促进学生的全面发展。而在现实工作中，现行学生工作存在着工作目标虚化的现象。

为保证研究的信度，表2-1和表2-2是关于我国高校学生工作的优势与劣势正反提问的实证结果，数据显示，在被问及高校学生工作的优势时，仅有410人选择了"工作理念先进，工作目标具体、明确"，仅占总数的34.3%，未选的比例则达到了65.7%；同时，在相反向度的提问中，在被问及"我国高校学生工作的劣势"时，有800人选择了"工作理念相对滞后，工作目标往往变成完成上级交给的任务，偏离'育人为本'的教育目标"，达到了总数的66.9%。正反向度提问的重合度达到了98%，信度甚高。由此，从两个表格数据及相互印证中清晰看出，大学生们认为目前我国高校学生工作的目标出现了虚化现象，在工作中并没有落到实处。

表 2-1 你觉得当前我国高校学生工作的优势是：
工作理念先进，工作目标具体、明确

		频率	百分比	有效百分比	累积百分比
有效	没选	785	65.7	65.7	65.7
	已选	410	34.3	34.3	100.0
	合计	1195	100.0	100.0	

表 2-2 你觉得当前我国高校学生工作的不足是：工作理念相对滞后，工作目标往往变成完成上级交给的任务，偏离"育人为本"的教育目标

		频率	百分比	有效百分比	累积百分比
有效	没选	395	33.1	33.1	33.1
	已选	800	66.9	66.9	100.0
	合计	1195	100.0	100.0	

另外，在笔者的访谈中，各访谈对象都谈到了工作目标虚化的问题，在各个谈话内容中，工作目标的虚化体现在实际工作的目标与学生工作本质目标的隔离。当然，不同访谈对象谈及的原因有所不同，辅导员 XLL、ZZF 和 FH 均谈及，在实际工作中，校方出于怕出事，而放弃了让学生成长和发展的机会，辅导员 MM 则谈及，事实上，许多学校在人才培育上，只注重智育方面的教育，而忽视了学生工作在德育方面的教育，而辅导员 JXX 的谈话内容中，两者皆有涉及。

目前高校学生工作目标虚化的困顿是存在的，这种虚化现象呈现两种表征，一是目标的异化，即校方将安全稳定的底线目标当成了其工作追求的唯一目标；二是目标的片面化，即校方片面重视学生智育工作，而忽视学生德育工作。

2. 工作导向的悖离

所谓学生工作的导向，即在学生工作中，实际工作的指向性如何。

是指向学生的需求，还是完成校方的任务，是以约束学生为主，还是以发展学生为主。这也是体现高校学生工作理念的重要维度之一。

在问卷调查中，同样是关于高校学生工作的优势与劣势的正反向度提问，两个向度的数据结果仍然是相互印证的，反映了我国高校学生工作在工作导向上的行政化问题。表2-3显示，在被问及高校学生工作的优势时，仅有503名（占总数42.1%）的被调查者认为"组织机构完整且严密，有利于学校任务的上传下达"是高校学生工作的优势。相反，表2-4显示，有699名（占总数58.5%）的被调查者选择了"过度行政化，按部就班，缺乏创新精神"是高校学生工作的劣势。可见，在现阶段，大学生们并不认可传统学生工作的这一优势，且认为这种任务式的工作导向是高校学生工作的一大劣势。

表2-3 你觉得当前我国高校学生工作的优势是：组织机构完整且严密，有利于学校任务的上传下达

有效		频率	百分比	有效百分比	累积百分比
有效	没选	692	57.9	57.9	57.9
	已选	503	42.1	42.1	100.0
合计		1195	100.0	100.0	

表2-4 你觉得当前我国高校学生工作的不足是：过度行政化，按部就班，缺乏创新精神

		频率	百分比	有效百分比	累积百分比
有效	没选	496	41.5	41.5	41.5
	已选	699	58.5	58.5	100.0
合计		1195	100.0	100.0	

高校学生工作的导向问题也成为各个访谈对象诟病的一个重要方面。在文本、会议或口号中，高校学生工作的导向是以学生需求为本，

以学生发展和成长为本，但在实际工作中，由于个人、学校或体制机制方面的因素，导致学生工作的导向出现了错位。首先，个人因素。在访谈中，多位辅导员谈及，从个人层面而言，由于学生工作者素质与能力参差不齐，有的辅导员、班主任，甚至副书记，要么没有专业知识，要么没有学工经历，所以能力与素质上达不到满足学生内在需求，引导学生成长的标准，更多的只是能把上面的任务应付过去，使学生不出事就好；其次，体制因素。在访谈中，辅导员们纷纷谈及，其工作性质是"一根针，千条线"，所有有关学生的事务都会汇聚到辅导员身上，甚至包括催缴学费、收水电费等，这导致其疲于奔命，只能先应付完"上面"的工作；第三，机制因素。多名学生工作者谈及，辅导员考核机制就是以任务为本，以约束学生不出事为本，比如，每学期硬性规定必须和分管年级的所有学生谈话，学生若出现非正常死亡，甚至舞弊，均一票否决，这就导致了辅导员只能把时间和精力放在事关自身发展与待遇的量化指标上。基于上述因素，高校学生工作的导向就在实际工作中出现了"悖离"现象。

（二）学生工作内容偏离、泛化与悬浮

2006年7月，在教育部第24号令《普通高等学校辅导员队伍建设规定》中明确规定了辅导员工作的八项职责。2014年，教育部又印发《高等学校辅导员职业能力标准（暂行）》，《标准》对高校辅导员在思想政治教育、党团和班级建设、学业指导、日常事务管理、心理健康教育与咨询、网络思想政治教育、危机事件应对、职业规划与就业指导、理论与实践研究等九方面辅导员职业功能的工作内容进行了梳理和规范，明确了辅导员的工作职责与工作焦点。而现下的学生工作中，学生工作者的工作职责与工作焦点往往出现泛化与错位的状态。

1. 工作焦点的偏离

所谓工作焦点的偏离是指，辅导员日常实际工作内容与其真正应主

要从事的工作内容之间出现了偏差。我国高校学生工作的焦点就是大学生的理想信念教育和成长发展指导。然而，被访学生工作者均认为，其在现实工作中，由于受到诸多因素的影响，工作的焦点往往出现了错位。究其原因，正是由于考评机制上以维稳与日常管理的规范指标为焦点，使得学生工作者不得不将工作的焦点放于此。

2. 工作范围的泛化

在工作焦点错位的同时，工作范围泛化也是访谈对象们纷纷谈及的困顿之一。虽然16号文件中规定了高校辅导员、班主任等学生工作者的职责所在，但在现实中，学生工作者感到日常工作非常琐碎与烦累，之所以如此，是由于辅导员工作范围被大大泛化，超出了其工作职责范围。

被访的辅导员纷纷谈及一个共性问题就是辅导员工作职责的泛化，即辅导员除了承担其分内的工作外，还的承担了很多分外的事务，究其原因，辅导员FH的表述颇有启示，即由于现在高校没有形成"全员育人"的局面，高校中的各个教育主体是割裂的，并将所有的学生事务指向辅导员，辅导员的工作就成了"一根针穿千条线"的局面，导致其工作职责大大被泛化，分散了其本职工作的时间与精力。

3. 部分工作职责的悬浮

高校学生工作内容是繁琐的，笔者在访谈过程中发现，就工作内容而言，除了错位与泛化外，还有一个重要的困顿就是部分工作内容的悬浮，即许多工作为了应付检查，或者机制本身不健全、不合理，学生工作者只能把工作悬浮在表面，包括表格、程序中。

学生工作者在执行工作过程中，在就业、心理咨询、组织活动、学生谈话、社会实践及党建工作等方面都出现了"走形式"、"走过场"、"讲规范，不讲实效"及"应付检查"的现象，这些现象的出现，既有学生工作者个体素质的原因，也有各个学工部门、职能部门协调不利，还涉及整个社会结构层面的问题。比如，关于就业问题，社会结构层面的压力往往转嫁到给学校，心理咨询体制机制的不健全导致了工作任务重新回到了辅导员等。

（三）学生工作者的职业化与专业性困境

在高校学生工作中，工作主体主要是学生工作者，主要包括院系党总支副书记、院系专职辅导员等，在部分高校还包括班主任、班级导师等。在本书中，工作主体主要涉及专业辅导员与党总支副书记等学生工作者。事实上，专业辅导员这一学生工作者群体是我国高校学生工作最主要的工作主体，该群体存在的发展困顿直接影响着高校学生工作的质量与发展。在调查中发现，谈及辅导员群体自身存在的问题时，职业化的两难困境与群体内的非专业化是最大的困顿。

1. 学生工作者职业化的两难困境

学生工作者队伍的职业化问题已成为高校学生工作发展的必然趋势，中共中央、教育部及部分省已出台了有关辅导员专业晋升制度的相关标准。一方面，将辅导员确定为高校教师序列，在职业晋升上可进行职称评定；另一方面，则可按照高校行政级别进行辅导员的职级晋升，比如科级辅导员、处级辅导员等。但从访谈中发现，绝大多数学校对相关内容并没有予以落实，辅导员处于职业晋升的两难困境中。一方面，其工作压力大，责任重，另一方面在职业晋升中空间却很小，因此，辅导员的职业化问题几乎是个空谈，大部分辅导员处于工作压力大和职业发展空间小的双重压力中，对辅导员的职业认同感不强，多以转岗作为其职业发展规划。

从访谈中笔者发现，目前，辅导员有很强的工作重压感，首先，来自于工作强度大，涉及方方面面的工作，这在工作内容部分已有所谈及；其次，工作难度大，由于现在绝大多数高校在辅导员的师生比上很难达到教育部的标准，即使达到了标准，辅导员仍然很难顾及；再次，辅导员工作责任大，如履薄冰。一旦学生出现突发问题，特别是涉及生命安全的问题，很有可能被一票否决。这些都给辅导员带来了很强的工作重压感。

而另一方面，从职业发展空间看，被访者纷纷表示辅导员无论是从职称晋升，还是从职级晋升，难度都非常大。其一，从职称晋升来说，由于其陷入到日常琐碎的事务中，且强度大，很难有时间和精力去完成科研工作，发表高质量的文章；其二，从职级晋升来说，由于现有编制有限，且视野、思路等往往不如专职行政人员，因此，职级晋升也非常有限。

综合上述两方面内容，我们清晰可知，目前高校辅导员陷入了职业发展的两难困境中。该困顿大大挫伤了辅导员的工作积极性，增加其职业倦怠感，降低其职业认同感与归属感。

2. 学生工作者的非专业化

要提升高校学生工作的科学化水平，提升学生工作的质量，学生工作者队伍的专业化显得尤为重要。即高校学生工作者具有从事高校学生工作所需的一般技能。但是，高校学生工作者队伍存在着专业化程度低的困顿。

事实上，辅导员队伍的素质是参差不齐的，个体差异太大。这样的个体差异表面上看源自于辅导员自身道德素质、个性特征和角色定位及工作态度等。更值得深思的是，目前辅导员的工作方式表现出经验性、宽泛性和随意性的特征。所谓经验性，就是辅导员的工作主要是根据自己的个人经验或人生阅历对学生问题进行处置，而且新入职的辅导员的角色适应，也主要是靠老辅导员"传帮带"。所谓工作的宽泛性，主要是指辅导员工作的内容过于庞杂，但缺乏精细性、专门性，使得辅导员很难在具体的某一工作领域向专业化标准发展，使得辅导员很难走向专家化的道路；所谓随意性，就是辅导员的准入标准、道德素质、专业素质、工作态度和工作能力呈现无标准、无监督和无考评的状态，这使得辅导员队伍的门槛降低，个人素质和能力良莠不齐。事实上，上述表征的本质均为目前辅导员队伍的非专业化。非专业化的辅导员是无法适应现代高校学生工作的需要和变化的，会对高校学生工作带来不利影响。

二 我国高校学生工作客体的倒逼压力

高校学生工作的工作客体，即高校学生工作的工作对象。我国高校学生工作的工作对象是大学生这一群体。目前，大学生群体特征的变化也给高校学生工作带来了挑战。这种挑战是新阶段新形势下，高校学生工作的传统手段、方式等对大学生的影响力下降，从而直接影响到了大学生思想政治教育的实效性。这形成了对高校学生工作的一种"倒逼"压力，迫使高校学生工作实行改革与创新。

（一）常规工作路径实效性下降

1. 学生对各种学生集体活动的认可度不高

在现行高校学生工作中，组织学生参加各种集体活动，是对大学生开展思想政治教育的重要路径之一。通过这一路径既可培养大学生的集体主义精神，又可使其在集体活动中提升融入、参与和合作等意识。但在调研中笔者发现，无论是基于学生的视角，还是基于学生工作者的视角，实证资料均指向一个事实——学生对集体活动的认可度不高。

表2-5显示，在被问及对学校或院系组织各种文体活动的评价时，选择"没意思，流于形式"的有145人，占12.1%；选择"不太好，收获不大"的有114人，占9.5%；选择"一般，取决于自己的参与和投入程度"的有657人，占55.0%；选择"比较好，收获很多"的有251人，占21.0%；而选择"非常好，特别有收获"的仅有28人，占2.3%。从累积百分比看，选择前三项的累积百分比为76.7%，也就是

说，有四分之三以上的被调查者对现在学校或院系开展的各项文体活动的评价并不高。

表2-5 你对学校或院系组织的各种文体活动的评价是

		频率	百分比	有效百分比	累积百分比
有效	没意思，流于形式	145	12.1	12.1	12.1
	不太好，收获不大	114	9.5	9.5	21.7
	一般，取决于自己的参与和投入程度	657	55.0	55.0	76.7
	比较好，收获很多	251	21.0	21.0	97.7
	非常好，特别有收获	28	2.3	2.3	100.0
	合计	1195	100.0	100.0	

同时，在学生对学校及院系组织的各种文体活动的参与意愿的调查中，如表2-6所示，选择"很不愿意"和"不太愿意"的分别有33人和713人，两者的累积百分比占到了62.4%，选择"比较愿意"和"非常愿意"的分别为366人和83人，仅占30.6%和6.9%。调查数据显示，绝大多数同学参与学校及院系组织的各种文体活动的意愿不高。

表2-6 你愿意参加学校及院系组织的各种文体活动吗
（比如辩论赛、趣味运动会等）？

		频率	百分比	有效百分比	累积百分比
有效	很不愿意	33	2.8	2.8	2.8
	不太愿意	713	59.7	59.7	62.4
	比较愿意	366	30.6	30.6	93.1
	非常愿意	83	6.9	6.9	100.0
	合计	1195	100.0	100.0	

综而述之，上述两组数据反映的是大学生对当前学生集体活动的认可度，表2-5反映的是学生参加活动后的评价，即事后的体验。表2-6反映的是学生事前的参与意愿。从上述两组数据不难看出，无论是从事后的参与体验还是从事前的参与意愿而言，在现阶段，大学生对学校与院系组织的各种集体性文体活动认可度不高。

2. 学生对日常学生工作的满意度不高

大学生思想政治教育的路径是多元的，除了上述所言的活动路径，辅导员日常的教育、管理和服务工作也是重要路径之一。在调查中发现，学生对辅导员等学生工作者的日常工作满意度也不高。

如表2-7所示，在被问及对辅导员日常从事与开展的各项工作的满意度时，选择非常满意的仅有61人，占5.1%；而选择"比较满意"的也仅有417人，占34.9%，两者加起来的比例刚好四成。而选择"不太满意"的则高达672人，占了55.2%；选择"非常不满意"的为45人，占3.8%。可见有六成的被调查者对辅导员日常的各项工作满意度不高。

表2-7 你对辅导员日常从事和开展的各项工作满意吗？

		频率	百分比	有效百分比	累积百分比
有效	很不愿意	45	3.8	3.8	3.8
	不太愿意	672	55.2	55.2	60.0
	比较愿意	417	34.9	34.9	94.9
	非常愿意	61	5.1	5.1	100.0
	合计	1195	100.0	100.0	

另一方面，在涉及高校学生工作的优劣势的双向问题中可更加清晰呈现此问题。如表2-8所示，在有关高校学生工作优势的问题中，选择"便于开展思想教育，及时了解学生思想状况"选项的被调查者仅为435人，占36.4%。而在反向提问中，如表2-9所示，选择"服务意识

不足,不能及时了解学生的各种真实需求,不关注学生实际问题的解决"的人数为680,高达56.9%。以上两组数据的高度吻合更为直观地呈现了大学生对日常学生工作不甚满意。

表2-8 你觉得当前我国高校学生工作的优势是:便于开展思想教育,及时了解学生思想状况

		频率	百分比	有效百分比	累积百分比
有效	没选	760	63.6	63.6	63.6
	已选	435	36.4	36.4	100.0
	合计	1195	100.0	100.0	

表2-9 你觉得当前我国高校学生工作的不足是:服务意识不足,不能及时了解学生的各种真实需求,不关注学生实际问题的解决

		频率	百分比	有效百分比	累积百分比
有效	没选	515	43.1	43.1	43.1
	已选	680	56.9	56.9	100.0
	合计	1195	100.0	100.0	

在上一节中,从学生工作者视角谈及的有关学生工作的工作内容存在的诸多问题可以印证上述数据结果。目前,高校学生工作存在的诸多问题使得学生对学生工作者的工作不会有很高的满意度。而谈及本质原因,跟目前高校学生工作缺乏抓手,话语体系陈旧有很大关系。

综合上述两方面的内容不难看出,学生对集体活动的认可度和对日常学生工作的满意度不高反映的是,目前学生工作的常规工作路径的实效性受到了挑战,形成了一种对高校学生工作革新的倒逼压力。

(二)传统组织形式的整合度下降

社会整合是社会学家涂尔干提出的有关社会团结程度的基本概念,其意指社会凝聚力。而所谓整合度即一个社会或社会组织对个人的凝聚

和吸引程度。目前，在大学这一场域范围内，具体的组织形式包括班集体组织、学生会组织和社团组织等，这些传统的组织形式都是开展高校学生工作及大学生思想政治教育的重要阵地，也是整合学生，保证学生安全与成长的重要方式。而值得注意的是，随着我国社会转型的加剧，社会个人化与原子化的趋势明显，高校也不可能独善其身。在高校中，传统的组织形式的整合能力受到了挑战。在调查中，这一事实无论是在定量资料中，还是在定性资料中都展现无疑。

1. 班集体符号化

在定量资料中，表2-10显示，在问及"你所在班级的凝聚力如何？"的问题中，有151人选择了"没有凝聚力"，占12.6%；选择"不太强"的有505人，占42.3%；选择"一般"的有358人，占30.0%。选择评价等次较低前三项的选项累积百分比就达到了84.9%。而选择"比较强"和"非常强"这两个高等次的分别仅有104人和77人，仅占8.7%和6.4%。从此组数据不难发现，目前，大学生们普遍认为大学的班级凝聚力不强。

表2-10 你所在班级的凝聚力如何？

		频率	百分比	有效百分比	累积百分比
有效	没有凝聚力	151	12.6	12.6	12.6
	不太强	505	42.3	42.3	54.9
	一般	358	30.0	30.0	84.9
	比较强	104	8.7	8.7	93.6
	非常强	77	6.4	6.4	100.0
	合计	1195	100.0	100.0	

同时，在对高校学生工作的优势和辅导员职责履行状况的评价中，如表2-11所示，仅有350人选择了"使学生对班集体具有很强的归属

感"，占 20.3%。再如表 2-12 所示，在对 16 号文件规定的辅导员职责的履行状况的调查中，在有关班集体建设职责的评价中，选择低等次前三项的比率分别为 1.8%、31.3% 和 41.2%，三者的累积百分比达到了 74.3%。而选择高等次两项的仅分别为 13.7% 和 12.0%。这组数据说明了现行高校学生工作无法使学生对班集体有很强的归属感，同时，学生工作者在班集体建设的履职状况并不尽如人意，这也从另一个角度体现了学生认为班集体的凝聚力不强的现状。

表 2-11 你觉得当前我国高校学生工作的优势是：使学生对班集体具有很强的归属感

		频率	百分比	有效百分比	累积百分比
有效	没选	845	70.7	70.7	70.7
	已选	350	29.3	29.3	100.0
	合计	1195	100.0	100.0	

表 2-12 请对你院系辅导员在日常工作中"以班级为基础，以学生为主体，发挥学生班集体在大学生思想政治教育中的组织力量"的工作职责履行情况做出评价

		频率	百分比	有效百分比	累积百分比
有效	很不好	22	1.8	1.8	1.8
	不太好	374	31.3	31.3	33.1
	一般	492	41.2	41.2	74.3
	比较好	164	13.7	13.7	88.0
	非常好	143	12.0	12.0	100.0
	合计	1195	100.0	100.0	

与此同时，从学生工作者的视角，他们认识到目前大学班集体对学生的吸引力与归属感不强的问题，均表示班集体对学生的凝聚力式微。

从上述资料来看，班集体这一高校中传统组织形式对学生的凝聚力和吸引力在下降，这导致了学生对班集体的心理归属与认同感不强，最终使班集体出现了"符号化"的趋势，也就是说，班集体在大学生心中只是自身归属的一个符号表征，而缺乏情感上和心理上的依恋。

2. 学生会组织的工具化

若将高校视为一个功能性社区，学生会组织是其中重要的自组织之一。是大学生"自我教育、自我管理和自我服务"的重要组织形式之一。但在现实中，现在的学生会组织出现了工具化的趋势，即成为学生工作者工作的辅助工具和延伸工具。学生会在实际的运行中，学生工作者多注重对其进行使用和管理，很少关注学生会本身的职能及学生在其中得到的锻炼与成长。而进一步考量，这种学生会组织的工具化趋势，势必会导致其对学生干部的整合度下降，更使得学生会组织在更多大学生心里成为一个学生中的"官僚"机构，与学生产生对立感，而缺乏整合力。

3. 学生社团的空壳化

学生社团在高校中是活跃校园文化、促进学生发展的重要组织形式。其是高校社区中重要的自组织形式，同样秉持"自我教育、自我管理和自我服务"的"三自"原则。在中国高等教育发展史中，学生社团往往成为新思想、新观点的集聚地和发源地，在高校中起着举足轻重的作用。然而，在调查中发现，现在高校的学生社团呈现出"空壳化"的趋势，即诸多学生社团名存实亡，对学生几乎没有什么整合力。下面的资料从学生和学生工作者的视角分别反映了学生社团这种"空壳化"现象的存在。

在定量数据中，当被问及学生社团活动开展状况时，如表2-13所示,选择了"比较多"和"非常多"的仅为135人和24人,分别仅占11.3%和2.0%。而选择"几乎没有活动"、"很少"和一般的分别为285、474和277人,分别占了23.8%、39.7%和23.2%,仅选择"几乎没有活动"和"很少"两项的累积百分比就达到了63.5%,而加上选择"一般"的累积百分比达到了86.7%。这不难看出,大学生群体普遍认为,学生社团开展的活动甚少。

表2-13 你觉得现在高校学生社团开展的活动多吗?

		频率	百分比	有效百分比	累积百分比
有效	几乎没有	285	23.8	23.8	23.8
	很少	474	39.7	39.7	63.5
	一般	277	23.2	23.2	86.7
	比较多	135	11.3	11.3	98.0
	非常多	24	2.0	2.0	100.0
	合计	1195	100.0	100.0	

同时,学生工作者纷纷表示,现在大学校园中的学生社团,不管是学生自发成立的,还是院系所属的青年志愿者协会,其运行和发展现状同样令人担忧,不尽如人意。

显然,这样的社团很难对学生具有整合力,很难吸引学生和凝聚人心。

(三) 学生与学生工作者的关系疏远

在现实中,学生工作者与学生之间的关系是衡量高校学生工作实效性的一个重要维度。因此,本书的实证研究加入了对学生工作者与学生的关系维度的测量,在测量具体的维度中,师生关系被操作化为两个维度——空间距离和心理距离。在空间距离上,采用了关于辅导员、班主任与学生沟通的定序测量的客观指标;在心理距离上,由于概念本身的

高校学生工作的社会工作参与：一个基于多所高校的经验研究

主观性，则采取了学生向其社会网络成员的求助意愿的选择的定类测量的方式予以呈现。

1. 空间距离的疏远

在关于班主任与学生的沟通状况的测量中，如表2-14所示，由于并非所有的高校都配备班主任或班导师，所以，有140人未对此题予以作答。在填答此题的1055个被调查的大学生中，选择"经常"的仅有90人，选择"总是"的仅有17人，分别仅占8.5%和1.6%，也就是说，只有一成的学生和班主任（班导师）经常沟通，而选择"从不"的比例就达21.8%，有230人，选择"很少"的更是高达464人，占到了44.0%。也就是说，有将近六成六的学生与班主任沟通或谈心甚少，甚至有两成以上的学生从来没有与班主任沟通或谈心过。

表2-14 班主任（或班导师）与你沟通或谈心多吗？

		频率	百分比	有效百分比	累积百分比
有效	从不	230	21.8	21.8	21.8
	很少	464	44.0	44.0	65.8
	有时	254	24.1	24.1	89.9
	经常	90	8.5	8.5	98.4
	总是	17	1.6	1.6	100.0
合计		1055	100.0	100.0	

同时，如表2-15所示，在问及学生与辅导员沟通或谈心的问题时，有297人选择了"从不"，占24.9%，选择"很少"的有530人，占44.4%，选择"有时"的296人，占24.8%，选择"经常"的仅63人，占5.3%，选择"总是"的仅为9人，占0.8%。从此组数据清晰可见，学生与辅导员沟通或谈心状况比班主任更少，选择"从不"就将近占到了四分之一，而选择很少的几乎将近半数，连着累加就快要达到了七成。而选择"经常"和"总是"两者的比例累加不到半成。

表 2-15 辅导员与你沟通或谈心多吗？

		频率	百分比	有效百分比	累积百分比
有效	从不	297	24.9	24.9	24.9
	很少	530	44.4	44.4	69.2
	有时	296	24.8	24.8	94.0
	经常	63	5.3	5.3	99.2
	总是	9	0.8	0.8	100.0
	合计	1055	100.0	100.0	

从上述两组数据不难看出，从学生的视角，无论是班主任（班导师）或是辅导员，其与之沟通或谈心甚少。几乎不到一成的同学与班主任（班导师）或是辅导员有经常性的沟通。

同时，在与多位辅导员的访谈中我们发现，高校搬迁导致的"师生分离"、学校量化指标的形式化、班主任角色的符号化等现状也造成了师生空间距离的疏远。

综上所述，无论是定量数据，还是定性访谈资料，学生与学生工作者在空间距离上的疏离现象是目前高校学生工作中的事实。在社会网络理论中，社会互动的频次是网络成员交往密度的最基础性指标。也就是说，若交往频次低，事实上已说明两者在空间距离上是疏远的。就此而言，从现行高校学生工作中，学生与学生工作者首先在空间距离上就呈现出了疏离的状态。这本身就对高校学生工作形成"倒逼"压力，因为在角色关系中，任何关系的培育，交往的深入都是以交往频次为基础的，也就是首先需以空间距离的接近为基础，这种空间距离，在信息时代，甚至可以是虚拟空间。

2. 心理距离的疏远

师生关系的本质是一种专业关系与角色关系。在这种特殊关系中，老师与学生的互动是不对称的，主要是学生从老师那获得资源（这里的资源具有广义的意涵，是有价值的东西，包括信息、心理支持等），因此，在这种关系中，学生向老师的求助意愿就成了两者心理距离的重要测量维度。而在求助意愿时，学生的首助意愿，即在大学生生活中遇到困难时，学生首先向谁求助的意愿更能反映互动主客体之间的心理距离。

学生首助意愿的测量主要采取矩阵式量表的方式来完成，纵向列出的大学生学业、就业、人际交往、生活等常见问题，横排则是可能求助的对象，前三项为初级关系的支持，后三项为次级关系，也就是角色或专业关系的支持。如表 2-16 所示，在大学生常见的困难中，被调查者的首选求助对象基本上以初级关系为主，向辅导员和班主任求助意愿最高的是"就业压力大，就业信息匮乏"，也仅为 24.1%。即使在一些学生工作者能够提供专业帮助的问题上，大学生的求助意愿也不高，例如，在"对所学专业不满意、没兴趣"问题上，首先选择向辅导员或班主任求助的仅有 186 人，占 15.6%；在"学习缺乏动力和自觉性"问题上，首先选择向辅导员或班主任求助的仅有 112 人，占 9.4%；在"人际交往能力欠缺"问题上，首先选择向辅导员或班主任求助的仅有 108 人，为 9.0%。在"纠结于考研，还是就业"问题上，首先选择向辅导员或班主任求助的仅有 263 人，为 18.7%。同时，值得注意的是，在所设置问题的首选求助者中，求助于心理咨询老师或就业指导中心老师等比例均未超过 5%，有的甚至不到 1%。比如，"大一刚来时，对大学生活各方面的不适应"的问题上，仅为 0.5%。即使是"表白或恋爱受挫"和"与室友不能很好相处"这样的人际交往困扰也仅为 3.0% 和 2.5%。

表 2-16 当你在大学生涯中遇到如下方面的困扰时，你会向谁求助？

内容\选项	同学或朋友	学长或学姐	家人（父母或亲戚）	学工老师（辅导员、班主任等）	关系密切的任课老师	心理咨询或就业指导中心老师	其他（请注明）
(1) 大一刚来时，对大学生活各方面的不适应	663 (55.5%)	215 (18.0%)	223 (18.7%)	45 (3.8%)	15 (1.3%)	10 (0.8%)	24 (2.0%)
(2) 对所学专业不满意、没兴趣	391 (32.7%)	297 (24.9%)	193 (16.2%)	186 (15.6%)	81 (6.8%)	22 (1.8%)	25 (2.1%)
(3) 学习缺乏动力与自觉性	599 (50.1%)	182 (15.2%)	172 (14.4%)	112 (9.4%)	74 (6.2%)	20 (1.7%)	36 (3.0%)
(4) 表白或恋爱受挫	869 (72.7%)	77 (6.4%)	62 (5.2%)	37 (3.1%)	36 (3.0%)	36 (3.0%)	78 (6.5%)
(5) 与室友不能很好相处	618 (51.7%)	127 (10.6%)	234 (19.6%)	82 (6.9%)	43 (3.6%)	30 (2.5%)	61 (5.1%)
(6) 人际沟通能力欠缺	548 (45.9%)	156 (13.1%)	246 (20.6%)	108 (9.0%)	54 (4.5%)	37 (3.1%)	46 (3.8%)
(7) 就业压力大、就业信息匮乏	255 (21.3%)	93 (16.2%)	249 (20.8%)	288 (24.1%)	137 (11.5%)	46 (3.8%)	27 (2.3%)
(8) 对未来缺乏规划、感到迷茫	272 (22.8%)	190 (15.9%)	240 (20.1%)	263 (22.0%)	152 (12.7%)	55 (4.6%)	23 (1.9%)
(9) 纠结于考研，还是就业	196 (16.4%)	167 (14.0%)	366 (30.6%)	223 (18.7%)	162 (13.2%)	32 (2.7%)	49 (4.1%)

上述数据不难看出，大学生的首助意愿中，仍以初级关系中的"重要他人"为主。首助对象为心理咨询或就业指导老师甚少的情况反映出高校中的此项工作积极预防性功能不足。而更为重要的是，向辅导员与班主任求助意愿低其背后反映的则是学生与学生工作者的心理距离疏远，辅导员与班主任并未与学生培育起良好的人际关系，这才是更加值得关注与反思的问题。

随着社会的发展，获取信息渠道的多元，大学生群体的自主意识普遍增强，这使得学生对学生工作者的认同感、权威感和信任感下降，这就要求学生工作者在日常工作中不断地花费更多的时间和精力去贴近学生，了解学生的个性，更要求学生工作者加强学习，不断地更新知识、改变话语体系，这样才能真正了解学生、贴近学生，更好地为学生服务。在访谈中，访谈对象纷纷谈及，学生个性的增强无形中提高了工作难度，给学生工作带来了新的挑战。

综上所述，本节内容从传统工作路径的实效性、传统组织形式的整合度和师生关系三个层面讨论了高校学生工作面临的倒逼压力。基于客体视角出发的结论可认为，90后大学生群体更加有思想、有主见、有自我意识，同时也使得其集体意识下降，对老师的权威感和信任感下降，对班集体的认同感和归属感降低。而若基于主体视角，这些则是一种不可忽视的倒逼压力。因此，如果学生工作者依然固守着传统思想政治教育的方式方法和话语体系，往往无法与学生建立并培育良好的师生关系，提升其对老师的信任感和权威感，同时，也无法去调动和激发学生参与各种学生活动的积极性与参与感，最终会导致高校学生工作的过程"内卷化"，实效性大大降低。

三 我国高校学生工作面临的环境挑战

如前所述,高校学生工作已面临主体运行的内部困顿,同时还面临着工作客体的倒逼压力。事实上,由于高校在整个社会系统中并非真空环境,根本不是"独立王国",因此,高校学生工作必然遭受来自于高校内部和系统以外的外部环境的冲击,这些环境冲击既包括社会转型带来的社会结构的变迁,又包括信息化时代带来的社会弊端,同时还包括高等教育改革付出的改革成本等。这无疑都从环境层面给高校学生工作带来了更大的挑战。在与受访学生工作者的交谈中,他们列出了诸多亲历的案例,这些案例十分生动鲜活,直观反映了高校学生工作受到的环境挑战。

(一) 社会转型给高校学生工作带来的挑战

我国目前正处于社会转型期,传统社会结构剧变,各种社会问题和矛盾凸显,这些社会转型带来的社会风险也在冲击着高校校园。通过对访谈资料的梳理,在高校学生工作中,社会转型的冲击主要来自于家庭、社会风险与市场化带来的功利思想。

1. 家庭因素影响学生情绪与心理健康

家庭是人社会化最重要的场所,是个体成人成才的重要环境因素。对于大学生而言,虽然其已经离开家庭,开始独立生活,在空间上与家庭分离,但是其无论是在经济上还是在心理上都时刻与家庭产生联结,带有学生家庭的"烙印",特别是社会转型期,传统的家庭结构与家庭关系容易受到更多威胁与冲击,家庭面临的风险事件也随之增多,学生的家庭环境一旦出现"风吹草动",都会直接影响其情绪状态和心理健康。这些往往成为了学生工作者工作的难点之一。访谈资料中的诸多案例印证了上述观点。

现在单亲家庭的孩子越来越多，现在出现家庭问题的学生越来越多，这样的学生本身个性可能也不大健康，只要是出现个性上有明显缺陷的学生，你追溯他的家庭，肯定家庭中是有很大的问题……（辅导员 ZZF）

……我去年出现一个什么问题，有个学生他的父亲恶意刷信用卡，然后委托了律师事务所，律师事务所来纠缠我，要我一定要报这个孩子的信息，当时我不愿意把这个孩子的信息给透露出去，为了这个事情我被那个律师事务所折磨了快一个月，就是一直打电话骚扰我。（辅导员 XLL）

有个学生经常没有生活费，也不愿意学习，总是逃课到网吧打游戏，到了学期末直接来找我，说下学期不来了不想读了，结果，通过谈心，他告诉我，他爸爸是个老牌诈骗犯，进进出出好多次了，而且总是动不动"人间蒸发"，最近又消失了，他和继母生活长大，继母也不怎么管他，考上大学真是不容易，但是总是要自己挣钱养自己，自己很自卑，很难受……（辅导员 JXX）

上述辅导员谈及的案例只是笔者挑选出的具有代表性的案例，事实上受访的学生工作者谈及了有关家庭因素影响学生情绪和心理的诸多案例。从上述案例可知，社会转型期，由于家庭结构与家庭关系变故的比率增多，家庭突发的事件更为复杂，这些都直接影响其子女在校的学习和生活，使他们心理与情绪产生波动，这经常迫使学生工作者要和家长进行沟通，甚至卷入整个家庭事件中。这些无形中都增加了学生工作者的工作难度，给高校学生工作提出了更高的要求。

2. 社会风险威胁学生人生财产安全

社会转型期的一个突出特点就是社会风险威胁加大。高等学校开放式办学后，学校与周围社区的界限被打破，许多社会上的不安定因素对学生的人身与财产造成了很大的威胁。在访谈中，学生工作者纷纷谈及这些社会风险因素在转型期也加大了学生工作的难度。

> 我带的某级的一个女生，有一次快放寒假的时候在学校附近逛超市，结果被一个陌生人拿针筒扎了一下，这个事件非常严重，引起了这个女生情绪上极大的波动，因为怕感染上艾滋病，因此接下来的一段时间，我们辅导员24小时陪着她，因为要半个月才能查，因此我们一直等到过年前两天才确定没事……（辅导员FH）

> 我带的某级班上一个寝室的三个女生在大一刚来时，一个骗子直接到她们宿舍推销什么洗发水，说找她们做兼职代理，三个女生太单纯了，真的信了，还带着骗子到取款机去，给她取了一千块钱，还请她吃了顿饭，到人家手机关机了联系不上了才发现上了当，才给我打电话……（辅导员XLL）

> 我们学校的学生寝室是社区化的，也就是没有围墙，直接和外面是连在一起的，这样的结果就是学生的人身安全很成问题，特别是女生，去年冬天，一个贼爬到一个女生宿舍，被发现后，拿刀逼着四个女生把钱手机什么拿出来，然后扬长而去，把四个女生吓得半死，好长时间不敢回宿舍……（辅导员ZZF）

> 我们学校音乐学院的一个学生干部大四上学期去找工作，结果被拉到传销去了，与家里人失去联系，与我们也失去了联系，结果半个月后才找机会溜了出来，然后报警，幸好人没什么事……（辅导员MM）

上述案例是多位辅导员谈及的社会不安定因素，如诈骗、报复社会、偷盗抢劫、被组织参加舞弊及传销等因素总在威胁着大学生人身及财产安全。这使得高校学生工作者经常疲于去处置类似的突发或危险事件，经常要和学校的保卫部门甚至是当地公安部门一起处置各种安全事件。辅导员们纷纷谈及，这些问题是其工作压力大的重要原因。

3. 市场化导致诸多不良风气侵蚀学生

市场经济体制的不断完善推动了我国经济社会的快速发展，同时也给社会思想领域带来了巨大冲击。许多不良社会风气也在侵蚀着大学生的思想，使他们接受到了许多与社会主义核心价值观不相符，甚至背道而驰的价值观。比如功利主义、自我中心主义、失信、享乐主义等。这些都给高校学生工作，特别是大学生的思想政治教育带来诸多挑战。在访谈中，学生工作者们纷纷谈及此类问题。

> 相对而言，现在的学生比以前的学生更成熟，现在十八九岁的孩子比我们那时候的十八九岁的要成熟、世故，在这方面他们更懂一些，所以没有以前的单纯，你跟他讲个什么事，他不是首先选择信任你，而是会想，老师出于什么目的，是不是对他有什么好处，对我又有什么好处，这样的话，这种差异导致了老师有时没法给学生做工作，一做工作，他就想，你是不是又来说服教育我了，他不会想，这其实都是为了他好……（辅导员 MM）

> 你和现在的学生聊，让他要积极向上，要有责任感，他会告诉你，积极向上有什么用，社会不是靠关系吗？要出去混，要挣钱就是要混，要会搞关系……（辅导员 ZZF）

> 我们这一级有个同学，家里有钱，平时上课总逃课，天天玩游戏，要么就开车去追女孩，哪像个大学生，结果我找他谈话，他告诉我，我就是来混个文凭，毕业就回去帮我爸管理公司，来上大学一方面是镀个金，另一方面是积累些人脉，他还笑嘻嘻地跟我说"老师，你不用管我的，我就这样就可以了，你别在我这浪费时间……"（辅导员 XLL）

> 我现在真是拿学生没办法，每次评贫困生，我都要伤透脑筋，评完就有学生来我这告状，某某同学造假。有个学生来我这，说某某同学家里情况很好，还非要说自己贫困，还给我看她晒在朋友圈

里的家里的照片，三层小楼，装修很好，结果我侧面一调查，果然是这样。现在的孩子怎么了，我们那时候觉得自己家庭不是万不得已，自己去争贫困生很不好意思的……（辅导员 JXX）

上述谈话反映了当下多种不良社会风气对大学生价值观的形塑带来的不利影响。辅导员 MM 谈及的是功利主义价值观的不利影响；辅导员 ZZF 谈及的是"职场厚黑学"对学生人生观的不利影响；辅导员 XLL 谈及的则是享乐主义和金钱至上对学生价值观的形塑；辅导员 JXX 则谈及现在大学生诚信的缺失，缺乏道德底线的问题。以上问题均反映出社会转型期不良社会风气对大学生思想的侵蚀。这是目前高校学生工作，特别是大学生思想政治教育面临的巨大环境挑战之一。

（二）信息化给高校学生工作带来的挑战

信息化时代的来临给人类社会带来了福祉的同时，也带来了诸多困扰。同样，在高校学生工作中，信息化给工作带来便利的同时，也带来了诸多新的挑战。受访的学生工作者纷纷表示，信息化往往给学生工作带来了新的议题与挑战。

1. 信息渠道多元化使学生工作者需要更加全面与准确地把握相关政策

信息渠道的多元使学生自主意识增强是受访者谈及的有关信息化带来的挑战之一。信息渠道的多元化不再使老师成为发布信息的唯一渠道，学生会通过其他渠道获得相关信息，从而加大了学生工作者解释政策与依法依规管理的难度。

从思想上来说现在学生的思想不像我们以前，而且我们的信息渠道可能会非常单一，他们现在信息渠道可以说是五花八门，可能他们懂的比你辅导员懂的还多，他们的思想呈现不同的特点，那这种不同的特点可能反映在实际的工作中，辅导员要去了解不同的政策与知识，解决不同的思想问题。（副书记 WS）

现在很多政策都是透明的，每年评贫困生助学金的时候，有没有评上的同学就在网上查询了详细的政策细则。其实，学校每年这个工作都在做，永远都不可能做到绝对的公平和没有漏洞……（辅导员 ZZF）

去年有个学生由于在学校内表现实在太差，多门不及格，旷课、夜不归宿什么的，我们准备开除他，结果他拿出《高等教育法》，非说校纪校规与《高等教育法》保证学生受教育权冲突，而且他的家长也这么说……（辅导员 XLL）

我们有个学生，大二上学期得了精神疾病，休学了一年，结果第二年要复学，我们说他现在的情况已经不适合从事跟医学相关的专业了，可他父母非不信，网上找一大堆政策文件，事实上我们真的是出于善意，但是他的父母对我们不信任……（辅导员 JXX）

上述访谈内容涉及了学生工作中一些棘手问题的处置，而从多位受访学生工作者的谈话中可知，由于现在网络发达，信息渠道多元，学生与家长掌握的政策信息多，这些都使得学生工作者需要掌握更多更广的政策信息，而且需要了解透彻，否则就会无法有效地与学生和家长沟通，无法有效地做到依法依规管理服务学生。

2. 网络媒体发达使对学生舆情管控难度变大

网络媒体发达使得学生可以通过多种渠道发表自己的观点。但由于处于青年时代的大学生涉世未深或是个性张扬，往往会在公开的网络平台上发表许多过激、偏激的观点，造成诸多不良社会影响，这些都给学生工作中舆情的管控带来了难度。

现在大一新生没有入学就有自己的QQ群了，在群上已经了解了自己的专业，讨论了自己的专业啊、学校啊，但是其中有几个学生对自己的专业和学校不满意，就在上面发泄情绪，说学校不好，专业不好，特别是几个理科生，因为我们是文理兼收，觉得自己没读上自己选的理工科专业，说专业不好啊，呼吁所有被录取的理科同学抵制啊，要求到学校换专业……（辅导员XLL）

上次学校搞校庆，学校在之前一周给教室都粉刷了一下，结果有些味道，我们院的学生会主席就在自己的班级群和朋友圈里发了照片，还加上一段讽刺学校做法的话，结果被学校宣传部了解了，直接说我们工作不到位，没有管好学生……（辅导员ZZF）

上述访谈内容是受访学生工作者谈及的多个有关舆情管控的案例。不难发现，虽然各个案例涉及的内容不同，但受访者们要表达的核心要义就是网络媒体的发达使得对大学生舆情管控的难度变大，从而给高校学生工作增添新的挑战。

3. 网络犯罪活动波及渗透大学生

网络犯罪是新兴犯罪形式之一，其是信息化时代带来的负面效应。包括网络诈骗、网络赌博、网络涉黄、网络组织集体作弊等。这些网络犯罪形式现今也在波及渗透大学生群体，威胁着大学生的人身财产安全，同时也侵蚀着其思想，增加了高校学生工作的难度。受访的学生工作者列举了多个案例。

我们院有个学生，14年世界杯的时候，在网上赌球，结果可想而知，等我们知道情况的时候，他已经借了4万多的高利贷，我们赶紧和他家长联系，问怎么处理，他父亲没办法，只能把钱还上，后来这个事才平息。结果这个学生一直萎靡不振，一直是我们重点关注的学生。（副书记WS）

> 每年我们学院都在讲防骗，特别是对大一新生，可是每年都会发生几起学生被网络诈骗的事件，什么朋友要她交电话费，还有就是网上兼职，还有点了什么诈骗连接，支付宝钱被骗光什么的，这些事都会有的，我们总是要去安抚处理……（辅导员 XLL）

上述内容是受访学生工作者谈及工作中遇到的有关网络犯罪侵袭大学生群体的典型案例。不难看出，利用网络进行的犯罪如今也波及渗透到大学校园中，这些事件往往对学生的人生发展和身心健康带来较大负面影响，而且处置难度大，对学生工作者处置突发事件的能力提出了更高的要求。

（三）高等教育改革给高校学生工作带来的挑战

我国高等教育体制改革是深化教育体制改革的重要组成部分，是我国建设现代化高等教育体系的必由之路。同时，在深化高等教育改革的过程中，必然会凸显出诸多矛盾，出现许多新的问题，这些也给现下的高校学生工作系统带来了新的压力和挑战。

1. 高校扩招带来的双向压力

高校扩招，大学生数量的急剧上升是高等教育改革进程中最直观的政策后果。这直接挑战着高校学生工作系统的承受能力和学生工作者的工作能力。在访谈中，学生工作者纷纷表示其承受着来自于学生与学校的双向压力。一方面，师生比例过大，使学生工作者需要处理来自于学生的诸多事务。与此同时，由于扩招，学校教学、后勤资源一时难以调配与保障，因而给院系施加压力，要求学生工作者尽量安抚学生情绪，调配和整合已有资源，这无形中给基层辅导员增加了工作压力。

2. 高校改革发展中的功利化倾向使得学生工作边缘化

众所周知，德育为先是我国高等教育之根本，大学生的思想政治教育在高校中要形成"全员育人"的格局。在访谈中，受访的学生工作者纷纷谈及，在实际工作中，大学生的德育工作成为了其工作的专属领域，任课教师几乎不参与学生的德育工作，其对学生开展的德育工作就处于孤立无援的状态，这不符合教育的基本规律，不利于大学生的全面发展。

第三章　社会工作与高校学生工作的特点及内在关联

在上一章中，通过实证资料呈现了目前我国高校学生工作存在的问题，这是阐述社会工作参与高校学生工作的现实动因。然而，若要澄清社会工作参与高校学生工作何以成为可能的问题，还需进一步回答"为什么能参与"的问题。这一问题在逻辑上的自洽则需澄清社会工作与高校学生工作的内在关联性。

要澄清社会工作参与高校学生工作内在逻辑上的自洽，即两者的内在关联，需从两方面予以展开：一方面，社会工作与高校学生工作的耦合性，即社会工作的哪些方面与高校学生工作是耦合的；另一方面，社会工作对高校学生工作的弥补性，即社会工作的专业特性在哪些方面可以对现行高校学生工作特性的不足进行弥补。而要阐析上述两个问题，首先则需要对高校学生工作与社会工作的历史发展脉络及其专业特点予以梳理。

基于此，本章内容首先将对高校学生工作的历史沿革与特点予以梳理，其次对社会工作的历史及其特点予以澄清，在此基础上去澄清社会工作与高校学生工作的内在关联性。

一 我国高校学生工作的历史沿革与特点

（一）我国高校学生工作的历史沿革

任何制度的形塑都是其历史沿革的沉淀，我国高校学生工作的历史起点奠定了我国高校学生工作的基础，而其历史沿革的过程则形塑了现行我国高校学生工作的传统与特质。因此，要探寻我国高校学生工作的特点，需从历史变迁的时间脉络对我国高校学生工作的发展历程予以梳理。

我国现代意义上的高等教育始创于19世纪末的天津北洋西学学堂，后更名为国立北洋大学，至今已有一百余年历史。自高等学校创立以来，学生工作的发展一直伴随其始终。但值得注意的是，中国共产党领导下的高校学生工作与旧社会旧制度下的高校学生工作有本质区别，其以马克思主义为指导，服务于我党革命与建设时期的需要，是中国共产党领导下的高校学生工作。纵观历史，中国共产党领导下的高校学生工作可追溯到土地革命时期，而新中国成立以来，我国高校学生工作经历了不断的变迁与革新，与此同时，也有许多非常深刻的历史教训。但无论是发展与经验，还是曲折与教训，皆与当时的时代背景紧密相连，都随着我党不同历史时期的革命与建设事业的变化而变化，因此，若探讨我国高校学生工作的历史沿革，就可从党在革命与建设的不同历史发展阶段予以划分。

1. 萌芽期（新中国成立以前）

我国高校学生工作的历史源流可追溯到土地革命时期苏区的红军大学、苏维埃大学、马克思共产主义大学。这些大学事实上是党在土地革命时期为适应军事斗争和根据地建设的需要，开设对各级干部，特别是高级干部的短期培训班，在这些大学里，其培训的主要内容主要是政治教育、军事教育和文化教育，并没有独立的学生工作事务，但这并不意味着没有学生工作，事实上，其针对学员开展的学生活动是十分丰富的，其中涉及针对学生的思想政治教育、各种社会实践活动等。以马克思共产主义大学为例，学员每周开展党的支部会和小组会，坚持开展批评与自我批评，定期做思想小结；同时，在社会实践方面，学员每两周与当地区委联系一次，有计划地参加农村支部活动，利用业余实践自己动手开荒种菜；学校还开办了业余剧团等。

抗日战争时期，党为了适应抗日战争与巩固统一战线的需要，在陕甘宁边区和其他抗日根据地开办了多所高等学校，如陕甘宁边区中的中国人民抗日军事政治大学（简称"抗大"）、陕北公学、延安大学等，以及晋察冀根据地的华北联合大学和淮南抗日民主根据地的江淮大学。这些抗日时期的高等学校均十分重视思想政治教育工作。以"抗大"为例，其制定了"坚定正确的政治方向，艰苦朴素的工作作风，灵活机动的战略战术"的教育方针。同时，在制定教育计划时，坚持军事与政治并重的原则，在公布教学计划时，政治机关同时公布。"抗大"每学期开学前要说明全期的任务和要求及条件，做政治动员，提高信心。在学期间，政工人员经常参加上课、出操、小组讨论等活动，在职干部坚持每天两小时的学习制度，以提高学识和能力。同时，"抗大"还注重思想政治教育工作的形式多样化，寓教于乐，校部和大部队设有俱乐部，各学员队部都设有救亡室，开展形式多样的文化娱乐活动。

解放战争时期，除在原有解放区外，随着战局的不断发展，解放区面积的扩大，各解放区中陆续恢复和开办了多所"抗大"式的大学，如华北大学、东北鲁迅艺术学院、白求恩医科学校和湖北人民革命大学等。这类大学的办学宗旨为：为全中国的解放准备大批的党政军干部，为经济建设的恢复和发展准备各方面的骨干力量。这些学校继承了"抗大"的革命传统，把思想政治教育放在首位，注重革命理论教育，这种思想改造，可以使学生逐步树立起革命的世界观和人生观，树立全心全意为人民服务的思想。同时，在思想政治教育过程中，注重集体讨论，组织和引导学生参加生产劳动和政治斗争，还开展形式多样的文体娱乐活动。其次，在改造国民党政府原有大学的问题上，1948年7月，中共中央宣传部就处理新收复区大学中学的方针给东北局宣传部发出《指示》，该《指示》提出对原有大学中学的方针，就是维持原校，加以改良①。在接管和改造过程中，党和政府十分重视思想政治工作，采取多种方式开展对学生的思想政治教育以改变其思想状况。如采取大会报告的形式纠正学生的错误认识，组织学生参加当地的政治斗争和群众运动，组织学生以演戏、演讲、唱歌等多种形式揭露敌人，宣传党的方针政策，组织小组或大组座谈会、讨论会，让学生充分敞开思想、自由发言等。在注重思想政治教育的同时，新解放区高校对学生的生活给予尽量照顾，特别是对流亡归校的贫困学生发给必要的粮食和经费，进行生活救济。

综上所述，新中国成立以前，无论是土地革命时期开办短期培训班式的大学，还是"抗大"式的大学，以及改造后的旧式大学，均没有独立意义上的学生工作体系，其学生工作的内涵也基本等同于思想政治教育。但值得注意的是，这一时期，高校学生工作的内容虽指向性、目的性极强，但方法、手段多样，形式也显得丰富多彩。这些均为我国高校学生工作的发展奠定了坚实的学科基础与实践基础，成为我国高校学生工作的萌芽阶段。

2. 初创期（1949—1956年）

新中国成立后，我国高等教育事业的发展面临着两大任务，一是彻底改造国民党时期的旧大学，二是兴办一批培养新中国经济社会建设急需人才的大学。1949年9月29日，在中国人民政治协商会议上通过的

---

① 皇甫速玉、宋荐戈、龚守静：《中国革命根据地教育纪事》，北京：教育科学出版社1989年版，第365页。

《中国人民政治协商会议共同纲领》第五章"文化教育政策"中指出,"中华人民共和国的文化教育为新民主主义的、民族的、科学的、大众的文化教育。人民政府的文化教育工作,应该以提高人民文化水平,培养国家建设人才,肃清封建的、买办的、法西斯主义的思想发展,发展为人民服务的思想为主要任务。"① 在这一教育方针的指引下,当时高校学生工作主要任务就是围绕着"为工农服务,为生产建设服务"和"肃清在高等院校中残余的封建的、买办的、帝国主义的思想"展开,并根据这两大任务,在借鉴苏联模式的基础上,开创性地初步建立了具有中国特色的高校思想政治教育,即学生工作体系。具体措施至少包括如下方面:第一,取消国民党反动课程体系,建立马克思主义政治理论课程体系。第二,组织学生参与"抗美援朝"、土地改革、"三反""五反"等政治运动。1950年,青年团中央发布通告:"对学生的思想改造与学校的改革工作不是一个运动、一个斗争所能解决的,因而必须采取稳步前进的方针,任何操之过急的做法,都不会达到改造与改革的目的。"② 由此可知,组织大学参与政治运动的目的在于逐步改造他们的思想。第三,针对大学生特点开展思想政治教育。1953年毛泽东曾强调指出,青年团要配合党的中心工作,但在配合党的中心工作当中,要有自己的独立工作,要照顾青年的特点,青年时期是长身体的时期,青年比成年人更需要学习。为了保护青年一代更好地成长,对学习和娱乐休息睡眠,这两方面要充分兼顾。③ 由此可见,从大学生的特点出发,注重大学生的全面发展和主体性一直得到党和国家领导人的高度重视。全面发展是指大学生在德智体三方面全面发展,要求学生把专业的学习和课外活动、文娱活动、劳动实践、体育锻炼等结合起来。尊重学生的

---

① 上海市高等教育局研究室等:《中华人民共和国建国以来高等教育重要文献汇编(上)》,上海:华东师范大学出版社1982年版,第1—2页。

② 谈松华:《中国高等学校思想政治教育史纲》,北京:高等教育出版社1992年版,第66页。

③ 《毛泽东著作选读(下册)》,北京:人民出版社1986年版,第700页。

主体性既表现为因材施教，针对学生的具体情况进行教育，又表现为尊重学生的自我教育，发挥青年团和学生会在高校德育工作的骨干作用。

第四，初步建立高校思想政治教育工作机制。新中国成立初期，我国高校首先废除国民党、三青团的组织机构及其训导制度，实行校长负责制，并在各高校先后建立党委，积极谨慎地开展建党工作，形成了在党委领导下，以学校行政为主实施，以政治理论课为主渠道，青年团、学生会积极参与，分工配合的高校思想政治工作体系，并逐步建立起专门的思政工作队伍、思政机构和思政制度。1952年10月28日，教育部在总结政治辅导员制度的基础上，发布了《关于高等学校有重点地实行政治工作制度的指示》，指出全国高等学校在思想改造学习后，在校内设立政治工作机构，即政治辅导处。[1] 这标志着我国初步形成了高校德育机构和德育制度。

1956年5月，教育部颁发试行的《中华人民共和国高等学校章程（草案）》指出，一切高校总任务是"适应这个国家的社会主义建设的需要，培养具有一定马克思列宁主义水平，实际工作所必需的基本知识，掌握科学和技术的最新成就和理论联系实际的能力，并且身体健康、忠实于祖国、忠实于社会主义事业和准备随时保卫祖国的高级人才"。[2] 可见，在完成社会主义改造后，党和政府已基本明确了社会主义高等教育的人才培养目标，这一目标更是学生工作、思政工作的基本目标所指。由此可见，无论是具体措施还是目标确定方面，在社会主义改造时期，我国高校学生工作体系已初步建立。这一时期，是我国高校学生工作的初创阶段。

---

[1] 上海市高等教育局研究室等：《中华人民共和国建国以来高等教育重要文献汇编（上）》，上海：华东师范大学出版社1982年版，第28页。

[2] 刘光：《新中国高等教育大事记（1949—1987）》，长春：东北师范大学出版社1990年版，第107页。

3. 曲折探索期（1956—1966年）

在社会主义改造完成后，我国进入了社会主义社会。在1956年至1966年这十年间，高校学生工作的发展受到各种运动的冲击与影响较大，同时，又在不断的总结中前进，总体而言，我国高校学生工作在曲折中探索。

1957年至1960年间，高校学生工作与全社会开展的政治运动紧密联系在一起，大学生工作的思政工作被融入了全社会的政治运动当中。

为消除反右倾运动带来的不利影响，总结经验教训，1961年9月教育部颁布了《教育部直属高等学校暂行工作条例》（简称"高校六十条"），该条例对高等学校的主要工作进行了比较全面的规范，其中对高校思政工作的各个方面予以规范。规定了高等学校学生的培养目标，规定高等学校思想政治教育的任务和内容、原则和方法及组织制度等。[①] 各高等学校在试行"高校六十条"的过程中，总结了1957以来的经验教训，这使得高校学生工作有了不少的改进。

1963年开始，在党中央的大力推动和宣传下，榜样教育在全国范围内兴起。在此背景下，全国高校开展了一系列轰轰烈烈的榜样教育活动。如1963年开展"学雷锋树新风"活动，1963年学习"解放军"运动及1964年学习"大庆精神"等。上述榜样教育活动的开展大大促进了高校德育的发展，促进了社会主义、共产主义和爱国主义道德风尚的形成，丰富了高校思政工作的方法，在我国高校思政工作史上留下了浓墨重彩的一笔。但在此期间，我国学生工作也表现出了政治化明显的倾向。

整体而言，这一时期，我国高校学生工作的内涵仍以思政教育工作

---

① 龚海泉、张晋峰、张耀灿：《20世纪的中国高等教育（德育卷）》，北京：高等教育出版社2003年版，第152—154页。

为主,受到各种政治运动影响较大,在曲折中不断探索前行,中间遇到了不少波折,也取得了不少成绩与经验,是我国高校学生工作在曲折中不断探索的时期。

4. 艰难前行期(1966—1976年)

"文化大革命"时期,高等学校是重灾区,各项教育活动包括高校学生工作受到全面冲击,我国高校学生工作处于全面停滞的状态。但在此期间,高校学生工作也迎来了两次转机。

1972年至1973年周恩来主持中央工作期间,1975年邓小平主持中央工作期间,高校德育出现了两次转机,但却被"四人帮"一伙阴谋破坏,但是深受其错误思想之害的高校学生早已无法容忍,他们在"四五"运动中锻炼成长。

总而言之,"文革"期间的我国高校学生工作基本处于停滞状态,我国高校学生工作体系遭到了严重破坏,给我国高校学生工作的发展造成了巨大损失,教训值得后人警觉与深省。

5. 发展期(1977—1999年)

我国高校学生工作的发展在粉碎"四人帮"后,特别是在1978年党的十一届三中全会召开后,赢得了大的历史转机,进入了崭新发展阶段。在此期间,高校学生工作重新恢复了正确的培养目标,进一步明确了指导思想,并适应改革开放高等人才培养的新格局,积极开展高校学生工作的新探索。

在培养目标上,高校学生工作坚持把培养有中国特色社会主义事业的合格建设者和可靠接班人作为根本目标。在学生工作的内涵和机构设置上,除了对传统思政工作的恢复和加强外,还赋予了高校学生工作新的职责——学生事务管理。1980年4月,教育部、团中央联合发出《关于加强高等学校学生思想政治工作的意见》指出,校党委可根据具体情况,设立学生政治思想工作的机构,如学生工作部或青年工作部。

就此全国高校纷纷设立独立的学生工作部（处）。这样，原先由教务部负责的招生、考勤与纪律、奖励与处分、毕业生分配以及后勤负责的学生宿舍管理事务，均陆续划归学生工作部负责。

在1995年颁布的《中国普通高校德育大纲（试行）》中明确规定："管理是强化教育的必要手段，在各项管理服务中贯彻对学生的德育要求，各级管理人员以敬业精神与良好的作风去影响学生，并发挥学生自我管理的作用。"①

在具体方法上，民主的、疏导的方法逐渐取代过去生硬的、简单的方法，开始强调用科学的、乐于被学生接受的方法开展思想政治教育工作，并强调融思政教育于学生的管理和服务当中。在学生工作运行机制上，实行党委领导下的校长负责制，以学生工作部为主要负责和牵头部门，融合行政、团委、学生会和院系各方面的资源，实行全员育人、管理育人和服务育人的机制。

总而言之，十一届三中全会以来，特别是十三届四中全会以来，我国高校学生工作进入了一个全新发展阶段。高校学生工作的内涵不断扩大，职能不断延展，方法也不断创新，同时，高校学生工作的结构设置与运行机制也逐步稳定，人才队伍建设逐步夯实与发展。这一阶段，我国高校学生工作进入了快速发展期。

6. 革新期（1999—2012年）

1999年开始，我国高校招生实行并轨与扩招，我国高校在校生数量大幅度增加，加之新世纪以来网络与信息技术的高速发展，学生主体行为的进一步觉醒与增强，给我国高校学生工作带来了新的问题与挑战，原有的学生干部队伍面临着绝对数量不足、职责范围扩大、业务能力要求提高等多方面的压力。因此，我国高校学生工作面临着新的瓶

---

① 何东昌：《中华人民共和国重要教育文献》，海口：海南出版社1998年版，第1903页。

颈，亟待新的变革。

中共中央一直以来高度重视高校学生工作，为了适应高校学生工作的新形势，先后陆续召开了多次关于高校学生工作革新的会议，并颁发了多个重要文件。

2000年6月，中央思想政治工作会议召开，江泽民同志发表关于思想政治工作队伍建设的重要讲话时指出："思想政治工作是全党的工作，所有党员和党的领导干部都要做。同时，又必须建设一支政治强、业务精、纪律严、作风正的专兼结合的思想政治工作队伍。"[1] 同年7月，教育部颁发《关于进一步加强高等学校学生思想政治工作队伍建设的若干意见》，指出了学生思想政治工作队伍建设的紧迫性和重要性，并对高等学校思想政治工作队伍建设提出若干指导意见。

2004年，中共中央、国务院颁发了《关于进一步加强和改进大学生思想政治教育的意见》（以下简称《意见》），其中明确指出了加强大学生思想政治教育的重要战略意义，《意见》提出："把加强和改进大学生思想政治教育作为一项重大而紧迫的战略任务"。[2]

2005年以来，为加强高校学生工作，全面落实加强大学生思想政治教育，教育部等多部委先后颁发了多个重要文件，指导和规定高校学生工作的革新与发展。2005年1月，教育部出台16号文件的配套文件《关于加强高等学校辅导员班主任队伍建设的意见》，该文件指出高校加强辅导员和班主任工作的重要意义，并对辅导员、班主任的选聘、配备、培养和培训及政策保障给予了明确规定；同年2月，中共中央宣传部、文明办、教育部、团中央等多部委颁布的《关于进一步加强和改进大学生社会实践的意见》，对大学生社会实践的总体要求、工作原则、

---

[1] 山东省教育厅学生处：《高校学生工作文件选编》，济南：山东人民出版社2013年版，第43页。

[2] 山东省教育厅学生处：《高校学生工作文件选编》，济南：山东人民出版社2013年版，第44页。

内容、活动形式、机制探索和组织领导工作提出了指导性意见；同年 3 月，教育部先后颁布的《高等学校学生行为准则》及《普通高等学校学生管理规定》对大学生的行为准则、权利与义务、学籍管理、校园秩序与课外活动、奖励与处分等给予了明确规定；同年 4 月，教育部颁发《关于整体规划大中小学德育体系的意见》，对德育的意义、目标、内容、课程、开展活动、拓展途径及组织领导予以指导性意见；2006 年 7 月，教育部颁布了 24 号文件《普通高等学校辅导员队伍建设规定》，明确规定了高校辅导员队伍建设的总则、要求和职责、配备与选聘、培养与发展、管理与考核等；2007 年 6 月教育部办公厅颁发了《关于进一步做好高校学生宿舍管理的通知》，明确规定了大学生宿舍管理的若干要求；同年 12 月，教育部办公厅印发了《大学生职业发展与就业指导课程教学要求的通知》，对大学生职业发展与就业指导的课程性质、目标、主要内容、教学模式、评估、管理和条件支持等内容作出规定；2009 年 1 月国务院办公厅颁发《关于加强高等学校毕业生就业工作的通知》，鼓励引导高校毕业生到城乡基层、中小企业和非公企业就业，鼓励骨干企业和科研项目单位积极吸纳和稳定毕业生就业、鼓励大学生自主创业，并要求高校强化对毕业生的就业服务、提升毕业生就业能力，强化对困难毕业生的就业援助，并在随后每年均颁发《关于全国普通高等学校毕业生就业工作的通知》指导大学毕业生就业工作；2009 年 6 月，教育部颁布了《关于深入推进学生志愿服务活动的意见》，明确指出了大学生志愿服务的指导思想和基本原则、内容形式、保障和激励机制、组织领导等问题；2011 年 2 月，教育部办公厅颁发《普通高等学校学生心理健康教育工作基本建设标准（试行）》，对大学生心理健康教育的体制机制建设、师资队伍建设、教学体系建设、活动体系建设、心理危机预防与干预体系建设及工作条件建设予以明确规定；2012 年 1 月，教育部联合多部委颁发《关于进一步加强高校实践育人工作的若干意见》，对"实践育人"工作的意义、统筹推进和组织领导提出指导性建议。

7. 开拓创新期（2012年至今）

党的十八大以来，以习近平总书记为核心的党中央高度重视大学生思想政治教育工作。习总书记在多次讲话中勉励青年一代。党和政府也相继出台了相关文件与政策促进高校思政工作的创新，其中包括高校学生工作的创新。2014年3月，教育部印发了《高等学校辅导员职业能力标准（暂行）》。该《标准》明确规定了辅导员的职业名称、职业定义、职业等级、职业能力特征、文化程度、职业守则、基础知识等多方面内容；在2016年12月的高校思政工作会议中，习总书记发表重要讲话，高校思政工作要因事而化、因时而进、因势而新。2017年2月，中共中央国务院印发《关于加强和改进新形势下高校思想政治工作的意见》，《意见》从重要意义和总体要求、强化思想理论教育和价值引领、发挥哲学社会科学育人功能、加强对课堂教学和各类思想文化阵地的建设管理、加强教师队伍和专门力量建设、推进高校思想政治工作改革创新和加强和改善党对高校的领导等七个方面全面阐述了新形势下加强与改进高校思政工作的若干重大问题。

从上述中共中央、教育部和其他部委颁布的文件的数量和涉及内容中不难看出，新世纪以来，特别是党的十八大以来，我国对高校思政工作重要性的意识不断强化，作为高校思政工作重要阵地与渠道的高校学生工作也不断得到强化。从数量上看，据不完全统计，2003年至2017年间，国务院、中央各部委颁发的有关高校学生工作的文件及通知有26个之多；从涉猎内容而言，涉及思政工作、辅导员队伍建设、德育体系建设、学生管理、就业服务、志愿服务及社会实践等多方面，从颁布主体看，包括国务院办公厅、教育部、中央宣传部、中央文明办、团中央等多部委。

纵观我国高校学生工作历史沿革不难发现，我国高校学生工作经历了一个较为漫长的发展演化。我国高校学生工作发端于革命战争年代对军队干部培训时实行的思想政治工作，在新中国成立后以此为雏形和蓝本建立正规高等教育体系中的学生工作体制机制,由此奠定了我国高校学生工作的学科基础与实践基础,并在实践中形成了我国高校学生工作的诸多传统。改革开放以来,特别是 21 世纪以来,由于国内外形势的变化和大学生工作个体特征与需求的不断变化,我国高等教育自身的变革与创新以及学生工作被不断赋予新的内涵,我国高校学生工作在原有单纯的思想政治工作的基础上,功能不断拓展,职责不断延伸,从原有思想政治教育功能拓展到了学生日常事务管理,又延伸到大学生成长发展服务。学生工作者的日常工作几乎涉及学生工作、学习、生活的方方面面。同时,就学科支撑而言,我国高校学生工作的学科支撑也在历史沿革中不断丰富。我国高校学生工作的学科支撑源自于思想政治教育学,而随着高校学生工作的不断发展,管理学、教育学、心理学和社会学等学科知识纷纷融入到学生工作的实践中,为高校学生工作科学化、专业化提供有力的学科支撑。

(二) 我国高校学生工作的特点

在上一部分中,笔者力图借用历史文献从历史的角度对我国高校学生工作的历史沿革予以澄清。这样的探讨主要基于时间的维度,更重要的是希望能够进一步从逻辑上总结与概括出我国高校学生工作从历史发展中形塑的特点。

1. 目标取向上的政治性

"培养什么样的人"的问题始终是我国高等教育需要回答的根本问题。我国基本的社会制度是社会主义制度,因此,我国教育制度的根本目标是培养社会主义事业合格的建设者和接班人,这个根本目标决定了我国各级教育系统、各种教育体系人才培养的根本方向。作为高等教育系统重要组成部分的高校学生工作体系的根本目标也在于此,这就决定了高校学生工作的出发点与立足点。

从历史沿革来看,若追溯到革命战争年代,无论是土地革命时期的红军大学、苏维埃大学和马克思共产主义大学,还是抗日战争时期的抗日军政大学、陕北公学、延安大学以及解放战争时期恢复和新建的华北大学、山东大学和白求恩医科学校等,政治性始终是人才培养工作的根本属性。新中国成立以来,无论是在新中国经济社会发展的哪个阶段,这个根本目标始终没有偏离,也将继续坚持下去。同时,就现实境遇而言,目前,我国经济社会正经历着前所未有的深刻变革,在这样的历史变革中,社会内部各种社会问题积聚,国外各种敌对势力仍虎视眈眈,社会上充斥着各种不同的价值观,弥漫着各种不同的思想倾向,这些都无时无刻地不在冲击着大学校园,干扰着正在成长中的当代大学生。而我国的高校学生工作作为大学生思想政治教育的重要渠道与阵地,应始终坚守政治底线,使其不变味、不变色。因此,无论是基于历史沿革,还是从现实境遇出发,在目标取向上坚持正确的政治导向始终是我国高校学生工作的特点之一。

2. 价值取向的育人性

育人是高校学生工作的基本价值取向,其实质是通过高校学生工作的过程达到培养人、塑造人的目标。这一取向在我国高校学生工作的发展历程中始终予以贯之。育人是高等教育的基本功能之一,这本身无可厚非,但事实上,在国外的高校学生工作(在西方国家通常称之为"学生事务管理")的发展史中,却存在着不同声音,如"契约论",即将学生与学校的关系视为市场经济制度下人与人之间的契约关系,两者是关系对等的双方,契约就是连接两者的纽带;又如,将学生视为消费者的"消费者至上"论,认为高校学生工作的价值取向是向被视为消费者的学生提供各种消费服务等。

然而,从我国高校学生工作的历史沿革看,我国高校学生工作在价值取向上,始终把育人放在首位,从改革开放以前把思想政治教育作为高校学生工作的唯一职责,到改革开放后加入了学生日常事务管理的管理职责以及新世纪以来,赋予高校学生工作为学生工作提供各种成长发展指导的服务职能,虽然高校学生工作的内涵不断丰富,职能不断扩大,但是无论是对学生开展教育、实施管理还是提供服务的过程,在价值取向上都落脚于育人,将价值观教育、道德教育、法制教育和心理健康教育等育人内容融入到这三个过程之中。在学生工作中,除了大学生的思想政治教育工作对学生而言能让其感知到其带有明显的育人功能,学生的管理与服务也是对其进行教育的重要手段之一,提倡在管理中育人、在服务中育人,可以说,高校学生工作的管理与服务职能在高校学生工作中像两支"无形的手",发挥着育人的潜功能。也就是说,将高校学生工作育人这一价值取向蕴含于对学生的管理与服务过程中。

3. 实施过程的任务性

我国高校学生工作的实施过程具有明显的任务取向,是自上而下性的,即各个学生工作主体通过逐层传导,将具体的工作以任务的形式传递到基层,最终面向学生开展各项工作。这种任务式自上而下的逐级传导性,既保证了各级高校能够及时领会、分解和落实党和国家针对大学生思想政治教育的各种路线、方针和政策,同时使得党和政府的各项优惠措施和资助政策能够及时且准确地惠及大学生。

事实上,这种实施取向上的任务性既源自于我国开展思想政治教育工作的军队传统,又受到新中国成立以来各种政治运动的影响。众所周知,我国的思想政治教育工作最早源自于黄埔军校的政治指导员制度,高校学生工作源自于土地革命时期的红军大学等,这就使得我国高校学生工作体系在萌芽阶段就打上了军队烙印,在工作的实施取向上以任务式的形式去开展针对学生的思想政治教育工作。改革开放后,高校学生工作职责范围虽然有所扩大,但是这种任务式的工作实施方式一直沿用至今。目前,在高校中,无论是大学生思想政治教育,还是日常事务管理以及各种成长发展服务,绝大多数都是以一种任务式的形式实施,且对于大学生而言,校方针对其开展的思想政治教育和日常管理,甚至是成长发展服务,都隐含着一种自上而下的强制力,比如统一上就业指导课,统一开展某一主题的团组织生活等。

4. 工作对象的全体性

所谓全体性,即我国高校学生工作的工作面向全体大学生,涵盖中国籍全日制在校的每一个大学生。也就是说,所有中国籍大学生,无论其性别、民族、生源地、家庭背景及身体状况等方面的差异如何,其在接受高等教育的过程中,均成为高校学生工作系统开展思想政治教育、日常管理与服务的对象。

全体性源自我国军队思想政治工作的传统。这种传统在新中国成立后一直沿用到了高等学校的学生思政工作和管理工作中。从其目标取向而言,这种全体性旨在将每一位大学生培养成为社会主义事业的合格建设者和接班人。从价值取向而言,体现了育人工作,特别是思政工作的全覆盖。这一渊源在现今高校学生工作中就表现为工作对象的全体性。比如,从新生军训、开学典礼或开学第一课,所有新生必须参加,到在学期间必须全体住校,统一管理,再到毕业时,政审、体检、派遣等均涵盖所有学生,这些都体现了我国高校学生工作在工作对象范围上覆盖了所有大学生。

从教育功能的实现而言,我国高校学生工作的全体性首先保证了我国高等教育的办学宗旨与目标能够贯彻并内化于每一个接受高等教育的个体;从管理职责的实现而言,全体性保证了我国高校学生工作体系的管理对象全覆盖的合法化,保证了高等教育的规则与纪律对全体大学生具有规范与约束作用,既便于统一管理,又有利于保证全体学生在校期间的人身安全;从服务功能的实现而言,全体性保证了高校学生工作系统可以将国家针对大学生的优惠政策以及高校为学生提供的各种服务性措施传递并惠及所有大学生,保证每一个大学生都能分享到我国经济社会发展给高等教育系统带来的红利。

5. 工作方式的经验性

所谓经验性，即与西方国家的高校学生事务管理或高校社会工作相比，我国高校学生工作的工作方式并非基于某种理论模型或理性的专业程序，而植根于工作人员在实践中的经验总结。同时，在学习方式上，也并非通过系统的专业教育与培训，而是通过个体之间的"传帮带"的形式实现。

这种经验性的表征体现了我国高校学生工作实践渊源来自于残酷革命斗争年代的革命实践。大批的军队政工干部在战争实践中总结摸索出了大量关于部队思政工作的工作方法与形式。这些方法与形式一旦在实践中有很好的效果，就会作为一种经验，在更大范围内予以推广。比如榜样示范法、批评与自我批评法、文艺作品激励法等。同时，在学习方式上，经验丰富的工作者对新手进行"传帮带"，也是我国思政工作军队传统的一种具体体现。因此，在新中国成立后，这样经验性的工作方法与形式就在高等院校的学生工作，特别是思政工作中予以继承与推广，并一直延续至今。我国高校学生工作的经验性不但是一种历史传统的传承，更是一种适应学生工作目标取向政治性的需要。经验性的工作特点体现在高校学生工作的方方面面。比如，与学生谈心的作用主要取决于学生工作者个人的工作年限、个人素质等；组织活动的效果主要取决于学生工作者的工作投入程度或是否善于思考与创新；学生事务管理的水平则取决于学生工作者的工作态度与责任心等；而更高层次的成长发展指导则更是取决于学生工作者的个人生活工作阅历或是人格魅力等。

6. 问题归因上的偏差性

对学生产生行为偏差、违纪违规等问题的归因是如何去解决与应对的基础和前提。在我国高校学生工作的构架中，归因取向上的问题性是其一直沿用的归因方式。即将出现行为偏差、违纪违规的学生视为是一个"有问题的人",需要对"有问题的人"在思想道德上予以教育,在心理行为上予以纠正。在这种归因取向中,工作主体与工作对象的关系自然呈现出一种上下级的教育关系,两者之间的对话过程自然而然地就成为一种主体对客体单向的道德灌输、思想灌输和纪律灌输的过程。

事实上,就本质而言,"问题性"是对大学生心理、思想与行为偏差归因的一种建构方式。在这种建构方式下,当大学生一旦出现思想与行为偏差就会被贴上"有问题的人"的标签。而从历史沿革而言,归因取向的问题性源自于我国高校思想政治教育工作的军队印记和政治传统,源自于政治指导员对阶级立场及纪律意识等出现"思想问题"的大学生进行的教育与纠正。显然,这样的归因取向在战争年代的部队中无可厚非,因为部队的战斗力需要思想上高度统一的战士和指挥员作保障。而在新中国成立以来到改革开放前的一段时间内,由于高校学生工作的高政治化倾向,这种问题归因取向也一直被沿用。改革开放后,由于路径依赖的影响,这样的归因取向一直沿用于高校学生工作中。

二 社会工作的历史沿革与特点

在上一节中,笔者阐述了我国高校学生工作的历史沿革及其特点,若要进一步澄清社会工作与高校学生工作的内在关联性,需继续对社会工作的历史沿革与专业特点予以澄清与梳理。因此,本节内容将对社会工作专业的历史沿革与专业特点予以澄清。

(一) 社会工作的历史沿革

在我国,由于社会工作的舶来性,因此,在论及社会工作专业的历史发展时,就需从两个方面予以展开。一方面,是社会工作在西方国家的历史发展,另一方面是社会工作在我国的历史发展。

Ⅰ 高校学生工作的社会工作参与：一个基于多所高校的经验研究

1. 社会工作在西方国家的历史发展

社会工作起源于西方国家，是在西方国家新教伦理、人道主义、社会福利思想、实证主义和空想社会主义等多种思潮的影响下，在长期的助人实践中发展起来的。在发展过程中，这些助人实践慢慢地退出了原先的被宗教慈善行为包裹的外衣，被逐步从零散、非职业、专业化的助人行为蜕变为具有高度组织化、职业化和专业化的助人行业。谈及现代社会工作的发端，大多数研究者们多以17世纪以来西欧国家，特别是英国针对农村破产、失业和贫困人员建立的社会救助制作为起点。1601年英国伊丽莎白女王颁布了《济贫法》。该方案包括六大方面内容，包括了现代社会工作的助人自助、评估需求、分类救助等基本思想。在18世纪的德国，这种助人实践又有了更进一步的发展。1788年的《汉堡制》和1852年的《埃尔伯福制》形成组织化与专业化程度更高的救济助人工作体系。在这一时期，现代社会工作的基本思想与方法的雏形已初露端倪。而真正意义上现代社会工作的形成，主要根植于19世纪末至20世纪初的慈善组织会社与社区睦邻运动。慈善组织会社运动1869年发端于英国伦敦，并在三十多年间扩大到英、美的诸多城市，慈善组织会社在长期的实践过程中发展了一套专业化的工作方法。可以说现代专业社会工作的许多基本原则都直接来自慈善组织会社运动，如：详细的个案记录、尊重案主、对案主的个人处境进行计划、对原因进行分析而不是仅仅谴责其行为、重视社会工作者与案主之间的关系，等等。在慈善组织会社之后，英、美等国又兴起了一场睦邻组织运动，又称社区睦邻运动。该运动发起人是一位名叫巴内特（Barnett）的东伦敦教区牧师，1884年，巴内特在伦敦东区建立了一个社区睦邻服务中心——"汤恩比馆"（Toynbee Hall）。睦邻组织运动从创立起就迅速传播到美国等许多国家。1886年，美国第一家睦邻组织正式在纽约成立。1889年，亚当斯（Adams J.）在芝加哥创办了类似汤恩比馆的"赫尔馆"（Hull House）。事实上，倡导睦邻组织运动的主要是一些宗教界人

第三章 社会工作与高校学生工作的特点及内在关联

士,另外还有一些社会科学的研究者。他们企图通过社会工作进行实地的调查研究,并希望从中找到解决社会问题的方法。社区睦邻运动不但发展了个案工作方法,还发展了小组工作方法和社区工作方法。对现代社会工作方法形成影响甚大。1896 年,美国纽约有了第一批带薪的"友好访问员"(Friendly visiting teacher),这标志着社会工作开始走向职业化,1898 年美国纽约慈善学院对带薪的"友好访问员"进行六周专业培训,1893 年荷兰阿姆斯特丹社会工作学院成立,开设两年制的社会工作服务专业,这标志着社会工作开始走向专业化。可以说,到了 19 世纪末 20 世纪初,一个有系统的服务体系、服务人员经过培训和实践具有一定的专业方法和技巧、追求更好服务效果的职业和服务领域逐步形成了。这种职业化、专业化的服务被称为社会工作(Social work),从事这种服务活动的人被称为社会工作者(Social worker)。①

1917 年,玛丽芮奇蒙德撰写了《社会诊断》一书,这是社会工作领域的第一本专著,是社会工作专业化的标志,社会工作的专业性行动逻辑开始内化到社会工作者的大脑中,在随后社会工作的发展脉络上,社会工作的基础理论涉及精神分析、行为主义、人本主义、系统论、标签论、优势视角、赋权视角等各大理论流派,学科支撑也愈加多元,包括社会学、心理学、政治学、管理学等,工作方法也不断丰富,20 世纪 40 年代小组工作方法、60 年代社区工作方法均被纳入到了社会工作的基本实践方法中。

社会工作的职业化与专业化使其服务拓展到了多个领域,学校社会工作在此期间也孕育而生。1906 年,在美国纽约有了第一批学校社会工作者,其在中小学的实践已开展了百年,而高校社会工作受到中小学学校社会工作的直接影响,但与之相比,存在诸多不同。美国大学实行

---

① 王思斌:《社会工作概论(第三版)》,北京:高等教育出版社 2014 年版,第 5 页。

的是"学生管理"①,美国高校围绕这一思想建立了一套系统的大学生社会工作服务模式和标准。具体来说,美国高校社会工作的内容主要涵盖三大部分,即心理健康服务、学习辅导服务和职业咨询服务等。

2. 社会工作在我国本土的历史发展

20世纪初,具有现代意义的社会工作在中国出现了。一些传教士开始在中国的大学讲授社会学、社会工作。1913年北京社会实进会成立;1922年北京社会学会成立;1925年,燕京大学建立"社会学与社会服务系",系统地开设社会工作课程,1927年又分为9个科,其中有社会服务研究科、社会服务专修科、宗教社会服务专修科、宗教社会服务研究科等。当时燕京大学培养多层次的社会工作专业人才,并从事专业服务活动。从20年代开始,一些在西方受过正规教育的中国知识分子,出于救国救民的动机开展了大量的类似于社区睦邻运动的社区建设运动,其中以晏阳初倡导并极力推行的华北平民教育运动最为典型。这是中国知识界施行的、具有一定专业性质的社会工作实践活动。另外,在一些有国际背景的大医院中,如北京协和医院,有了中国最早的医务社会工作,在战后孤儿和贫民救济活动中,社会工作专业也得到了发展。

新中国成立后,从1952年到1976年,专业意义上的社会工作未得到发展。1978年改革开放后,中国社会工作的发展进入了新的历史时期。1979年,国家决定在高校和科研院所恢复社会学学科,一些高校开始恢复讲授社会工作专业的相关课程。1986年,社会工作与管理专业在高校中恢复重建,北京大学等高等学校开始招收社会工作与管理专业的本科生。与此同时,民政部门也开始推进社会工作的发展,对干部进行社会工作相关知识在职培训,1991年,在民政部的大力推动下,"中国社会工作者协会"成立,并加入国际社会工作者协会。

---

① 杨晓龙、张子中:《高校学社会工作》,北京:中国社会出版社2010年版,第16页。

第三章 社会工作与高校学生工作的特点及内在关联 |

1994年，中国社会工作教育协会成立。1999年国务院转发《面向21世纪教育振兴行动计划》，进入21世纪的新时期新阶段，高等院校社会工作专业招生大幅度、持续、快速增加。2006年中共中央十六届六中全会通过的《中共中央关于构建社会主义和谐社会若干重大问题的决定》（以下简称《决定》），做出了发展社会工作的重大战略部署。《决定》指出，造就一支结构合理、素质优良的社会工作人才队伍，是构建社会主义和谐社会的迫切需要。要建立健全以培养、评价、使用、激励为主要内容的政策措施和制度保障，确定职业规范和从业标准，加强专业培训，提高社会工作人员职业素质和专业水平。同年，民政部颁布《社会工作者职业水平评价暂行规定》和《助理社会工作师、社会工作师职业水平考试实施办法》，推动社会工作的职业化进程。2008年6月，进行了全国第一次社会工作师职业资格考试。在中央政策引导和相关部门的推动下，我国社会工作人才队伍建设得到较快发展。随着2012年《民政部、财政部关于政府购买社会工作服务的指导意见》的制定和落实，我国专业社会工作呈现出扎实发展的局面，而中共中央十八届三中全会提出"创新社会治理体制"、"激发组织活力"则进一步为我国社会工作的发展奠定了坚实的政策和制度基础。在2018年的政府工作报告中指出，促进社会组织、专业社会工作、志愿服务健康发展，这已是政府工作报告中连续四年指出要加快专业社会工作的发展。

在国家政策的大力推动下，社会工作在实际社会服务领域的发展也日新月异，从2003年，上海成立了中国第一家社会工作机构，而到2017年底，我国社会工作机构已达7000多家，服务领域涉及社会治理与帮困救弱的各个领域，其中，在教育领域开展的社会工作实践也初具规模，在上海与深圳等发达地区的中小学已在校内配备了专业社会工作者，在我国一些高校中，也进行了社会工作参与高校学生工作的初步探索，较为典型的有中国青年政治学院、北京工业大学、山东工商学院和东莞理工学院等。

（二）社会工作的特点

社会工作学作为一门综合性应用社会科学，有着自己独特的学科性质或特点。

1. 社会工作的学科特点

第一，客观科学性。

在社会工作的发展史中，一直存在着社会工作的学科性质之争，争论的焦点主要在于社会工作的科学性上。许多学者均认为社会工作是一种方法和技巧，也承认社会工作是一个专业，但是在科学性的问题上，还存在着一种的疑惑和顾虑。比如，著名的社会工作学者比斯泰克（Biestek F.P.）强调社会工作是一种艺术，而不认为社会工作是一种科学，因为它不具有独特的哲学和严密的知识逻辑。[1] 事实上，判断一个专业的科学性与否，其行动实践依据的客观性、工作方法的严谨性和工作流程的程序性与严密性是关键。就此种意义而言，社会工作专业学科性质的科学性展露无遗。

首先，社会工作行动逻辑的客观性。在早期社会工作实践中，助人者的行动逻辑是宗教教义。但随着社会工作从零散化走向组织化，由宗教性走向世俗性，社会工作者的行动逻辑不再是带有主观色彩的宗教教义，而是建立在实证主义基础之上的调查研究与客观分析。在此过程中，社会工作的行动逻辑悄然地发生了质的转变。社会工作者虽仍秉承着具有浓厚人文主义色彩的助人价值观念，但这些价值观念已转变成了一种工作的基本原则，并在实践中加以操作化与细化，并被作为一种客观知识予以传授与推广。而在社会工作逐渐走向专业化的过程中，具有很强科学性的各社会科学学科均被纳入了社会工作中，比如精神分析、

---

[1] 王思斌：《社会工作概论（第二版）》，北京：高等教育出版社 2006 年版，第 12 页。

行为主义、生态系统等多种科学理论。就此而言，无论是社会工作在实践中所秉持的价值理念，还是审视解释服务对象问题的理论背景均具有很强的理性色彩，而不再是凭借自身的情感与经验出发。其次，工作方法的严谨性。社会工作十分注重工作方法，因为科学的工作方法是成功开展社会工作的基本条件之一，在一个世纪的社会工作走向专业化的过程中，社会工作的各种专业方法并非某一理论家在某次学术会议上提出，而是在长期的实践中被不断沉淀与完善的。也就是说，社会工作的个案、小组、社区和社会行政等工作方法是经过长期实践的检验才被总结出来，并被纳入到社会工作的专业行动框架中。社会个案工作方法的形成经历了长期的实践沉淀，小组工作方法的形成也整整经历了百年的形塑，社区工作方法的形成也经历各个国家各个时期不同形式的综融，而社会行政方法也是在社会工作实践指向开始关注社会结构时，才被吸纳其中。就此种意义而言，社会工作各种工作方法历程充分体现了社会工作方法形成的严谨性。最后，工作流程的严密性。就社会工作的工作流程而言，虽然不同学者的表述不一，但事实上，均要经历从接触案主开始，到结束服务，要经过建立专业关系、需求评估、计划、实施、效果评估和结案等多个程序，且每个环节均有较为标准化的操作。这一流程是一个持续的、前后连贯的过程，每个环节都是必不可少的，并形成了一个逻辑严密的闭合回路，保证服务目标的实现。虽然在目标实现的实践过程中，每个流程会根据实际状况有所差异，但每个环节在逻辑上是环环相扣，体现出了高度的严密性。

第二，学科综合性。

社会工作是一个以助人为中心的专业，由于服务对象的多样性、服务领域的宽广性与服务问题的复杂性，社会工作者在助人过程中会面对错综复杂的问题，这决定了社会工作者必须善于运用多种社会科学甚至自然科学提供的理论、方法及技术为服务对象服务。

在实践中，社会学、心理学、管理学、政治学和伦理学等是社会工作者必须具备的知识基础，除此之外，在社会工作专业教育的议题中，存在着"通才"与"专才"的争论,这样的争论主要是由于社会工作服务对象的多样,不同类型的服务对象在实践中使得社会工作者需要具备的知识结构会有所不同。比如,在青少年社会工作中,社会工作者需掌握教育学的相关知识,在老年社会工作中,社会工作需掌握老年护理学的知识,在司法矫正社会工作中,社会工作者需掌握法学的相关知识等。同时,由于社会工作实践领域的宽广性,使得社会工作者在实践中必须了解不同层次的知识结构,比如,在社区发展中,需要从人与社会的本质去思考,这就使得社会工作者需要掌握哲学宏观层次上的理论知识;而在微观的个案服务中,社会工作者还需掌握十分具体的沟通技巧。再则,由于服务对象问题的复杂性,社会工作者需要运用多种理论模式去审视与解决问题,这要求社会工作对介入策略相关知识的掌握具有一定的宽度。社会工作者在实践中需要选择不同介入模式面对不同服务对象的问题。比如,危机介入、任务中心、优势视角等。就上述几方面意义而言,社会工作的学科综合性是其专业对实践者的必然要求,也自然成为了其学科的必备特征。

总而言之,社会工作者在实践过程中需要运用的知识在类型上与结构上均十分宽广,从类型而言,哲学、经济学、社会学、心理学、管理学、政治学等都是社会工作行动实践的重要学科支撑;从层次而言,有哲学层次上的宏观理论,其是对人与社会本质和发展规律进行解释与预测的理论,如历史唯物主义、马克思关于人的全面发展理论等;还有中观层面对某一群体或社会现象进行解释与介入的理论或模式,如社会角色、青少年心理发展等方面的理论;还包括谈话技巧层次微观理论,如SOLER技术等,这些都会成为社会工作专业实践的行动框架,因此,社会工作运用理论的多元性与多层次性是社会工作学科综合性的集中体现。

第三,实践应用性。

正如上面所讨论的,无论是社会工作学科的科学性,还是社会综合性,其都是为社会工作的实践性需求服务的。社会工作是以解决实际问题为宗旨的应用科学。和自然科学中以解决现实问题为宗旨的工程学类似,社会工作学是社会科学中以解决现实社会问题为宗旨的或可称为"社会工程学"其中的一门。① 既然是"社会工程学",其对问题的解决并非置于学理性探讨中,或是去构建一个严谨的问题解决模型,而是以问题解决为导向,运用各种方法、手段去解决它。从社会工作专业的发展脉络不难发现,社会工作专业是一个发端于实践的专业,并在发展中,经历了先有实践后有理论,先职业化后专业化的发展历程。这样的发展历程均是以实践作为主线的,且是以知识的应用作为基础的。因此,在社会工作专业教育的过程中,对学生实践能力的要求非常高。在19世纪末早期的社会工作专业教育中,授课的教师绝大多数为具有丰富一线实践经验的社会工作者,而不是大学教授。初出茅庐的督导也不是具有深厚理论功底的学者,而是具有丰富经验的一线从业者。现在,国内社会工作虽然倡导并出现了一些高水平的社会工作理论或学理性研究,但这些研究的绝大多数结论与目的指向仍指向实践,比如,实践模型的构建、实践流程的概括与改进等。同时,在具体的实践中,由于不同领域、不同人群的特点不同,在实践中必须结合各个领域、各个人群的不同问题与需求,因此服务手法也不尽相同,甚至是相对独立。

总而言之,无论是基于历史维度,还是基于现实维度,实践应用性是社会工作的一大学科特质之一。这一学科属性决定了社会工作专业学科的指向是应用性的,是以解决具体问题为导向的。这就意味着社会工作专业的学科边界是具有弹性与开放性的,只要是在某一领域的实践中能够解决具体的问题,其就能够将其边界开放,融入到实践领域中,而并非固守在某一学科领域或理论体系中。

---

① 李迎生:《社会工作概论》,北京:中国人民大学出版社2004年版,第12页。

2. 社会工作的实践特点

上述内容阐明了社会工作的学科性质，学科性质是社会工作作为一门学科在逻辑上所展现出的特点。而社会工作的专业特点不仅在此，其还在具体行动实践中予以显现。也就是说，社会工作专业在具体的行动实践中，还会展现出更多的实践特点。

第一，人本性。

在早期社会工作的专业实践中，在鲁卡斯（Lucas A.K.）著名的HPU体系中有关人道主义的论述中提到：社会的主要目的是实现人的物质和情感需要，如果人的需要被满足，按照HPU体系所使用的词汇，那么人就会获得善良、成熟、正义或生产的状态，通过它们，人和其社会的大部分问题都将被解决。① 而在现代成熟的社会工作价值中，著名的操作定义、比斯泰克和泰彻的三大价值体系中，均把人本主义的思想作为社会工作最主要的实践价值，如，比斯泰克（Biestek F.P.）指出，人的尊严和价值是至高无上的；泰彻（Teicher M.）指出，每一个人都有作为个人的尊严和价值，每一个人都应该受到尊敬和得到周到的对待；操作定义中指出，个人是社会首先要关心的对象，尽管对每个人来说，他们都具有共同的人类需要，但是每一个人从本质上来说是唯一的，与其他人是不同的。② 而在我国，党的十六大把以人为本作为国家发展的基本战略，这也成为社会工作在我国本土实践的基本价值。在实践中，社会工作专业实践的一个重要原则就是要尊重和满足每个服务对象的个别化需要，而在具体实践中，社会必须意识到每个服务对象存在的问题及其成因，解决其问题的阻力与助力是独一无二的，同时，解决

---

① 参见王思斌：《社会工作概论（第三版）》，北京：高等教育出版社2014年版，第45页。

② 参见王思斌：《社会工作概论（第三版）》，北京：高等教育出版社2014年版，第46—47页。

问题是运用艺术化的方式而不是公式化的方式予以展开。可以说，人本性是社会工作基本的实践特性，其延伸出了社会工作的多个实践原则，形塑着各个领域的社会工作实践。

第二，服务性。

服务性是社会工作专业实践的又一基本属性。社会工作以专业性的服务供给为目标诉求，通过"助人自助"解决其经济上、精神上、社会交往上存在的困难。服务性即社会工作的根本特性与价值诉求。① 社会工作实践诞生伊始，其在新教伦理的催生下，对贫民的救助不仅仅是物质性的，而诸多救助均为服务性质的，比如开设习艺所，即就业培训场所，为身体健全的贫民提供就业培训，将孤儿收容到感化所中，为其提供教育、医疗等各种服务。在后来社会工作专业实践的发展历程中，社会工作的实践者们始终将为服务对象链接各种服务资源和直接服务于服务对象两层服务性价值理念作为其实践的重要行动逻辑。在界定社会工作者与服务对象的关系时，社会工作者并非将自己以专家自居，而是一个提供服务的人，两者的关系也并非治疗关系，而是一种帮助关系，也就是说，社会工作者为服务对象提供的是一种帮助，而并非治疗。在教育领域的实践中，社会工作者面对学生服务对象时，并非将学生视为被动的受教育者，而是将其视为具有很强主体性的潜能发挥者，由此，社会工作者的任务就是为学生提供协助其潜能发展与成长发展的服务，这些服务包括外在资源的供给与内在潜能的激发等。而此种服务的最终目标当然也能达致学生教育的功能，因为服务只是社会工作的实践属性，其最终目标与学校领域最终实践的教育功能是一致的。

第三，增能性。

社会工作在实践中助人活动，并非简单地为人提供救助性的服务，从根本说上，其实践的目标导向是促进服务对象的增能。增能性是社会

---

① 参见李静：《合作治理视域下社会企业介入社会服务的路径研究：逻辑、优势及选择》，载《人文杂志》，2016年第6期，第120—125页。

工作实践的重要特性，从某种意义而言，其是社会工作行动实践的根本特性，是社会工作助人活动区别于其他专业助人活动的本质特征。

在西方早期的社会工作中，无论是伦敦各郊区在《济贫法》指引下的慈善活动，还是汉堡和爱尔伯福街头监察员监督下组织化程度很高的救助活动，均始终以感化受助贫民回归社会，并努力提升其就业、生活能力为工作目标。在19世纪中后期英美的社会工作实践中，"汤恩比馆"和"霍尔馆"本身就不是简单的救助场所，而是带有浓厚感化和习艺性质的场所，而社区睦邻运动本身就是以"道德提升"为目标的贫民教育运动。

在目前我国社会工作的本土实践中，无论是在弱势群体帮扶的微观领域，还是在社区建设、扶贫攻坚的宏观领域，虽然工作层面与焦点有所不同，但增能的思想始终一以贯之。可以说，增能是社会工作专业性的重要标志，也是社会工作最根本的实践特点之一。

三　社会工作与高校学生工作的内在关联性

在上两节中，笔者梳理了高校学生工作与社会工作历史发展及其特点，对上述两个内容的梳理主要是为进一步澄清社会工作与高校学生工作的内在关联性奠定基础。基于这一探讨，本节将从社会工作与高校学生工作的耦合性及社会工作对高校学生工作的弥补性两个方面展开论述。

（一）社会工作与高校学生工作的耦合性

社会工作与高校学生工作的内在关联性首先表现在两者的耦合性上，此种耦合性可从工作目标的统一性、工作理念的共融性和工作对象的一致性三个方面予以展开。

第三章 社会工作与高校学生工作的特点及内在关联 |

1. 工作目标的统一性

2004年《中共中央国务院关于进一步加强和改进大学生思想政治教育的意见》是现行高校学生工作的纲领性文件，在《文件》对加强和改进大学生思想政治教育的指导思想和基本原则的论述中，将促进大学生的全面发展作为我国大学生思想政教育的总目标。这一论述延续了我国高校学生工作的传统，一以贯之地成为了我国高校学生工作的总目标。

就个体目标而言，全面发展的目标充分体现马克思主义关于人的全面发展学说，是党和政府"以人为本"的发展理念在高等教育和大学生思想政治教育中的具体落实，是党和政府充分考虑新时期大学生时代特点和思想状况的具体体现。"全面发展"蕴含着大学生在德智体美等方面潜能的全面激发，能力的全面增长，且与社会转型与社会发展方向相适应。就社会层面而言，全面发展的培养目标也是适应建设中国特色社会主义的需要，是全面实施科教兴国和人才强国战略，确保我国在激烈的国际竞争中始终立于不败之地的需要，是确保实现全面建成小康社会、加快推进社会主义现代化宏伟目标的需要，是确保中国特色社会主义事业兴旺发达、后继有人的需要。总而言之，全面发展的目标是力图把大学生这一精英群体培养成中国特色社会主义事业的建设者和接班人，具有重大而深远的战略意义。

就学校社会工作的目标而言，无论是外延更为宽广的"学校社会工作"，还是更为精准的"高校社会工作"，在其内涵中关于目标的界定上都蕴含了促进学校内学生全面发展的目标取向。在许莉娅编著的《学校社会工作》中提到学校社会工作的目的与学校教育目的相一致，通过促进学校教育目的的实现来达到学校社会工作的目的，即协助学生为现在所居住的世界与未来可能面对的世界准备他们自己，使学生获得良好与幸福的人生。同时，其从终极目标、中期目标与具体目标阐述了学校社会工作的目标体系，其中，将宏观抽象的终极目标定位为一种理想、一种展望,一种方向性的东西。学校社会工作的最终目标就是使学生获得良好与幸福的人生。良好与幸福的人生是一种主观感受,这种幸福的感受至少包括满足感、归属感和价值感。① 而在石彤主编的《学校社会工作实务教程》中将学校社会工作的目标确定为如下四个方面:第一,保证实现教育机会均等和普及义务教育;第二,促进家庭、学校和社区的协调,配合学校的需要和增强教育的功能。第三,学校社会工作的最终目标是促进学生德、智、体、美、劳等的全面发展。第四,实现社会福利。② 同时,在程勇、陈天柱、苏祥主编的《学校社会工作概论》一书中,学校社会工作既包括社会工作目标,又体现学校教育发展目标,它们的一致性就是通过学校社会工作帮助学生成长与发展,增加社会适应能力,获得社会福祉。并将学校社会工作的目标划分为应然取向的价值目标与实然取向的实践目标。③

从上述关于"高校学生工作"与"学校社会工作"的目标论述中可以发现,这两者在目标上具有相当的统一性。这种统一性是社会工作作为一个学科能参与高校学生工作的前提。我国高校学生工作的传统源自于战争时期的思想政治工作,并以此为传统设置了整个高校学生工作的目标取向。社会工作发端于西方国家,其在学校中开展也有一百年多的历史,学校社会工作的工作目标在实践过程中逐步确立与发展,也形成了较为完整且具体的目标体系。虽然两者的发端与发展呈现两种完全不同的历史发展脉络,来源于不同的哲学基础,但均以学生的成长与发展作为其终极工作目标。就学校社会工作目标内涵而言,其本身就是学校教育目标的一部分,其工作的目标本身就是为了实现学校的教育目

---

① 参见许莉娅主编:《学校社会工作》,北京:高等教育出版社2009年版,第19—20页。

② 参见石彤:《学校社会工作实务教程》,北京:中国人民大学出版社2010年版,第6—8页。

③ 参见程勇、陈天柱、苏祥:《学校社会工作概论》,北京:北京师范大学出版社2012年版,第4—6页。

标，这一点是毋庸置疑的。同时，就两者的协同性而言，其目标的耦合性显得更为突出。以思想政治教育作为学科支撑的我国传统高校学生工作在目标的阐述上更具宏观性与指导性，主要是从学生工作的主体视角来阐述其工作目标的。而学校社会工作基于社会工作的学科视角，则站在服务对象即工作客体的视角来阐述其工作目标。事实上，这只是两者的侧重点与话语视角不同，而这正体现了两者在工作目标表达上的耦合性。这种目标上的耦合性正是社会工作参与高校学生工作的重要内在依据之一。

2. 工作理念的共融性

工作理念是目标达成的指导思想。高校学生工作与社会工作在工作理念上的内在关联，是社会工作参与高校学生工作得以成为可能的重要维度之一。我国高校具有不同的类型划分，也有不同的功能归属，同时，由于地域、发展阶段以及办学特色的差异，不同高校的学生工作理念不尽相同。然而从这些差异性中被抽象出来的普遍性是我国高校学生工作的共同价值基础。这些价值基础无论是在官方的文件上，还是在相关的学术著作中都有所体现。

在 2017 年 2 月中共中央国务院印发《关于加强和改进新形势下高校思想政治工作的意见》（简称《新意见》），将加强和改进高校思想政治工作的指导思想确定为高举中国特色社会主义伟大旗帜，全面贯彻党的十八大和十八届三中、四中、五中、六中全会精神，以马克思列宁主义、毛泽东思想、邓小平理论、"三个代表"重要思想、科学发展观为指导，深入学习贯彻习近平总书记系列重要讲话精神和治国理政新理念新思想新战略，全面贯彻党的教育方针，坚持社会主义办学方向，扎根中国大地办大学，以立德树人为根本，以理想信念教育为核心，以社会主义核心价值观为引领，切实抓好各方面基础性建设和基础性工作，切实加强和改善党的领导，全面提升思想政治工作水平，紧密团结在以习近平同志为核心的党中央周围，牢固树立政治意识、大局意识、核心意识、看齐意识，坚定不移维护党中央权威和党中央集中统一领导，为实现"两个一百年"奋斗目标、实现中华民族伟大复兴的中国梦，培养又红又专、德才兼备、全面发展的中国特色社会主义合格建设者和可靠接班人。从坚持党对高校的领导，坚持社会主义办学方向，坚持全员全过程全方位育人，坚持遵循教育规律、思想政治工作规律、学生成长规律，坚持改革创新等五个方面确认了其基本原则。《文件》作为党和政府对大学生思想政治教育的指导思想与基本原则的一般性论述，对高校学生工作的基本价值理念具有方向性的指导意义。

高校学生工作的内涵与纯粹意义上的思想政治教育有所不同。同时，在高校学生工作的具体实务中，上述指导思想与基本原则被细化为更为具体的若干价值理念与原则。郭庆在《大众化教育时期高校学生工作模式研究》一书中指出，高校学生工作理念包括以生为本、全面发展、遵循规律和依法治校。[①] 同时，其又在《高校学生工作创新研究》一书中将"依法治校"修正为"面向社会"，并在论述四者的关系中提出，以生为本是要求，全面发展是目标，遵循规律是基础，面向社会是原则。[②] 冯培在《组织变革视野下高校学生事务管理模式创新研究》一文中从管理学的视角阐析了高校学生事务管理的基本准则，分别为管理客体的个性发展准则、人与组织共同成长准则、管理主体的引导性准则以及环境协调准则[③]；在耿乃国编写的《高校辅导员工作的理论与实务》一书中，其将高校学生工作的基本价值理念概括为以人为本、与时

---

① 参见郭庆：《ESM：大众化教育时期高校学生工作模式研究》，北京：人民出版社2011年版，第17—21页。

② 参见郭庆：《ESM：大众化教育时期高校学生工作模式研究》，北京：人民出版社2011年版，第31—35页。

③ 参见冯培：《组织变革视野下高校学生事务管理模式创新研究》，北京工业大学博士论文，2008年，第36—40页。

第三章 社会工作与高校学生工作的特点及内在关联

俱进、客体参与、刚柔并进和规范法治五个方面。①

检视上述观点,无论是基于思想政治教育、还是基于管理学的学科视角,无论是从高等教育发展的宏观视野切入,还是从辅导员工作的微观视野入手,研究者们的观点都蕴含着参与、开放与科学等基本价值理念。

社会工作的价值理念是多层次的,不同的学者也有不同的划分,但总体而言,社会工作的价值体系分为基础价值与专业价值之分,基础价值就是社会工作秉承的基本价值观、社会观等,而专业价值则是在实践过程中所有具体遵循的操作原则与专业伦理等。就社会工作专业的基本价值而言,助人自助、尊重人的尊严与价值和维护社会公平正义是其基本价值所在。就学校社会工作这一具体工作领域而言,其是社会工作价值在学校这一场域实践中的具体体现。美国学者米雷斯(Meares P.A.)描述了将社会工作价值观应用于学校的具体体现。②(见表3-1)

表3-1 社会工作价值观应用于学校的具体体现

社会工作价值	应用于学校社会工作当中
重视每个人的价值和尊严	每个学生都是值得尊重的个体,无论其本身的任何独特的特征
自主和自我实现的权利	每个学生都应该被允许享有共同学习的过程
尊重个人的潜力并支持个人的志向使其得以实现	认知个体的差异性,介入的目的是为了协助学生达到教育上的目标
每一个体有权与其他人不同,这些不同点应得到尊重	每个孩子不论其种族、经济地位如何,均有权在学校中获得同等待遇

---

① 参见耿乃国:《高校辅导员工作的理论与实务》,北京:北京师范大学出版社2011年版,第1—5页。

② Meares A.P., *Social Work Services in Schools*, 6th, N.J.: Prentice Hall Inc., 2009, p.189.

高校学生工作的社会工作参与:一个基于多所高校的经验研究

中国台湾资深社会工作学者廖荣利比较准确、全面地描述了学校社会工作应秉持的价值理念,包括:(1)每个学生都有自我表达和自我实现的权利;(2)学生在学习适应上有困难是个人行为发展过程中的自然现象;(3)希望每一个学生都能在其天赋能力范围内充分发挥潜能;(4)相信学生在心理和行为方面适应不良是与家庭、学校、社区等外部环境密切相关;(5)认清学生除了在学校得到应有的服务外,还有赖于家庭和社区资源的充分服务;(6)深信学校的各种设施与活动,应该以逐步形成学生社会化人格为目标;(7)重视学生的个别差异及其对团体职责的表现;(8)坚信学校社工必须具备科学知识和专业技能的原则。①

在此基础上,学者许莉娅结合中国的实际状况提出了学校社会工作的基本价值和实践原则。关于基本价值,其从学生、群体、学校和社工四个层面予以界定。第一,关于学生,即承认学生具有与生俱来的价值、尊严和权利,特别是学习的权利、表达的权利及自我实现的权利;尊重每个学生的独特性;承认学生有学习的义务,每个学生都应该努力学习新的知识和技能;相信学生有改善自己、发展自己的能力,相信学生有成长向上的愿望;第二,关于群体,即认为教师与学生的关系是平等的,应该互相尊重、互相关怀。同学之间的关系是连接的,群体对个体具有影响作用,个体对群体负有责任;第三,关于学校,即认为学校有责任关怀每个学生的福祉,为每个学生提供平等的学习与成长的机会,学校应该创造良好的有利于学生成长的环境;第四,关于工作者,即学校社会工作者必须具备社会工作的基本价值理念、科学的理论知识和专业技能,遵守学校社会工作的伦理准则,并不断学习、成长。在实践原则方面,其提出了优势取向、资源连接、提供机会、主动服务和优先性等五大原则。第一,所谓优势取向,即在评估学生困境或问题时,将其优点或长处包括进来,发掘和运用学生的优点和自身资源来解决他

---

① 林胜义:《学校社会工作》,台湾:巨流图书公司1988年版,第111页。

们的问题；第二，所谓资源连接，即工作者除了通过个案会谈帮助学生调整情绪、认知及行为，或通过小组工作帮助学生体验小组经验等对学生直接介入外，更重要的是要帮助处境不利的学生连接支持资源；第三，所谓提供机会，即学校社会工作应该尽可能多给学生表达自我、展示自我的机会。对于成长中的青少年来说，关注就是最大的激励，可以帮助学生提升自信并发挥潜能；第四，所谓主动服务，即学校社会工作者应该通过对学生的评估，提供发展性、预防性的服务，防患于未然，将促使困境或问题发生的因素扼杀在摇篮中；第五，所谓优先性，即将维护学生生命安全及身心健康作为最优先考虑，同时重视对学生各种权益的维护。① 在杨晓龙主编的《高校社会工作》一书中，其将高校社会工作的原则从提供资源、尊重价值、个体差异和助人自助、自我负责等方面界定。②

从上述对"高校学生工作"和"学校社会工作"价值与原则的阐述中可知，在基本价值方面，两者在表述上虽有所不同，但事实上都包括以生为本、服务学生、尊重学生、注重学生成长和发展等。同时，在基本原则上，两者也存在诸多相似之处，都强调注重方法、客体参与、开放发展等。因此，正是由于两者在基本价值与原则上的共通之处，使得两者在价值理念与实践原则上形成了共融，这种共融为社会工作的参与提供了可能性。

3. 工作对象上的一致性

从历史沿革的视域，高校学生工作是一个动态的、历史的、具体的概念，其内涵随历史进程和社会发展而不断丰富，但无论其内涵如何丰

---

① 参见许莉娅主编：《学校社会工作》，北京：高等教育出版社2009年版，第15—19页。

② 参见杨晓龙、张子中：《高校学社会工作》，北京：中国社会出版社2010年版，第42—45页。

富，工作内容如何拓展，全体学生一直是其基本工作对象。与此同时，也正是由于高校学生工作内涵的丰富，内容的拓展，其针对工作对象全体学生的工作不同细化与深化。在现下的学生工作中，有特殊需要的学生会被按照不同的生理、心理和社会特征被划分为不同的子群体，如贫困生、残障生、少数民族学生和心理障碍的学生等。

就学校社会工作的内涵而言，其工作对象为全体学生，特别是有困难、需要帮助的学生。如前所述的学校社会工作的定义中，美国社会工作协会（NASW）出版的《社会工作百科全书》中，将学校社会工作的服务对象界定为全体学生；中国台湾地区出版的《社会工作词典》中，学校社会工作的服务对象包括全体学生，少数在学习和适应上有困难的学生也包括在内；《中国社会工作大百科全书》将学校社会工作的服务对象界定为正规或非正规教育体系中的全体学生，特别是处境困难的学生。

基于对上述"高校学生工作"和"学校社会工作"工作对象的检视不难发现，现行的高校学生工作与学校社会工作在工作对象上具有高度的一致性，这意味着这两者事实上是服务于同一客体的，两者均既关注全体学生，同时又为有困难和特殊需要的学生提供帮助，这为社会工作参与高校学生工作奠定了重要基础。

综而述之，从上述关于高校学生工作与社会工作的目标、理念和对象的考察发现，两者在工作目标上具有统一性，在工作理念上具有共融性，在工作对象上具有一致性。这样的特性为社会工作参与高校学生工作提供了内在依据。

（二）社会工作对高校学生工作的弥补性

若要澄清社会工作参与高校学生工作的内在逻辑，除了上述探讨的两者的耦合性方面，还需进一步探讨社会工作的专业特点对高校学生工作专业特点的弥补性。

1. 服务助人性对政治育人性的弥补

在上述的高校学生工作的特点中，目标取向上坚持正确的政治导向始终是我国高校学生工作的传统之一，也是我国高校学生工作有别于西方国家的根本特点之一，是对我国高等教育正确方向的根本保证。然而，我们也要看到，这种目标取向使我国部分高校学生工作长久以来在实施过程中更多地将焦点放在政治生活和道德生活，而容易忽视学生的日常生活和个体生活，这往往导致学生工作仅仅变成了思想政治教育工作的代名词，而忽视了其他方面的工作。同时，在价值取向上，无论我国高校学生工作的职能如何变化，功能如何拓展，我国高校学生工作的价值取向始终将育人这一取向一以贯之，因在我国高等教育中，育人的价值取向的正确性毋庸置疑，特别是在新时代背景下，要把"立德树人"，作为根本价值取向。然而，育人价值取向上的正确性并非总能在实践效果上予以凸显。在学生工作的具体实践中，我们看到，育人性如果把握不好，往往容易使得工作主体与客体之间处于一种不平等地位，使得主体的话语体系往往难以被客体接受。

就专业特性而言，社会工作的专业在长期实践中表现出的服务助人性可对高校学生工作政治性与育人性在实践中表现出的不足之处予以弥补。社会工作是一个在实践中以服务为本、以助人为本的专业。首先，服务性意味着社会工作的专业行动框架将焦点更多地放在工作对象的日常生活和个体生活身上。如前所述，社会工作在诞生伊始，就是关注弱势群体的日常生活与个人生活，并从中入手促进工作对象的改变。即使在教育领域开展的社会工作亦是如此，从关注学生的日常生活与个人生活介入，从而促进其改变。因此，社会工作的服务性的专业特性正好可弥补高校学生工作在实践中有时对学生日常生活与个人生活的观照不足。其次，助人性是社会工作行动实践者在长期对弱势群体的帮扶的历史实践中形塑，并被内化与传承，成为了社会工作的根本专业特性之一。助人意味着工作主体与客体之间是一种平等关系，工作主体必须注重工作对象的主体性，注重工作对象的话语体系，注重工作对象对工作主体话语体系的接受度等。就此而言，在我国高校学生工作的具体实践中，社会工作的助人性恰好可弥补高校学生工作往往不重视与学生平等对话的实践惯习。

2. 个别需求性对全体任务性的弥补

如前所述，我国高校学生工作在工作对象上具有全体性，在实施过程上具有任务性的特点。全体性是我国高等教育保证教育功能实现的需要，是在学生管理上统一有规范与约束的需要，更是保证每一个大学生都能分享到我国经济社会发展给高等教育系统带来的红利的需要。然而，全体性工作特性也有许多方面值得反思。全体性往往容易忽视学生的个体差异，而难以做到因材施教。具体而言，在高校学生工作中，个体的性别、地域等个体特质往往需要被冲淡，而融入于集体特质。

在高校学生工作的实践中，任务性保证了各级高校能够及时领会、分解和落实党和国家针对大学生思想政治教育的各种路线、方针和政策，同时使得党和政府的各项优惠措施和资助政策能够及时且准确地惠及大学生。但同时也要看到，任务性也使得我国高校开展的各种学生工作具有高度的行政命令性，而往往忽视了学生个体的主体性与自觉性，忽视学生个体需要的满足。

社会工作专业具有人本性的专业特性。在长期的实践中，社会工作者们始终将尊重个别化的思想一以贯之，并形塑和沉淀了丰富的工作方法与技巧。因此，在实践中，社会工作者十分注重个体差异性和个性需求的满足，因为这是尊重人权的基本体现。同时，这种个体需求并非工作者主观臆断，而是经过科学评估，具有精准性，使得个别特殊需求不易被忽视。基于此，社会工作专业在实践中注重的个体差异与需求的工作导向或许可弥补现行高校学生工作全体性与任务性显现出的不足之处。

3. 规范科学性对个体经验性的弥补

如前所述，我国高校学生工作方式的经验性源自革命战争年代的思政工作实践，植根于工作人员在实践中的经验总结。同时，在学习方式上，也并非通过系统的专业教育与培训，而是通过个体之间的"传帮带"的形式实现。诚然，高校学生工作的经验性在实际工作中具有很强的实践指向性，但值得注意的是，高校学生工作的经验性会产生如下结果：第一，高校学生工作的实效性与个体的品质、素质与能力具有很强的相关性。通俗地说，就是学生工作者的个性特征，而非角色特征对学生工作的效果具有更重要的意义。第二，准入门槛的非专业性。由于高校学生工作的经验性，这就意味着学生工作者入职以后的经验积累比入职前接受相关专业系统的专业教育更为重要。也就是说，学生工作者入职前的专业背景并不会成为其入职的权重最大的考察因素。而以上两点是目前我国高校辅导员队伍遭遇职业化和专业化困境的直接原因。这些也均在上一章的实证研究中凸显。

社会工作与高校学生工作相同，均具有实践性、应用性的专业特性，但不同的是，社会工作专业的实践性应用性并非建立在个体经验性的基础上，而是建立在规范科学性的基础之上。从社会工作专业发展看，社会工作并非根植于哪个理论学科，而是从实践中发展出来的。而在其发展早期的很长一段时间内，也主要是以经验为主，但庆幸的是，从20世纪初开始，社会工作走上了专业化之路，并在20世纪50年代趋于成熟。至此，规范性与科学性就成为了社会工作者开展实践的基本行动逻辑。而这样规范性、科学性的行动逻辑正是目前高校学生工作特性中所欠缺的，恰好可弥补学生工作者在实践中以个体经验作为行动逻辑带来的困扰与不足。

4. 发展增能性对问题纠正性的弥补

问题性是我国高校学生工作对学生心理、行动与社会适应不良归因上的建构方式,并已形塑为一种实践惯习。这种实践惯习沿袭了军队政工工作的传统,使得学生在大学期间的心理、行为和社会适应不良往往被笼统的建构为"思想问题",并需通过思想工作予以纠正。诚然,这样的问题式归因保证了工作主体对工作客体地位的合法性,也保证了工作主体对工作对象的批评与教育具有合理性与正确性,也使得对工作对象问题的处置具有"纠正"的性质。然而,值得反思的是,这样的归因取向有时也往往使得工作主体容易忽视学生的潜能挖掘与自我成长、自我反思的引导。

增能发展性是社会工作专业的基本特性之一,它是社会工作专业思想与实践的双重结晶。就思想渊源而言,增能思想的渊源是新教伦理中的自我负责的思想;而就实践而言,增能性是早期慈善救助行动的基本行动逻辑。在长期实践中,增能发展虽然被赋予了不同理论解释框架,内涵也不断丰富,但其始终是社会工作专业最稳定的实践特性之一。从某种意义上说,增能发展是社会工作专业实践的出发点与落脚点。在工作中,增能发展就意味着并非把工作对象看成是"有问题的人",而是将其视为"未被激发的人"或"被环境阻碍的人",因此,工作主体的任务就不再是问题的纠正,而是潜能的激发或是环境障碍的清除。基于此,社会工作专业在实践中所表现出来的增能发展性或许能够弥补高校学生工作实践中由于归因取向问题性带来的工作缺憾。

第四章　社会工作参与高校学生工作的显功能

在第一章绪论部分，本书已对社会工作参与高校学生工作创新的显功能予以了界定。其可被视为高校学生工作者在社会工作的行动框架下开展的相关行动实践，这些行动实践的后果是行动者主观动机的体现，是预见性与非隐蔽性的体现。在此种意义下，行动者针对行动对象——学生个体或组织直接开展的行动实践即可被理解为其显功能的实现形式。因为对于行动者——高校学生工作者而言，其实践的主观目的就是直接指向实践对象的，其客观后果，即功能，是高校学生工作者想达到的，亦即其所预见到的和非隐蔽性的。在本章中，笔者基于自身及多位同仁的大量一手资料，从服务普通学生、弱势学生和学生团体三个方面抽象概括出了社会工作参与高校学生工作的显在功能。

一　成长发展指导的有效提供

大学生成长发展指导是指以大学生的全面发展为目标，以关心服务学生为主旨，针对大学生这一特定群体在求学过程中所面临的心理、生活、学习、就业等方面的各种发展性问题，通过教育、咨询、心理辅导等多种途径进行指导，促进大学生激发潜能，使大学生成为具备较强社

| 高校学生工作的社会工作参与：一个基于多所高校的经验研究

会竞争力，个性和人格都得到健全发展的优秀人才。① 其为现行高校学生工作的重要功能之一，其本质是高校学生工作服务功能的发挥，因此也可称之为大学生成长发展服务。而在现实中，由于学生工作者对高校学生工作的固有理念或工作模式的持守，或者说，现有学生工作体系体制机制存在的固有缺陷，该功能往往在现行学生工作体制中无法充分发挥作用。而另一方面，从大学生群体的角度出发，他们对此方面的需求显得十分迫切。因此，大学生成长发展服务的供给与需求在现行体制中出现了断裂与隔离现象。本章将运用诸多实证资料与案例阐明社会工作专业的理念与方法可为大学生有效提供成长发展服务，从而呈现社会工作参与高校学生工作的功能之一。

（一）助人自助：社会工作参与大学生成长发展指导的价值基础

大学生成长发展服务的提供，若从宏观制度层面审视，其实质是通过现行体制机制为服务对象大学生提供其在大学生涯中所需的有关个体各种能力提升、潜能激发的相关资源；而从学生工作的具体工作层面而言，则是学生工作者通过各种手段与方法为大学生个体提供其在大学生涯中成长与发展的服务。

社会工作专业重要的本质属性之一就是服务性，其实践取向就是为服务对象提供其所需服务。而社会工作服务的提供是"增能"性质的，即社会工作的重要价值之一——"助人自助"。通过对自身的学生工作实践的反思及多位社会工作背景学生工作者叙述的资料梳理，笔者认为，该价值理念及其所延伸出的方法在现行学生工作实践中具有为学生个体提供成长发展服务的作用。

---

① 参见方宏建、张宇：《高校学生工作概论》，济南：山东大学出版社2009年版，第114—115页。

1. "助人自助"的基本意涵

"助人自助"是社会工作专业的基本价值之一。是社会工作"增权"理念及其理论中一个重要的价值信念。其是指：社会工作不但要具体地帮助有困难的人士解决困难，而且要帮助他们增强自己的能力以应付各种挑战，即帮助他们增强战胜困难的能力，以达到自助。①

在社会工作的助人观中，"自助"的理念是其重要的意涵所在。如学者王思斌的定义所述，在社会工作的专业视域中，社会工作者对服务对象的帮助不仅仅是帮助其解决苦难，更重要的是帮助其提升自身能力，以便应对未来的挑战。

一方面，基于社会建构论的视角，若将社会工作视为一种社会行动，其行动主体便是社会工作者，而其针对客体——服务对象，也被称为案主的行动意义就在于绝非满足其被动的需要，而是需要积极促进其内在潜能的激发，促进其各种能力的提升。因为在社会工作者的信念中，个体身处于困境之中，绝非仅仅由于外在资源的贫乏，更多是源自其内在发展动机不足，发展能力匮乏。同时，社会工作者还需时刻保持警醒，即使是在为案主提供外在资源时，也更多的是为其提供促进其潜能激发、能力提升的资源与机会，而不是简单地予以物质帮助。另一方面，若基于社会事实论的视角，将社会工作视为是一种社会事实，"助人自助"的信念是社会工作专业的"助人"观，这种助人观具有对该专业助人活动的普遍强制性，从而形成了社会工作者的普遍专业伦理，制约其助人活动的开展，而且在社会福利制度设置中，形成一种能够促进受助者"造血"功能的服务供给制度，而不仅仅是一种补救性的被动救助制度。

事实上，在社会工作的视域下，"助人自助"的根本功能就是促进

---

① 参见王思斌、马凤芝：《社会工作导论（第二版）》，北京：北京大学出版社2011年版，第23—27页。

人的发展，这样的"人"并非抽象意义上的人，而是具体社会情境中的"人"，从涵盖范围来看，不仅仅包括深处困境的社会弱势群体，还包括了所有的社会大众。因此，社会工作的"助人自助"观适用于所有的社会人群，就此而言，由其延伸的各种助人方法也可作用于所有人群。

2."助人自助"的历史渊源

追溯社会工作"助人自助"观念的渊源，可从思想与实践两个维度予以揭示。

第一，社会工作"助人自助"观念的思想渊源。

从思想渊源来看，社会工作的"助人自助"观念植根于西方人本主义思想以及卢梭以来的社群主义平等观念等。西方早期的人本思想，主要是相对于神本思想，主张用人性反对神性，用人权反对神权，强调把人的价值放到首位。① 而在卢梭的社群主义的平等观中，其指出在自然状态下的人人平等条件下，在社会契约基础上的人人平等，即每个人的价值、尊重、权利上的平等性。同时，"助人自助"的观念发展至今，马斯洛的层次需要理论、罗杰斯人本主义治疗方法和克尔凯廓尔的内在心灵的发展等心理学理论对其影响甚大。马斯洛的层次需要理论认为，每个人都有自我满足的需要，且当低层次需要被满足后，就会追求更高层次的需要，并最终做到自我实现。而罗杰斯的人本主义治疗方法中，其强调人的本质是好的，人具有能力发展自己，并能够和谐地与别人合作逐渐变得成熟，每个人都具有差异性，都会从自己的角度理解生活，并根据自己的理解做出各种选择。

第二，社会工作"助人自助"观念的实践渊源。

"助人自助"的实践渊源，可追溯到现代社会工作缘起的《伊丽

---

① 袁贵仁：《以人为本是科学发展观的核心》，载《求是》，2005年第22期，第25—27页。

莎白济贫法》、《汉堡制》和《埃尔伯福制》等。在1601年颁布的《伊丽莎白济贫法》中规定，凡是有劳动能力的贫民都必须参加工作，用工作来换取救济；教区设立贫民习艺所，为男女儿童提供学习各种技艺的场所和机会，教区也有义务替他们介绍工作，或者为他们提供原料和工具，强迫他们进行生产自救，禁止无家可归的以及无业游民行乞游荡，设立救济收容所，强迫他们在救济所内工作。在德国1788年颁布的《汉堡制》中，其救济方法是"助人自助"的，其中规定，必须向失业者介绍工作，把贫苦儿童送往职业学校学习技艺，把病人送往医院就诊，不准向沿街乞讨者施舍以取缔无业游民并且不使贫民养成依赖心理。同样，在1852年，德国的《埃尔伯福制》中，"助人自助"的思想贯穿始终。该制度规定，救济的标准必须是国家规定的最低标准，以防止贫民养成依赖心理，救济员还要负责本区段内贫民的增能工作，例如：职业训练、职业介绍、管理游民，等等。后来在英美国家的慈善组织会社、社区睦邻运动等中始终体现"助人自助"的思想。比如，睦邻运动中的"道德提升"运动，就体现了浓厚的"助人自助"思想。

综而述之，社会工作的"助人自助"观念具有深厚的思想与实践渊源。在信念层面，其体现了人本、平等、自由、发展和参与的哲学内涵。就实践过程而言，"助人自助"的实践过程体现了对服务对象潜能的激发、能力的提升和尊严的尊重。因此，在历史的延续中，社会工作的"助人自助"观念使得在社会工作实务过程中，始终关注服务对象的价值与尊严，注重与服务对象的平等对话和权利的实现，并将着力点放在了服务对象能力的提升上。

3. "助人自助"价值下的专业原则

在社会工作的价值体系中，"助人自助"是其基本价值之一，是价值体系的最高等次，为社会工作的实践提供基本的观点与视角，是对人的本质的一种价值信念。而在具体的实践中，社会工作者更多的是需要遵循与运用由此价值演化出的若干更为具体的专业原则,这些专业原则可以直接在实践中加以运用。

第一,尊重。

在社会工作专业价值中,尊重是一个非常重要的价值原则之一。这一原则认为,没有什么比人更值得尊重,因为每个人都是有尊严和价值,且是平等的,不论其地位、身份、年龄、性别或是收入等一切的差异。这一原则使得社会工作者在面对案主时,需要在如下方面予以持守:第一,每个服务对象作为人的尊严和价值是值得肯定的,不能因为各种外在的社会符号和标签而区别对待;第二,每个服务对象的成长经历和发展历程是值得肯定的。每个人的现在都是过去成长经历和发展历程的结果;第三,每一个人对人与事的看法、想法与感受都是值得尊重的,无论其是感性还是理性,是成熟还是不成熟,是主流还是非主流;第四,每个人对未来的选择也是值得尊重的,只要不损害他人的利益或是公共安全。事实上,尊重原则是社会工作"助人自助"思想中人本与平等观的具体体现。

第二,自决。

所谓自决,即案主自己决定自己。是指社会工作者在工作的过程中,承认案主有自己选择和决定的权利与需求。因此社会工作者的任务就是尊重当事人的权利,承认他的需要,协助他应用适当的资源和发挥人格潜能,达成自我决定。[①] 自决是人的自由权的一种具体体现,如霍利斯(Hollis F.)说的那样:这种从内部产生的发展必定是自由——自由地思考、自由地选择、从谴责中释放、从强迫中解放,如同机智地行动一样也能自由地犯错。努力去理解并按照他的理解行事,这种理解来自于他实际所经历的,从而实现指向他自己的思想和行为的自由——这

[①] 参见王思斌:《社会工作概论(第三版)》,北京:高等教育出版社2014年版,第52—53页。

就是我们所谓的自我决定。① 自决从某一意义而言，是"助人自助"思想最重要的专业原则之一。因为只是真正让案主自决，才能真正满足其内在需求，才能真正激发其潜能、提高其选择的能力，才能真正做到对案主的尊重。诚然，案主自决，并非意味着社工存在的无意义，恰恰相反，案主自决正是体现社会工作者在帮助案主时的专业性所在。因为案主自决在实务过程中，涉及如下几层含义：第一，案主自决，首先需让案主清醒地认识到有多种方案可以用来解决他（她）所面临的个人问题或社会问题，自决就意味着从可能的方案中选择出最合适的一种。这层含义意味着社工首先需让案主知晓"天无绝人之路"，让案主从困顿、焦虑的情绪和单一、狭隘的认知中拽出来；第二，自决意味着是案主，而不是社会工作者是解决问题的主要人物。这一点是案主自决原则非常重要的含义，社工需要始终清醒地认识到，有且只有案主是解决问题的关键人物，社会工作的作用并不在于替代案主做决定，而是帮助案主分析事态、理清思路，发现、确定问题，并寻找发掘可能解决问题的方案，提高案主的自决能力。这也是社会工作者专业性的重要体现之一；第三，案主自决的原则并不意味着限制或禁止社会工作者提出建议和意见。事实上，当案主处于困境中时，由于其被非理性的情绪环绕，或是由于其知识水平、信息渠道、人格特质、生活阅历等多方面的原因，使其无法发现其他对人和事的其他视角和解决问题的其他方案，因此，社会工作者可以通过自己的专业知识和生活阅历为案主提供更多的参考。

综上所述，案主自决原则是"助人自助"原则重要的专业原则体现。在实务过程中，社会工作者在协助案主做决定时，往往无需告诉案主应该做什么，而仅仅是帮助案主恢复理性，重塑信心，探求其内心真实需要，并鼓励其自我选择。这样往往可以帮助案主自己做出正确、理

---

① Dubois B., Miley K. K., *Social Work: An Empowering Profession*, Boston: Allyn and Bacon, 1999, p.130.

性且成熟的决定，而不至于因为冲动、狭隘、浅薄等限制而做出让自己遗憾且后悔的错误决定。这是"助人自助"观的重要亮点之一。

第三，个别化。

个别化是一种分别逐一对待的理念与方法。它体现了传统的社会工作价值，把每个人都看成是唯一的、不同的实体，应该受到不同的对待，体现了对个人的尊重。[①] 个别化体现了一个人区别于他人的心理特征的总和，这些特征无论从结构和内容来说，都是独特的，与众不同的差异。个别化原则是社会工作"助人自助"观的重要体现之一，因为其肯定每个个体的价值与独特性所在，体现了人的平等性与自由性。

在个别化原则下，社会工作在实务中需遵循如下方面的原则：第一，社工首先应把案主当成是一个独一无二的人，而不是某一类人，或用某一群体的特征加以分析案主。比如，社工一看到是位女性案主，就以为其定是弱弱的、没有主见的、被动的；第二，社工需要意识到，案主面临问题的性质、成因及解决问题的阻力和助力都是不同的。比如，两位大学生同样面临着考研和就业的选择，此时，社工需认真对两位案主难以抉择的原因及两种选择的阻力和助力加以分析，而不是一概而论；第三，社工在处理问题时，必须具有艺术性，而不是遵循所谓的公式和套路。

第四，参与。

参与是社会工作"助人自助"观的另一个重要原则。所谓参与，意指案主需全程投入到服务的全过程，并在参与服务过程中得到体验，并加以反思，从而促进自身的增能与发展。在参与的专业原则中，社会工作者需要认识到：第一，自己与案主的地位与关系是平等的，绝非一种灌输和教育的不平等关系。自己无权去操纵案主的想法，因此，案主

[①] Meares A. P., *Social Work Services in Schools*, 6th , N. J.: Prentice Hall Inc., 2009, p.53.

需全程参与到整个服务中,以知晓服务全过程。第二,案主只有参与才能改变。因为案主的改变并非通过社工简单的说教与讲理可以达成,而必须使其投入到整个服务过程,包括分析问题的情境、解决问题的情境等。因为案主只有在参与中才能对目前的困境有所体验,才能在参与中理清思路,恢复理性,才能在参与中体验到自身的改变与成长。

综上所述,社会工作"助人自助"的观念演化出了尊重、自决、个别化和参与等专业原则,这些原则是社会工作者在具体的实践过程中拥有更为具体的操作原则。然而,上述大的区分只有一种概念的"理想类型",而在具体的实践过程中不可能截然分开,孤立地加以运用,而是社会工作者在助人过程中根据案主的问题和处境灵活地加以运用。

4."助人自助"观念下的高校学生工作

社会工作的"助人自助"观念对我国高校学生工作具有较为重要的启示与借鉴意义。在我国目前的高校学生工作中,社会工作"助人自助"视域可作为一种认识工具对大学生群体的问题与需求予以重释,对高校学生工作的内容及高校学生工作的原则与方法予以重构。

第一,"助人自助"视域下大学生的问题与需求。

由于社会工作的"助人自助"的信念具有浓厚的"人本主义"色彩,因此,从个体视角而言,大学生个体可被视为是一个有着成长发展需求,但在该过程中,又会遇到有诸多问题的个人。就大学生群体的问题与需求而言,其在大学阶段的问题可被视为在其人生发展阶段中由于潜能未被激发、能力未被提升而造成的成长发展困境,如学业、人际关系、就业、生活等。而从其需求而言,则可被视为其在大学阶段存在着自我增能、自我成长和自我发展的内在需求。

第二,"助人自助"视域下高校学生工作的内容。

从高校学生工作的内容而言,高校学生工作的重要内容之一可被视为是一种促进学生个体增能与发展的工作。这样工作内容的本质是与高校学生工作促进大学生全面发展的本质具有高度的契合性。进一步而言,在本质目标契合的基础上,在学校社会工作中的"助人自助"观念可能更加具体,更具操作性。在高校学生工作中大学生思想政治教育、日常事务管理和成长发展服务的三大职能中,社会工作的"助人自助"观念将成长发展服务置于大学生思想政治教育与日常事务管理职能更为优先的位置,这样的位态调整,并非强调服务职能比其他两大职能重要,而是将服务提供作为教育与管理的有效手段,从服务入手促进大学生的思想政治教育和日常事务管理,以促进这两者的有效性。

第三,"助人自助"视域下高校学生工作的原则与方法。

从工作原则与方法而言,社会工作"助人自助"的专业原则可有效运用于对大学生在大学阶段各种问题的化解和需求的满足上。问题的化解和需求满足将通过其自身能力的提升与潜能的激发得以实现,而要实现这一目标,学校社会工作者需通过对大学生个体的尊重与个别化地对待,促进其参与,并协助其自决的各种方法加以贯彻。同时,在工作方法上,社会工作者可运用各种社会工作的专业方法将上述原则予以具体实施。

(二) 社会工作参与提供各种成长发展指导的行动实践

大学生成长发展指导的内容是多元的,涵盖了大学生在整个大学生涯中的方方面面,包括学习、生活、就业、考研、恋爱、人际交往等各个方面。笔者在自身行动实践和对多名具有社工背景的学生工作者的访谈中,收集了大量实证资料与案例,这些资料与案例充分印证了在"助人自助"观念下的社会工作专业原则、方法与技巧可为大学生提供各种成长发展指导,并取得了较为良好的指导与服务效果。从内容上看,成长发展指导涉及了校园生活及适应、职业生涯规划与考研就业、学业适应及发展指导、能力提升及人际交往等多方面;从工作方法的运用看,主要使用了个案工作与小组工作方法对大学生个体及群体进行服务;从专业原则看,主要运用了上述的尊重、自决、个别化和参与等原则;从工作技巧看，其中包括了个案工作的各种沟通技巧与小组工作的活动组织与开展技巧；从工作模式看，包括了理性情绪、任务中心、心理分析等多种工作模式等。

1. 职业生涯规划与考研就业指导

案例 4-1：

FP，女，平时性格内向，不爱与人交流，缺乏主见。

大四时在准备考研的过程中，到临考前一个月突然准备放弃，班主任得知后立即找其面谈，据其表述，其之所以想放弃的原因是由于听家人亲戚说研究生毕业后也不好就业，还不如早点出来，而且其男友也不考研，所以就想放弃。

班主任首先是耐心倾听了她的感受与顾虑，并没有否定她现实的感受与想法，积极引导她表述其想法；接着从"助人自助"的原则出发，发现其问题的本质并非放弃考研，而是其在抉择时缺乏主见，容易受他人影响，因此，班主任基于案主自决的基本操作原则出发，首先是协助其理清思路，恢复理性抉择的能力。（下面是谈话部分节选）

……

班主任：现在社会上，包括你的家人不同的声音很多，有人是会告诉你读书无用，也有人会告诉你女孩不用读那么多书，找个稳定的工作，甚至找个好男人嫁了就行，每个人的观点都是有道理的，都没错，关键是你怎么想，你是想追求一种什么样的人生。同时，现在离考试就一个月了，你是不是要有其他的打算呢？

FP：目前并没有要出去找工作，还是在学校里待着，不想考研了而已。

班主任：那你现在的这个决策也许是非理性的，是草率的，因为你并没有想清楚你要干什么，只是一种非理性的情绪在左右你的决定，……在这一个月，你在学校里不干其他事，还不如坚持到底,参加考试,毕竟准备这么久了,坚持到考试完才是你最理智的决定,等考完了再去想其他的事。

FP:会心地点了点头……

连续三天,经过三次谈话,FP 终于主动跟班主任发短信,认为之前的决定是非理性的,被别人的观点影响,没有考虑清楚自己到底想要什么,现在经过自己的深思熟虑,终于决定将考研进行到底。

最终,FP 考上了某 211 大学的硕士研究生。

在案例 4-1 中,FP 同学在大四考研即将临近时由于受到家人与朋友观点的影响,想放弃考研。这时身为班主任的我,利用社会工作的相关原则与方法成功影响到了 FP 同学,协助其做出了理性选择,而不是冲动放弃,最终考上研究生。在此案例中,身为班主任的我利用了"助人自助"思想,在 FP 同学陷入困境时,利用了社会工作中的尊重、自决和个别化原则,认真且耐心地倾听她的看法与感受,尊重她的观点与感受,与其平等地展开对话,而不是首先盲目对其想法予以评判与纠正,甚至替其作决定,而是在整个谈话过程中,不去告诉她应该如何去做,而是尊重案主自决的原则,积极协助其恢复理性,用理性的思维去思考其目前所处的情境,并鼓励其挖掘自身潜能,增强独立思考的能力,以提高其自我决定的能力。在整个个案中,身为班主任的我始终持守并充分利用了社会工作"助人自助"的观点,在该学生做出职业生涯选择时,真正发挥了自我的决定权力,并在自我决定、自我选择的过程中激发了其考研的内在动力,挖掘其内在潜能,最终实现了个体的成长与发展。

此案例可充分说明,在大学生成长与发展的过程中,由于其个人决定能力的缺乏以及思维方式的局限性,其往往容易做出非理性的选择而陷入更大的困境与深深的后悔与遗憾之中,社会工作的"助人自助"观念十分注重人自身在困境中的自我决定、自我发展与自我成长的潜能，并通过若干个案工作的技巧积极协助其挖掘自身潜能，从而提升其自决权，促其成长与发展，并走向理性与成熟。

案例4-2：

　　TX，女，该生患有重度缺铁型贫血，平时身体虚弱，大学期间曾多次在教室晕倒。其性格文静，但文笔出众，大四时，看到班上和寝室的同学有的在准备考研，有的准备到沿海找工作，有的在准备公务员考试，她非常纠结不知如何选择，并主动向我求助。

　　与我第一次谈话时，她就希望我替她做决定，看她以后适合走什么样的道路。而我并没有也不可能替她做决定，而是给她布置了一个作业，让她三天后再来找我谈，这个作业就是让她去分析每种决定的"SWOT"。

　　三天后，她告诉了我她的决定，她决定放弃考研，现在想一心准备公务员考试，把其作为就业的方向。她认为，自己身体不好，父母想把她留在身边，而且她自己觉得自己以后想找个稳定的工作。同时，她认为自己考公务员还是有优势的，她觉得自己文笔不错，在学校校报担任过两年的记者，比较会写，只要在人际交往能力上加强锻炼，应该没问题……

　　听了她的这番表述，我觉得她的决定是经过深思熟虑的、理性的，所以就尊重其选择，并鼓励其积极准备。后来，该同学如愿以第一名的成绩考上了其家乡公务员。

　　与案例4-1不同，在此案例中，同样是面临学生想放弃考研的问题，身为班主任的我并没有替案主做决定，而是帮助其理清思路，分析每一种职业生涯选择的优点、缺点、机遇与挑战，让其对所有人生选择有一个理性的把握后，才做出适合自己实际情况与价值标准的人生选择。在此案例中，TX同学在面对职业生涯选择时缺乏理性选择的能力，缺乏自决能力，因此，身为班主任的我需利用"助人自助"的价值信念,与其平等对话,相信其作为人的基本尊严与价值,相信每个人有理性做出选择的能力,而社工的专业性则体现在协助案主走出困顿情绪、恢复冷静,并为其提供思考与解决问题的多种思路,并最终协助其做出决定。在此过程中,案主自决的意义不仅仅在于自决本身,关键的问题是,由于决定是案主经过深思熟虑并理性比较后做出的,因此,这样的决定是满足了案主自我发展的内在需求,激发了其自我成长的内在潜能,使其具有内在的动力去实现自己的人生目标。这就是案主自决原则所体现的"助人自助"的真正要义所在。

2. 校园生活服务

大学生的校园生活涉及其在大学生涯中的方方面面。而在社会工作"助人自助"观的审视中,校园生活并不是一种简单的事件累积,而是每个大学生在大学生涯中重要的生命体验,这些生命体验不管是正向的还是负向的,都能够促进其成长与发展。在此视角下,社会工作能够借助大学生个体在大学校园中经历的某些事件,对其予以引导,促进其增能与成长。

在诸多方面的生活中,集体生活的适应是一个十分重要的方面,特别是在寝室集体生活中,如何适应各个室友的个性、生活习惯、作息时间等多方面的差异是许多大学生乃至整个大学生活面临的一个大问题。如果学生无法适应寝室集体生活,将会影响其大学的学业状况与心理健康。在此方面,社会工作的"助人自助"的理念与原则可在其中发挥有效作用。下面的两个案例就是"助人自助"的理念与原则在此问题上的具体运用。

案例4-3:

XL同学的一段自述:

我人生中第一次寝室集体生活。刚到XG学院,大学生活总是那样的陌生和新鲜,最先接触到的则是寝室的集体生活及文化。来自五湖四海的室友带来的更多是一种文化上的差异，不同的生活风俗刚开始总觉得不是那样的习惯，例如室友间充斥着地方方言、饮食的不同口味和偏好、生活的作息规律等，都和自己有迥然的不同。比如，在生活习惯上，我比较爱整洁，天天把桌子和床整理得干干净净，可是与我头对头的室友，每天总是不叠被子，桌子上什么都有，一段时间过去了，我实在忍无可忍，结果就与其发生了争吵，闹得大家很不高兴，后来班主任LS老师主动介入了这个事件，她与我的谈话让我"大彻大悟"，从此以后与室友能够非常友好地相处。

她并没有单从寝室生活习惯的问题来谈，而从一个更大的视角跟我谈人的适应能力的提升，她告诉我大学之所以要大家集体生活，本身就是一种对人的锻炼，是为了提升每个人与他人相处的能力，适应人的差异性与多样性，如果你不能适应寝室生活，以后出社会后就不可能适应不同的同事、上司和工作。大家需要把寝室生活当成是提升自身适应能力、人际交往能力的一种人生经历。而且事实上，人本身就是千差万别的……

此案例是XL同学对其寝室生活矛盾问题谈话后的一段自述回忆。从此段谈话不难看出，LS老师并没有就事论事，而是站在社会工作"助人自助"信念的立场上，从某一人生事件对亲历者能力的提升与增长的意义来谈，使亲历者能够从某个人生事件中得以增能与成长。

大学寝室关系的调处往往是高校学生工作的内容之一，在传统的学生工作理念中，对学生出现矛盾的认知往往是问题取向的，在方法导向上也便成了规制导向的，因此，在处置方式上就以说服、批评和教育为主，往往难以让学生真正信服。而上述案例说明，社会工作"助人自助"观在处理此类问题上是"另辟蹊径"，从成长发展和能力提升的视角来处理问题，更好地引导了学生的成长与发展。

案例4-4：

ZS，男，大三上学期与女友闹分手，情绪低落，一周内多次旷课，并沉迷网络。

了解情况后，我主动介入，通过谈话，我了解到，分手是他主动提出来的，理由就是他认为，自己家庭状况不好，谈恋爱又影响其学习，所以不想谈了，觉得在大学期间谈恋爱对不起父母。充分了解情况后，我发现其在对恋爱的认知上出现了偏差，其困扰并非是恋爱给其带来的，而更多的是其恋爱的"非理性信念"，于是我运用了理性情绪疗法与其进行沟通，认为其问题不是谈恋爱给他带来的困扰，而是他对"谈恋爱"缺乏正确的认知，抱有"非理性信念"……后来，我告诉他，大学期间的恋爱经历不一定总是负面的，也有可能是正面的，是促进你走向成熟的重要经历，在这段经历中，你的人际交往能力会得到提升，你的人生目标会逐渐清晰，也能在这段经历中看到自己性格的缺陷与不足……同时，两个人之所以相处不好，是因为两人在恋爱中没有共同成长与发展，所以出现一系列问题。最终，他欣然改变了他的认知，从正向去认识恋爱的意义所在。

大四时，他俩相互促进，一起考上了某高校的研究生。

上述案例是WJ老师提供的一个关于处置学生恋爱困扰的个案。在该个案中，WJ老师运用了艾利斯的ABC理性情绪治疗模式改变ZS学生对恋爱的非理性认知，并用"助人自助"的观点引导其在恋爱中自助、增能，不断成长与发展。在大学校园生活中，学生在恋爱中遇到的问题与困境颇多，若能有学生工作者及时发现、处置并予以引导显得尤为重要。而在此过程中，学生工作者以何种价值理念对问题予以处置是能够处置好学生在恋爱中的困境与问题十分重要的一环。有时，许多学生工作者仅仅只是简单地就事论事，或是单纯地说教，这样难以真正从根源上解决问题，而此案例中，具有社工专业理念与方法的WJ老师，运用个案工作中的理性情绪模式，基于促进学生成长与发展的"助人自助"的立场，对学生恋爱中的困惑予以正确引导，取得了良好的效果。从此看出，在高校学生工作中，社会工作的"助人自助"观在处置学生校园生活中的恋爱问题具有建设性的功能。

综合上述两个案例不难看出，在大学生的大学生涯中，除学业以外的校园生活遇到的问题，特别是人际交往中的问题会给其带来诸多困扰。现行高校学生工作体系基于服务立场应为其提供此方面的成长发展指导，而社会工作的"助人自助"观恰恰能在此方面发挥积极作用，积极引导学生成长与发展。

3. 学业适应指导

大学生的学业生涯指导是大学生成长发展指导的重要内容之一。之所以需要对大学生在此方面予以指导，主要是由于大学生在大学生涯中往往会由于信息的匮乏与认知的偏差出现各种困扰，出现严重的情绪困扰和心理障碍，甚至出现一些突发危机事件。通过笔者及其访谈对象亲历的若干案例的反思与总结，从中发现，在大学学业适应问题上，使学生陷入困境的往往是其对大学学习方式、专业选择、学习意义和学习动力等问题认知的偏差引起的，因此帮助其纠正认知偏差，激发其内在潜能往往比对其进行规制管理更为重要，更为长效，也更为根本。下面的案例可予以印证。

案例 4-5：

那我就先跟你说考研的时候吧，班里有一些情况比较特殊的同学，就是大学四年期间，成绩在班里排名比较靠后，英语四级没通过，有的普通话也没通过，基本上就是各方面都比较差，可能毕业都有些困难，我印象比较深刻的第一个就是 XJ，因为我问他要不要考研的时候，他跟我的反馈是觉得自己没有资格考研，他一点信心都没有，他说像他这种四级和普通话都没有通过的，怎么可能考上研……然后我就想到了"助人自助",如果能改变其这种偏低的自我概念,激发其内在的潜能,是能够让他积极投入到考研中的。于是,我跟他讲考研英语不考听力,而且不需要考到60分,而且同时还跟他讲一些自己遇到的或是上几届同学中"逆袭"考研的例子帮助他坚定考研的信心;第二就是给他一些信息支持,帮助他选择适合他的院校。后来,在他通过初试以后,在准备复试的时候,他在我们当时集体组织模拟面试的时候确实表现的还是不太好,很紧张,说话语无伦次,当时我当着大家的面说他写的比说的好,算是给他打了个圆场,鼓励了他,后来他跟我讲,当时这句话对他的鼓励很大,因为他自己非常没有自信。后来他顺利通过了面试,是我们班为数不多的上了985院校的学生,他在毕业离校的时候跟我讲,特别在(考研)这个关键的时刻,很感谢我对他的这种鼓励与支持,包括提供信息这些方面,因为很多东西他自己都不太清楚,对于考研的理解也比较片面,我们在这个时候给他一些信息和鼓励对他特别重要。

上述谈话是TS老师对XJ同学提供考研指导的服务,在该案例中,TS老师基于"助人自助"中的人本思想,运用人本主义的个案工作模式,纠正XJ同学偏低的"自我概念",肯定XJ同学的价值,积极帮助案主增能,通过提供信息、鼓励肯定等方式,促进XJ同学信心的提升,潜能的激发,最终通过自身的努力,获得学业上的升华。

通过此案例不难发现,对于诸多大学生而言,其大学期间陷入学业的困境往往是由于其"自我概念"偏低造成的,这种"自我概念"偏低造成了其学习的内在驱力不足,难以调动自己和激发自身潜能,因此,在大学生的学业和学涯指导工作中,人本主义的发展观往往比理性主义的管理观要更加有效。在此方面,社会工作的"助人自助"观及其一整套模式、方法与技巧可发挥积极作用。

案例 4-6：

　　LY，女，大一时由于感觉自己的专业不好，想转到英语专业，并告诉室友，如果转不了英语专业，就想退学，回家复读。而最终结果是她并没有通过转专业考试，未能如愿。其情绪十分低落，果真想退学。

　　作为班主任的我，首先并非从专业的角度来跟她谈，而是从个体发展的角度来谈该问题，我告诉她，无论是什么专业，我们作为学文科的同学，听、说、写的能力是第一位的，以后走上职场，并不是你的专业决定你的就业和发展，而是你的能力决定你的就业和发展，我告诉她，我并不想干扰你的最终决定，只是想为你提供看问题的不同视角，为你打开思路，不要陷入到非理性的偏激认知中，希望她能在做决定前不要冲动，毕竟"条条大路通罗马"……

　　这次谈话后，该同学开始意识到了大学生的一个重要目的是提升自身的能力，而并不仅仅是简单的专业问题，因此，其稳定了专业思想，不再将自己的迷茫与困惑归结于专业的不合适和高考的不如意，而应努力发展自己、提升自己的能力。

　　大四毕业时，该生不仅仅英语能力出众，通过攻读英语双学位，通过了专业8级，而且在各个方面的能力都得到了很大的提升，其最终被某知名企业的人力资源部录用。

此案例为笔者的自述，呈现的问题是在大学的学习生涯中，许多大学生会因为专业不感兴趣，或者认为专业就业不好等诸多原因而导致学习缺乏目标和动力，甚至就此沉沦，自暴自弃，最终导致学业一塌糊涂而陷入学业困境中不能自拔，更有甚者最终终止学业。面对学生此种学业困境，学生工作者应积极予以干预，而干预过程的逻辑起点并非一味地站在现在所谓专业就业形势或者是就业排行榜等若干理性主义的功利就业观，而应从人本主义的全面发展观入手，向学生传递努力发展自我、提升自身综合能力的个体发展理念。在此方面，社会工作的"助人自助"观的思想内涵可发挥诸多建设性的作用。在此案例中，作为班主任的我给予社会工作的这种理念，并运用尊重、自决、个别化与参与等专业原则，协助学生改变对专业与就业之间关系的偏差认知，使其能转换视角，从个体成长与发展的视角重新认识和规划自己的大学学习生涯。

从上述两个案例不难看出，在对大学生进行学业指导时，"助人自助"显得尤为重要。目前，虽然大学生遇到的学业困境问题颇多，比如，对大学生学习方式不适应、自信缺乏及对专业不感兴趣等，但绝大多数都是由于对学业和专业的认知偏差导致学习动力不足造成的。因此，在对学生进行学业指导时，需要转换视角，站在促进个体成长与发展的角度来激发大学生的学习潜能，使其努力提升自身综合素质。

4. 综合素质提升指导

学生全面发展的实质的重要方面是综合素质的提升。现行的高校学生工作应为大学生提供尽可能多的实践机会，以提升大学生个体的综合素质。现行高校学生工作体系也能通过各种途径为大学生提供各种机会，如担任班干部、学生干部、参加社会实践和社团活动等。然而，现行学生工作体系存在着一些"重使用，轻培养"的功利主义倾向和"重规制，轻发展"的理性主义倾向，往往忽视引导学生在参与中反思，忽视学生个体综合素质的提升和个体的自我成长和发展。而社会工作的"助人自助"观下的高校学生工作则十分重视个体综合素质的提升和培养，注重学生个体在参与的体验中反思和总结。下面的个案是笔者及访谈对象利用社会工作的个案与小组工作方法提升学生综合素质的两个案例，可说明社会工作的"助人自助"观对提升学生个体综合素质的积极作用。

第四章 社会工作参与高校学生工作的显功能

案例4-7：

　　LX，男，性格内向，不善言谈，但其为人敦厚，积极进取。大三班干部改选时，其表达了想当班长的意愿，但又担心自己不善言谈、表达上有问题。作为班主任的我看到了其身上优势的一面和成长的潜能，主动找其谈话，肯定其性格中的优势，鼓励其积极在担当中蜕变，最终其担任了班长一职，在任职期间，作为班主任的我并非放任自流，更多的是经常与其面谈，指出其工作中的不足以及成因，并引导其积极反思，促进其成长。

　　经过两年，该生有了长足的成长，无论是口头表达，还是领导协调能力都有了非常大的进步，并变得开朗乐观，积极阳光。该生最终以409的高分考上某211大学的硕士研究生。

上述是CZ班主任自述的案例，从此案例可以看出，具有社会工作专业背景的班主任在选用班干部时，并非只是选择那些已经具备较强综合素质的学生，而是关注如何利用班干部的岗位去培养一些有发展和提升潜力的学生。在此过程中，CZ班主任并不是放任不管，而是对LX同学施加更多的关注，引导其在参与实践中积极反思，提升能力，完善自我。

审视此案例不难发现，社会工作专业的价值观十分注重个体能力的提升。对于大学生而言，其通过班干部等岗位的实践可提升自身诸如组织领导能力等诸多方面的能力，但这并不是自发性的，而是需要作为学生工作者的辅导员或班主任将焦点聚焦于其"自助"层面，并及时给予其积极正面的引导，只有这样，才能提高大学生学生干部对其组织领导能力提升的实效性。在此方面，社会工作的"助人自助"的价值观与工作方法可发挥其积极的作用。

诚然，在社会工作者的眼中，除了上述利用现行高校学生工作框架的机会来提升大学生的组织领导能力外，还利用专业方法，着力为学生提供组织领导能力提升的机会。在学生工作经历中，笔者及其团队运用

| 高校学生工作的社会工作参与：一个基于多所高校的经验研究

社会工作小组工作方法中的发展性模式在所在院系培育与建设了一个发展性小组——I CAN 团队。

案例 4-8：

  I CAN 团队是我们学院社工专业教师成立并带领的发展性小组，由 20 位左右的同学组成，每一级同学由大一下学期经过选拔入队，大三上学期结束时离开团队，团队以"提升自我，完善自我"为宗旨，通过一系列小组活动达致提升组员综合素质，更好地认识自我，提升自我的目的。小组每月开展二到四次活动，由不同的社会工作专业教师作为小组"Leader"，确定小组目标，并通过各种小组过程完成目标，并在此过程中，让大家积极反思和总结自己在活动中表现的不足和缺点，并引导其在下次活动中努力突破自我、改变自我……通过几年的建设，I CAN 团队已成为学院，甚至是学校知名的学工品牌。

  下面选取的是几位队员的小组活动反思与总结：

  加入 I CAN 团队已经有了两个月了，感觉以前没有什么能在短短的时间上改变一个人，但这一次不仅是我，学长、学姐们甚至团队也有了成长。比如说，明显认识到自己有些方面的实打实的能力不强或者说是根本就不具备。例如，Z 老师叫我们各个小组策划一场活动，我们小组在活动初期肯定要有一份活动策划书，作为组长的我当然要负起这个重任，当我写出来的策划书在进行小组内部讨论的时候，被全部否定。原因是四个字"杂乱无章"……学姐们从各个细节之处教我，现在的我当然知道策划书应当包含活动主题，活动目的等几个方面，如何写一份策划书是我在 I CAN 团队中学到的实打实的能力……（ZL 同学）

  我在活动中提高了自己的综合能力。（1）组织能力。整个"六一回味童年且行且珍惜"的活动，从始至终都是我们五个人在策划，但需要工作人员，需要固定参与人员。这全部需要去组织，而且要确保他们会来参加……(2)随机应变的能力。由于我的原因,导致我们所需要的道具快递没有按时到达,这是重大失误,但我们组员临时改变活动方案,转向以游戏为主,勉强完成活动,不至于活动冷场。(3)拉赞助的能力……在拉赞助的过程中,我学到了拉赞助的技巧……最关键的是真心实意的给商家提供建设意见,往往拉赞助的前面几个环节都差不多,你如果让商家感觉到你确实在为他着想,那么成功的几率又会大很多……(ZY同学)

在团队中学会了如何高效的讨论出结果的方式。就拿本次我们I CAN团队申请全国大学生暑期实践的项目的确定来说。一开始我们二十个人在那叽叽喳喳的讨论,完全没有一个高效的样子,L老师就打断我们的讨论,说这样的讨论没有任何意义。就让我们每个小组提出自己所选中的项目并说出推选意见,然后写在黑板上列出来,等大家一个个的发言,最终投票决定,我觉得这个方式极大地提高了开会的效率。……我们按照刚才的方法,5分钟就确定了各个小组的任务,分工明确。这对我们的团队申请通过具有重要意义。(XM同学)

如上所述,"I CAN团队"是笔者及其社工专业的教师利用小组工作方法培育的一个发展性小组团队,这一团队有利于提升学生的综合素质,助力学生成长与发展。从上述收集到的学生对团队体验的分享反思可以了解到,通过小组系列活动的体验,学生首先认识到自己在能力与个性上的不足,并通过很强的小组动力和开放的小组文化,使其在参与中反思,在反思中提升,在提升中完善,最终使其通过一系列的小组体验来促使自身发生改变,使自身的组织能力、协同能力、表达能力、策划能力等多种能力在小组活动中得以不断提升,并不断挖掘潜能,不断突破自我。

对于绝大多数大学生而言,其对大学生涯的期许都是能够不断提升自我、完善自我。但是,在此过程中,其具有很强的自发性。所谓自发性，即在目标与路径上的盲目性。目标的盲目性体现在其并不清楚甚至尚未意识到在大学期间，哪些素质和能力是需要完善的，也就是说，其对自我的认识是模糊的、不完整的；所谓路径的盲目性，就是大学生即使意识到了自身的问题与不足，想做出改变，其也不知如何寻找一种路径去参与体验、去引导自身的成长与发展。而社会工作的小组工作方法中的发展性模式则为其提供了这样一种路径，这种发展性小组工作模式基于社会工作"助人自助"的基本价值信念，充分尊重小组成员的意愿，小组成员在自决基础上积极参与到小组过程中，通过小组活动的一般过程，在小组体验中发现自身的不足，并通过小组动力和小组规范等路径去改变和完善。这样的工作模式为大学生的成长发展需求提供了一种行之有效的途径。

综而述之，上述两个案例是社会工作"助人自助"的专业理念与方法为大学生提供综合素质提升服务指导的两种不同表现形式。首先，若从表征而言，前者运用了个案工作的一对一手法，而后者使用了小组工作的群体动力手法，这两种社会工作的专业方法都能为大学生个体提供综合素质提升指导的服务。而从本质而言，上述两个案例体现的是社会工作专业要素对现有学生工作框架的两种参与模式，第一种是框架内的参与，这种参与是一种理念与方法在框架内运用的参与；而后者的参与则是框架外的参与，即在现有框架外另辟蹊径，独立运用社会工作的理念与方法，主动为学生提供综合素质提升的服务。

（三）理念耦合与方法专业：社会工作促进成长发展指导的内在逻辑

通过上述案例可知，在具体的行动实践中，社会工作"助人自助"的理念与方法在高校学生工作的职业生涯规划、生活适应、学业指导和综合素质提升等方面的大学生成长发展指导中发挥了积极的作用，体现其在社会工作参与高校学生工作中重要的功能实现。

第四章 社会工作参与高校学生工作的显功能

1. 影响现行高校学生工作，有效提供大学生成长发展指导的内在要素

诚然，这样的功能定位并非来自于逻辑的推演与理论的论证，而来自于具体的行动实践中。但若需更进一步探寻这种功能实现的必然性所在，还需从高校学生工作这一实践主体在现行时空场域中的特质对该问题加以讨论，申言之，即需探讨有哪些因素影响现行高校学生工作为大学生提供成长发展指导。

首先，传统思想政治教育方法的适应性有所下降，无法满足大学生诸多个性化需求。众所周知，由于我国高校学生工作的历史传统来源于军队的思政工作，其实践取向具有鲜明的政治性。因此，就历史传统而言，思想政治教育在历史的实践中成为高校学生工作的原生学科，成为高校学生工作的学科依托。但有研究者认为，现行高校学生工作已与思想政治教育渐行渐远，需要寻找新的学科依托。① 而在笔者看来，高校学生工作的学科归属并非与思想政治教育渐行渐远，而更为准确的表述应该是，在新的时代背景下，大学生的思想政治教育的内容与形式应适应剧烈变迁中的大学生思想状况，这也是思想政治教育的根本规律所在。

当前，大学生面临的时代背景与革命战争年代、新中国成立初期，甚至是新世纪以前的时代背景已大相径庭。党和政府鼓励整个国家"大众创业、万众创新"，鼓励大学生提升自主创新的能力，这就使得大学生在大学期间的主体性被提升到了一个很高的位置。也就是说，党和政府鼓励大学生自主能力的提升、创新意识的增强。在此背景之下，传统意义上的大学生思想政治教育的价值取向、话语体系和工作方法在高校学生工作中与当下的时代背景、大学生的个性特征及其面临的实际问题

---

① 参见佘双好：《论高校学生工作体系的生成与发展——兼论学校社会工作的介入空间》，载《思想理论教育》，2008年第19期，第77—83页。

有所疏离。解决思想问题与实际问题相结合是大学生思想政治教育的基本原则。在当前时代背景下，在高校学生工作中要达成大学生思想政治教育的目标，其前提就是着力关注与解决大学生在大学生涯中所面临的实际问题与困扰。而大学生成长发展指导的提供就是解决该问题的一剂良药，因为大学生在大学期间的成长与发展是其最迫切的需要和最关注的问题。因此，大学生思想政治教育的适应性并非要"改旗易帜"，而是在新的时代背景下赋予其新的内涵与方法。

如前文所述，现行的高校学生工作在目标与价值取向上都出现了异化现象，而且学生对目前高校学生工作的工作路径并不认可。究其成因就是由于高校学生工作对传统思政工作的路径依赖，更多地去关注了具有强烈集体取向的大学生政治实践与道德实践问题，而忽视了具有丰富自主性内涵的大学生个体成长实践与发展实践。因此，在新的时代背景下，传统大学生思想政治教育的适应性问题是影响大学生成长发展指导提供的重要因素之一。

其次，现行高校学生工作运行机制使学生工作者陷入到大量的事务性工作中，无暇顾及学生的成长发展指导。实证研究的结论反映了目前高校学生工作的工作焦点与人员配备存在一定问题，学生工作者疲于奔命，将绝大多数的时间与精力花在了琐碎的学生事务管理上。基于作为工作主体的学校的利益诉求出发，这甚为重要，也无可厚非，但基于作为工作对象的学生而言，这样的工作运行机制并不能满足其利益诉求。

现行的高校学生工作的运行机制就组织形式而言，是高校条块结合的直线职能制组织结构中一部分。对于日常工作而言，存在着"上面千条线，底下一根针"的多头指挥、院系与学工部双重领导等现象。这就导致了作为基层学工组织的院系学工办面临着多头指挥与双重领导的压力，这无形中使得学生工作者更多地去承担了学校的管理职能，扮演了学校在基层的管理者的角色，而淡化了学生工作者真正的身份归属——思想政治辅导员。虽然这两者在理论上和谐统一，但在实际的工作中，这两者往往会出现矛盾。这就意味着学生工作者的工作主旨变成了完成学校交给的各项管理与行政工作,而很少去关注学生的思想与心理状况,更鲜有时间与精力为学生提供成长发展指导这类服务性的工作。目前,即使有部分高校实行了班主任制与班导师制,有专职教师担任班主任或班导师,但由于专职教师自身教学科研的工作压力大,学生工作的能力良莠不齐以及缺乏监督考评机制等诸多因素,其在学生成长与发展指导中发挥的作用也极其有限。因此,现行高校学生工作体系的运行机制的弊端也是影响大学生成长发展指导有效提供的重要因素之一。

最后,学生工作者队伍的专业化程度不高使许多学生工作者无法科学、有效地为学生提供成长发展指导。学生工作者的专业性问题是影响高校学生工作中成长发展指导有效提供的重要因素之一。在前文有关学生工作者职业化、专业化问题的实证研究中,学生工作者的准入门槛低,能力良莠不齐导致了学生工作者的非专业性问题。而学生工作者的非专业性使得诸多学生工作者并不知道如何,也没有能力为学生提供成长发展指导,只凭借自己的生活阅历与人生经历来教育学生,并不知晓一些专业的理念、方法和技巧,这有时就会使得对大学生的成长发展指导很难具有实效,甚至还会起到反作用。

若探究其体制因素,主要是由于目前高校对学生工作的定位问题,以及由此连带的有关学生工作者的职业发展和专业定位问题。在实际的操作中,对学生工作者的定位更多的是行政管理人员,学生工作者自身要寻求职业发展更多的是追求职位的晋升。这就使得学生工作者在准入与上升环节都没有体现其专业性所在。而学生工作者的专业性就直接影响了大学生成长发展指导提供的科学性与有效性。

2. "助人自助"行动框架,促进大学生成长发展指导有效提供的内在逻辑

以上几个方面均为目前高校学生工作对大学生成长发展指导观照较少,或者即使观照较多,但实效性不佳的影响因素。通过上述的行动实

践不难发现，社会工作的专业元素，不论是其自决、参与、个别化等这些专业的实务原则，还是具体开展工作过程中的具体技巧，均能有效地在高校学生工作中为大学生提供成长发展指导。这充分说明，社会工作"助人自助"的理念、方法与技巧在高校学生工作中发挥了积极的作用，有效观照了大学生的成长与发展，正是其参与高校学生工作的重要功能实现之一。若探寻其内在原因，以下两方面因素或许是其关键所在。

第一，社会工作"助人自助"的理念和大学生成长发展指导的理念耦合。随着时代的发展，高校学生工作与大学生思想政治教育不断被赋予新的内涵，大学生成长发展指导就是其新时代背景下的重要功能之一，而无论是思想政治教育，还是管理学的学科属性及其所秉持的理念均以"规制"或"规训"为主导，而忽视了学生的主体性与创造性。在此方面，社会工作的"助人自助"的理念恰好与新时期高校学生工作所需承担的新任务——大学生成长发展指导所需秉持的价值理念相吻合，同时有效弥补了原有的高校学生工作理念对大学生成长发展关照不足的缺陷。这是社会工作在高校学生工作中发挥功能，找到其定位所在的首要因素。

第二，社会工作方法与技巧的专业性可有效提升大学生成长发展指导的实效性。与传统的高校学生工作的实践路径相比，社会工作的"助人自助"的专业方法更具理性与专业色彩。比如，在开展大学生成长发展指导时，具有社会工作专业背景的学生工作者就利用了社会工作小组工作方法，并严格按照一套科学的专业流程开展工作，取得了良好的效果。同时，在帮助学生解决人生发展的困扰时，社会工作个案方法"协助案主自决、同感案主感受、引导案主理性思考"等专业技巧在工作过程中发挥了良好的作用。更进一步分析而言，社会工作方法与技巧的专业性是建立在西方理性与科学的思维基础上的，因而其在助人过程中显得更加具有科学性与实效性。与这种理性也形成鲜明对比的是，我国高校学生工作一直沿用的是我国思政工作的传统，体现出很强的个人性与经验性,而大学生成长发展指导是一个系统科学的工作,这就使得原有的这种个人性、经验性的工作实践路径在大学生成长发展指导方面达不到应有的实效性。在此方面,社会工作方法与技巧的科学性与专业性恰好弥补了传统工作路径个人性和经验性这一不足,有效提升了大学生成长发展指导的效果。

二 弱势大学生的全面关注与帮扶

对弱势群体予以帮扶是社会工作的重要专业特性之一,从某种意义而言,社会工作就是一个专业帮助弱势群体的职业与专业。社会工作对弱势群体的帮扶是在其专业理念与方法的指导下进行的,在实践中,其有别于现行高校学生工作体系中的一些传统理念与方法,对现行高校学生工作对弱势学生的帮扶是一种有效补充,是更好地、更全面地观照弱势学生。本节内容将从社会工作专业的理论与实践两个层面就社会工作对弱势学生的帮扶予以阐析。

(一) 对弱势大学生关注与帮扶的全面性:社会工作的专业特质

1. 弱势群体概述

弱势群体的概念对于现代社会的人们来说并不陌生。而事实上,弱势群体的形成也是现代社会的产物。早在19世纪中叶,马克思、恩格斯就开始关注欧洲工人阶级的痛苦境遇,并从社会结构的根源对工人阶级的弱势地位做出了科学的解释。19世纪末,诸多社会学家也从各自的理论视角对弱势群体及其产生做出解释。比如,涂尔干从社会分工和社会整合的视角解释了弱势群体及其产生。斯宾塞则基于社会进化论的视角认为弱势群体的产生是社会自由竞争后,优胜劣汰的结果。西美尔则站在社会互动的视角解释了"穷人"的相对性,提出了相对弱势观点的雏形。事实上在自由竞争的资本主义阶段,社会弱势人群未被当做一种结构性社会问题而加以关注。因为,在当时的社会背景下,个人责任论的社会思想占据主导地位。社会弱者虽然大量存在,但其被认为是个人在市场竞争中的失败而导致的,政府并没有责任对其予以制度性的帮扶。因此,"弱势群体"这一概念也未被单独提及。

随着社会责任论思想的浮现并迅速发展,社会弱者存在的归因又重新回归社会因素,在社会责任论主导的福利国家观下,帮扶社会弱者成为政府和社会义不容辞的责任。社会弱者开始被视为一个社会类属而存在。对弱势群体的帮扶成为国家制度的显性功能之一,也成为维护执政党统治地位和社会安定团结的重要国家工具之一。

在我国,"弱势群体"的概念首次被官方提出源自于朱镕基总理在2002年3月的九届人大五次会议的政府工作报告。而在国内学术界,对该概念的探讨早已展开,比较典型的有:郑杭生在《转型中的中国社会和中国社会的转型》一书中提出:"社会弱势群体是指凭借自身力量难以维持一般生活标准的困难者群体。"[①] 陈成文在其专著《社会弱者论》中,提出社会弱者群体"是一个在社会资源分配上具有经济利益的贫困性、生活质量的低层次性和承受力的脆弱性的特殊社会群体"。[②] 钱再见认为:社会弱势群体是指由于急剧的社会转型,失调的社会关系,自身的条件限制导致一些个体对现实社会不适应,进而出现了生活障碍和生活困难,这些个体形成了社会弱势群体。[③] 从上述几个定义不难看出,国内早期的研究者对"弱势群体"的定义更多的是基于狭义

[①] 郑杭生等:《转型中的中国社会和中国社会的转型》,北京:首都师范大学出版社1996年版,第53页。

[②] 陈成文:《社会弱者论:体制转型时期社会弱者的生活状况与社会支持》,北京:时事出版社2000年版,第21页。

[③] 参见钱再见:《中国社会弱势群体及其社会支持政策》,载《江海学刊》,2002年第3期,第97—103页。

第四章　社会工作参与高校学生工作的显功能

的视角,即将社会"弱势群体"定义为一种生存能力弱,生活水平低,抗风险能力低的社会群体。这种定义的内涵更倾向于一种绝对弱势的范畴。

事实上,对于弱势群体的定义,还有相对主义的倾向,认为社会弱势群体并非仅仅指哪些处于积贫积弱状态的人或群体,而是在某些方面、某一时期或某一场域内处于相对弱势地位的人或群体。如按照国际社会学界、社会工作和社会政策达成的基本共识,所谓弱势群体是指由于某些障碍及缺乏经济、政治和社会机会而在社会中处于不利地位的人群。①

弱势群体是与强势群体相对应的概念,一般是指在经济、文化、体能、智能、社会处境等方面处于相对不利的地位,资源获取能力匮乏,经济贫困和生活质量低下以及承受能力脆弱的那部分群体或阶层。② 同时,郑杭生在总结弱势群体的定义时,对弱势群体的绝对性与相对性予以了很好的概括,其将弱势群体分为了初级弱势群体和次级弱势群体。所谓初级弱势群体是指由于成员基本生活需要未能得到满足而形成的社会生活有困难者。包括:无依无靠鳏寡孤独者、残疾人和其他因丧失、缺乏劳动能力而无生活来源者;遭受自然灾害难于维持基本生活需要的个人和家庭;无固定职业或失业造成的生活低于基本标准的个人和家庭;由于其他原因造成的生活水平低于基本标准的个人和家庭。而所谓次级弱势群体是指在其基本物质需求得到满足的前提下,由于自身生理和心理上的病障或社会失调的影响,造成其心理上的受挫感和剥夺感,从而难以适应社会甚至形成越轨行为的社会成员的集合。

事实上,从上述对"弱势群体"的定义不难看出,从狭义和广义

---

① 参见王思斌:《社会转型中的弱势群体》,载《中国党政干部论坛》,2002年第3期,第18—21页。

② 参见于翠英:《弱势群体社会资本要论》,载《前沿》,2007年第11期,第173—174页。

的不同范畴看，弱势群体具有不同的内涵。而不同的学科对弱势群体的内涵也从不同的侧重点予以关注，而就社会工作的学科视域而言，其对弱势群体的关注始终贯穿于其专业发展的全过程，也始终是以帮扶弱势群体作为其专业发展的基础。

2. 关注与帮扶弱势群体：社会工作的专业本质

如前所述，社会工作专业对弱势群体的关注贯穿于社会工作发展的始终，但事实上，这样的关注是伴随着社会工作专业实践的历史发展与社会工作专业功能的不断延展而逐渐走向深入。基于此，社会工作对弱势群体的关注与帮扶呈现出两大特点：第一，以实践为本，理论在实践中予以升华。第二，以绝对弱势群体为起点，服务逐渐拓展到相对弱势群体。

国家和政府对社会弱势群体进行制度性帮扶之前，社会工作对社会弱势群体帮扶的实践早已在民间展开。其早期实践是以一种宗教慈善行为而存在，后来开始逐渐走向世俗化、组织化与专业化。从此种意义而言，社会工作就是一个以救助和帮扶社会弱势群体为己任的职业和专业。社会工作理论与实务的发展均围绕着对社会弱势群体的救助和帮扶展开。

19世纪末，在社会工作开始走向世俗化的过程中，早期的社会工作者不但在物质上给予社会上的弱势群体予以救助，还开始进一步思考造成这些人群成为弱者的原因。社会工作的理论萌芽也孕育而生，在慈善组织会社、社区睦邻运动中，许多社会工作者深入到社会弱势人群中，通过调查，认为懒惰、未受教育是其"道德低下"而处于贫穷或失业状态的根源，于是认为通过"道德提升"可以改变其目前的生存现状。后来由于精神分析学说在社会工作界的盛行，弱势群体的成因又被从心理动力的层面予以解读，认为其早年的基本需求未得到满足和痛苦经历是造成其处于弱势地位的原因。20世纪中叶左右，除生理与心理因素以外的社会因素才逐渐地被纳入到弱势群体的解释与实践框架中，进而出现了心理—社会视角、生态系统视角等，而进入到 20 世纪 80 年代后，"增权"与"优势"两种社会工作的新视角开始成为社会工作专业对弱势群体予以关注与帮扶的主流视角。可以说，社会工作理论是在其不断关注与帮扶弱势群体的实践中予以总结和升华的。

在社会工作功能扩展的历史进程中，社会工作是以帮助绝对弱势群体为起点的。随着现代社会福利制度的不断完善，社会工作由原先的以民间救助为主导的组织模式而逐渐转向在国家与政府的社会福利制度框架下的福利传递为主导的组织模式，也就是说，社会工作专业实践由最初的基于价值理性的行动实践转向了福利制度框架下的遵循工具理性原则的行动实践。在此过程中，社会工作的服务对象也便从原先只关注和帮扶绝对意义上的弱势群体开始逐渐在社会福利框架下关注和帮扶那些需要帮助的人，即使其并不面临生存困境，但其在社会生活中会遇到各种困境，需要得到帮助。因此，社会工作的功能在现代社会福利制度框架下得以延展，服务对象也逐渐扩大到相对意义上的弱势群体。

3. 社会工作不同理论视域中的"大学生弱势群体"

弱势学生的概念，在目前国内的相关研究中更多地称之为"大学生弱势群体"。所谓大学生弱势群体是指由于先天或后天原因，在经济状况、社会位置、权益实现、教育资源占有、教育机会获得、竞争能力、自身素质等方面处于相对不利或比较劣势境况，在教育资源使用和社会竞争中弱于其他学生的学生群体。[①] 就本质而言，大学生弱势群体是由于其自身生理、心理、社会多因素造成其在大学生涯这一时间序列和大学校园这一空间场域中与其他学生相比，在某一方面处于不利地位的学生。这种不利地位使其与其他学生相比无法更好地适应大学生活，而

---

① 参见刘湘玉：《关注大学生弱势群体，构建"四位一体"帮扶体系》，载《中国高等教育》，2012 年第 5 期，第 52—53 页。

容易处于社会功能失调的境遇中。

社会工作的理论视域具有多元性,不同的理论视域,对弱势群体的看法不同,解决问题的过程也有所区别。而在实际的实务过程中,这些理论上的分野并不可能非常清晰,通常情况下,社会工作者会综合运用各种视角、方法和技巧对案主进行帮扶。在诸多视角中,以下四个视角较为典型,也运用较为广泛。其对高校学生工作中对"大学生弱势群体"的观照也十分具有启示意义。

第一,"增权"视角。

增权(Empowerment),或称赋权或充权,由索罗门(Barbara S.)在1976年出版的《黑人的增能:被压迫社区里的社会工作》中首先提出,后逐渐成为社会工作理论和实践框架的重要概念。索罗门认为,增权是在处理问题中的特殊障碍,改变受到外在社会污名化的团体界定,使团体内的成员,重新界定及认识该团体,以拾得的自信与自尊。① 从增权的视角来看,弱势群体是一个无权的群体,是增权的主要对象。无权(Powerlessness)在增权的概念体系中,是表示能力和资源匮乏的一种状态。② 而无权状态又存在无权、少权和失权状态。而在社会工作者的眼中,弱势群体的增权过程主要通过个人、人际关系和环境三个层次进行。个人层次包括个人感觉有能力去影响或解决问题;人际关系层次是指个人和他人合作促成问题解决的经验;环境层次是指能够改变那些不利于实现自助的安排。在实际工作中,社会工作者利用上述三个层次对服务对象的问题予以介入,以实现其赠权。

若将增权这一理论视域具体运用到高校学生工作对"大学生弱势群体"的关注与帮扶中,该理论视域的启示意义可体现在:

---

① Solomon B.B., *Black Empowermen*: *Social Work in Oppressed Communities*, New York: Columbia University Press, 1976, p.12.

② 参见陈树强:《增权:社会工作理论与实践的新视角》,载《社会学研究》,2003年第5期,第70—83页。

其一,从问题的基本假设而言,问题的产生也许是对"大学生弱势群体"的标签化与污名化。该理论可让高校学生工作者认识到大学生弱势群体的无力感、无权感和无能感的产生并非是由其个人造成的,而是由社会环境压迫产生的,即社会环境对其的标签化和污名化。大学生弱势群体可在专业人士的协助下成为解决自己的问题的主体,从而摆脱无权、弱权或失权状态。

其二,在专业关系的界定与维系中,学生工作者应避免以权威的姿态出现,而要与学生建立平等的伙伴关系。若强调权威,只会降低学生的能力。在对大学生弱势群体予以关注和帮扶的过程中,学生工作者或学校社工的角色是多元的,但最基本的角色是他们的伙伴。

其三,在工作过程中,学生工作者或学校社工应真正做到与案主对话,认真倾听,并鼓励其以自己的语言进行表达,讲出自己的真实经历、体验与感受,了解其被压制的潜能,并让其获得释放。

第二,"优势"视角。

优势视角的哲学基础是社会建构主义,主要是在对社会工作传统病态及缺陷模式的反思和批评中发展起来。该视角聚焦于发现、识别、利用、建立和强化人们已有的优点、能力和资源。其认为个人几乎所有的生命事件在某种特定条件下都可以被视为一种优势,包括体验、个人品德、天赋、感悟、故事、灵性、意义和社区资源。而这种优势是不可低估的,其在所叙说的故事中包含着优势资源,甚至在逆境中,个人仍然具有自我抗争、自我纠正并不断修复的能力,这也是个人的优势之一。抗逆力是由外部支持性因素(I Have)、内在优势因素(I Am)和效能因素(I Can)组成。

运用优势视角进行社会工作实践时应遵循以下原则:第一,个人、团体、家庭和社区都有优势;第二,创伤、虐待、疾病和抗争具有伤害性,但它们可能是挑战和机遇,因为个人和社区都有反弹和重整的可能;第三,与案主合作,才能更好地服务于案主;第四,所有的环境都充满资源;第五,激发抗逆力和优势的话语与叙事;第六,迈向正常化且资本化人们的优势。① 在优势视角中,弱势群体的"弱势"标签被撕掉,弱势群体的概念被重新定义,即弱势群体往往由于其抗逆力的激发,就像风雨后一定是彩虹那样,将"弱势"转化为生命中的"优势"。社会工作者在实务中与服务对象是一种伙伴关系,帮助其寻找保护性因素,激发抗逆力。

基于优势视角,高校学生工作对弱势学生的关注与帮扶,可从如下方面加以强调:第一,充分挖掘弱势学生个体、团体及其环境的优势与资源,包括其性格、能力、人际关系、政策和文化等多方面;第二,贫困、歧视、残疾等可能是伤害,但同时也蕴涵着挑战和机遇,是一种巨大的抗逆力,从某种意义上而言,也是一种资源;第三,在专业关系中,追求与学生"互为主体"的状态,在与工作对象进行平等对话过程中,聆听其生命的故事,从优势的角度重新解释与建构其构建生命的故事和意义;第四,重视对受助者所拥有和存在的优势进行评估,优势视角的价值观所倡导的调动受助学生的潜能,发现其优势,从而让其获得能量,更好地适应生活。

第三,"生态系统"视角。

生态系统视域是社会工作实务中最为典型的理论模式之一,其哲学基础结合了生态学与系统论的思想。"适应"是生态系统论的核心概念。迪菲(Duffy K.G.)和王(Wong F.Y.)指出:"人们对自身、家庭和群体的需求做出有效反应的能力被称为适应(Adaptation)。"② 其以一种整体性的观点看待弱势群体及其问题的产生,认为弱势群体的弱势地位及其问题是与周边系统隔离,缺乏物质、能量和信息交换的结果,称之为"适应不良"。最为著名的理论模式是发展心理学家布朗芬·布雷纳的四层次模型,该理论模型强调个体对生态环境感知的重要性,把

---

① 何雪松:《社会工作理论》,上海:上海人民出版社2007年版,第207页。
② Duffy K.G., Wong F.Y., *Community Psychology*, Boston: Allyn and Bacon, 1996: p.36.

影响人的发展的生态系统划分为微观系统（Microsystem）、中观系统（Mesosystem）、外观系统（Exosystem）和宏观系统（Macrosystem）等四个系统。① 每个系统层次上的不同主体均与其产生互动，进行着物质、信息与能量上的交换，均影响着个体的成长与发展。而每个系统层次对个体的影响程度不同，越接近个体的系统要素对其产生的影响越直接，而外围的系统要素主要以间接影响为主。在该模型中，弱势群体的各种问题首先主要可被视为是与家庭系统的隔离或疏离引起的，然后是学校、单位、社区和同辈群体等中观系统的疏离与隔离，最后是外观和宏观系统的政策、法规和文化因素等。

在生态系统视域中，大学生弱势群体在大学生活中遇到的问题可被重新审视：第一，大学生弱势群体的弱势地位并非其孤立因素造成，而是其与所在生态系统的双向"适应不良"；第二，在工作过程中，学生工作者或学校社工的角色是多元的，需扮演支持者、倡导者、教育者和个案管理者，甚至政策影响人；第三，学生工作者与学校社工的介入层面也是多维的，既需关注工作对象的人生发展阶段及生命周期，同时又需关注其与各个环境系统要素的互动状况，同时还要关注环境系统对其造成的障碍。

第四，"心理—社会"视角。

"心理—社会"模式是社会个案工作的重要理论模式之一。心理—社会治疗模式综合了许多相关理论，如精神分析理论、自我心理学、学习理论、社会角色理论、社会互动理论，以及家庭理论和系统理论等，并在这个过程中形成了自己独特的理论逻辑框架。② 该理论视角认为个体的发展受到生理、心理和社会三个方面因素的影响，而且这三个方面

---

① 〔美〕乔斯·B.阿什福德等：《人类行为与社会环境：生物学、心理学与社会学视角》，王宏亮等译，北京：中国人民大学出版社2005年版，第129页。

② 许莉娅主编：《个案工作（第二版）》，北京：高等教育出版社2013年版，第194页。

的因素又相互作用、共同影响求助者的成长过程。因此，不能简单地把求助者的问题视为由某个或某方面因素导致的，它是各种因素综合作用的结果。对服务对象的问题归因于过去的压力、现在面临的压力和问题处理过程中的压力三个方面。该模式认为每个人都是有价值的，他们都具有发展自己的潜能，只是未被开发而已。开展心理—社会治疗工作的目的就是要挖掘求助者的潜能，使求助者健康地成长。因此，要关注服务对象的心理动力、现实境遇和处理问题的能力，从此三方面对服务对象的问题予以分析，帮助案主解决问题。

在"心理—社会"模式下，工作者可对大学生弱势群体的问题作如下阐释：第一，就个体而言，大学生弱势群体遇到的成长与发展，不是某个单方面因素造成的，而是生理、心理和社会环境等多个因素相互作用的结果。因此，学生工作者或学校社工需要从多个因素入手促进其成长与发展；第二，个体问题的产生是由于过去的压力、现在的压力和处理问题过程中带来的压力造成。工作者在处理问题时，不仅关注现在问题给其带来的压力，更重要的是要探寻过去的成长经历与处理问题的能力；第三，工作过程中，工作者需要积极与遇到问题的学生进行沟通，同时注重当事人与其家庭成员、亲密恋人和室友等重要他人进行沟通；第四，相信每个大学生都有成长的潜能，积极促进自己的发展能力，不论其是否存在哪个方面的相对弱势。

（二）社会工作参与弱势大学生全面关注与帮扶的行动实践

对大学生弱势群体的关注与帮扶的行动实践是社会工作参与高校学生工作的重要方面之一，在下面的案例中，具有社会工作专业背景的学生工作者运用了各种社会工作的理念、理论、方法与技巧对贫困、残障与少数民族等大学生进行了专业帮扶，以帮助其走出困境，恢复与增强社会功能，并促进其成长与发展。

第四章　社会工作参与高校学生工作的显功能

1. 对贫困大学生的关注与帮扶

教育部、财政部1993年7月颁布的《关于对高等学校生活特别困难的学生进行资助的通知》认为："所谓高校贫困生，是指在国家招收的普通高等学校学生中，由于家庭经济困难，无力支付教育费用，或支付教育费用很困难的学生。"在现阶段，对贫困大学生的界定主要基于经济维度，即在大学生群体中，那些在经济上处于贫困状态的大学生。目前，国家和政府拿出大量资金和制定健全的保障政策对贫困大学生进行经济上的援助，高校学生工作体系扮演了此项工作直接执行者的角色。与此同时，值得注意的是，高校学生工作的价值取向是育人性的，在传递国家福利政策的同时，更应注重对贫困大学生的思想政治教育，培养其树立正确的世界观、人生观与价值观，并积极帮助其自强自立、不卑不亢，引导其在努力学习的同时，注重人格的健全。

但值得注意的是，在笔者及其访谈对象的学工经历中感受到，现行的高校学生工作往往忽视了以上方面，更多的只是按照国家的资助政策对贫困大学生进行经济上的资助。这些都引起了笔者及其访谈对象的反思。事实上，基于社会工作的专业视角，对贫困大学生的帮扶工作更为重要的是对其予以教育和引导，这样才能真正实现高等教育的教育本质，而不仅仅只是经济援助。因此，笔者及多位访谈对象都谈及了诸多利用社会工作专业方法引导贫困大学生积极改变、成长与适应的案例。以下是其中两个具有代表性的案例。

案例 4-9：

××，女，上小学后，与母亲一起和继父生活，大一时，被列入贫困生档案，大二时，自己主动退出贫困生，但由于校方工作失误，还是将钱打进了她的卡上，出乎意料的是，她居然不愿意把钱退出来，给班上其他需要的同学。

知道该情况后，我主动打电话给她想找她面谈，她在电话里态度强硬，语气很不好，不愿意把钱退回来，我问她为什么，她沉默不语，把电话挂断。我虽然很生气，但是出于社工的专业素养冷静下来，没有对她进行价值评判，只是想她为什么会有这样的认知及其行为反应呢？我觉得我必须找她谈谈。于是晚上七点，我再次给她打电话，说在她寝室楼下等她，她下来后，我就约她在校园里逛逛，一开始，她很抵触，也感觉很不自然，不主动说话，可能以为我要开口教育她，很抵触，直到当我说道："XX，我今天只想跟你聊聊，我绝对不是就今天这件事来教育你，而是想知道在你的意识中，你的成长环境中，到底是什么让你今天会有这样的行为反应，我只是想帮你一起解读一下自己的内心，因为，现在你还是在学校里，如果毕业了，到了职场，你再遇到类似的事情，也这样反应，你的上司或老板会怎么想你……（当时她一下子低下了头，眼睛红润了）我赶紧接着说："作为一个学生，现在老师可以包容你，还找你谈心，可是到了职场，可就没有那么好，就你今天的表现，你的上司可能就会对你的人品产生怀疑，觉得你为人有问题，到时候，你在单位里就没法干了……"

事实上，我之前就已经知道她的家庭背景，接下来就开始从其家庭背景的方面开始跟她聊，聊了一些寒暄的内容后，她突然说："LS老师，我认真想了一下，我之所以这样，可能和我的成长经历相关……（接下类，她开始打开心扉，谈她的成长经历）……因为，我是我继父养大的，从小就觉得是寄人篱下，总觉得虽然住在家里，但是家里的东西都不属于我，家里虽然我住着，东西我用着，但是总觉得不是自己的，所以，今天助学金打到我卡上，结果要我拿出来给别人，我脑子里那种情绪又上来了——怎么虽然在我这，但又不属于我呢？……"（从这里开始，XX的谈话不再是把我当成老师，而是一个可以倾诉和真诚交流的社工）

从那天起，XX主动寻求与我交谈，经过我的疏导和引导，XX的情绪状态发生了转变，从之前的抱怨、不屑和抵触，变成了自

第四章 社会工作参与高校学生工作的显功能

省、悔恨和道歉，回去后，她给我发了一条长长的短信，对我表示感谢，谢谢我打开了她的心结，让她一下子成长了很多……

上述案例是 LS 老师自述其利用个案社会工作中"心理—社会"模式对贫困大学生 XX 进行个案辅导的案例节选。在该案例中，贫困生 XX 同学出现的心理障碍与情绪反应比其出现的实际问题更加引起了 LS 老师的关注。据 LS 老师描述，基于"心理—社会"模式的视域，关注学生问题背后的心理动力和环境系统往往比就当下的偏差行为进行批评教育更加具有意义，也更能体现教育的本质，同时，也更具工作的实效性。

通过对该案例的分析，笔者发现，LS 老师基于社会工作非评判、接纳和个别化等基本原则，运用了"心理—社会"模式中的相关方法与技巧对 XX 同学进行了帮助，在非反映性技巧方面，其运用了支持、直接影响和"探索—描述—宣泄"等方法，而在分析其偏差行为背后的心理动力与环境系统时，则运用了现实情况反映、心理动力反映和人格发展反映等反应性技巧，在整个过程中，其将引导 XX 同学的过程，通过专业的个案工作过程予以展现，通过宣泄、分析和修正三个过程逐渐使 XX 同学意识到了其心理障碍所在，并促使其积极予以修正和改变。

通过此案例不难发现，在高校学生工作中，在对贫困生进行经济援助的同时，积极引导学生树立正确的价值观、金钱观也十分重要。而在此过程中，疏通引导比说教灌输更具实效性。而应该引起关注的是，无论是从学生工作的实效性，还是从对学生自身的成长发展而言，疏通引导学生的过程并非简单通过学生工作者的经验或是传统的说教灌输方法可以完成，需要的是专业性的工作模式与方法。在此方面，社会工作的专业理论与方法恰好可发挥建设性的作用。

案例 4-10：

　　WX，男，来自鄂南贫困地区，父母在外打工，家庭贫困，大二寒假返校，该生萌生退学念头，他告诉我，看到初中毕业就出去打工的村里的"小伙伴"现在都挣了很多钱，有的都买房开车了，觉得自己在大学里还要花父母的钱，以后毕业出来还没有他们的钱多，想到这，就觉得自己读大学没有什么意义……听了他的一番倾诉，我首先肯定了他的感受，同时，我问了他接受高等教育的意义是什么，并告诉他，读大学的意义不仅仅是为了谋生，从个人来说是为了获得更好的职业发展机会和空间、以后有更好的生活质量等，家庭的贫困是暂时的，你读大学的经历就是你比你的"小伙伴"拥有的最大优势与资源，你改变的不仅仅是家庭经济状况，而且最重要的是社会阶层和整个家庭的发展方向，对于我们农村出来的孩子，只有读书这条路才能真正地改变自己的命运，因为读书既能提升我们的能力，还能够为我们争取到更多的社会资本……经过几次谈话后，WX 学生仿佛换了个人，不再纠结，而明确了自己的未来发展方向，那就是读书……后来，WX 同学考上了某 211 大学的硕士，硕士毕业后，考上了某一线城市的公务员。他后来在 QQ 上跟我留言，说是我的那几次谈话改变了他，他告诉我，经济和家庭贫困并不可怕，可怕的是贫困带来的目光狭隘和短浅……

　　上述案例是 MG 老师自述的一个针对贫困大学生 WX 的个案辅导案例概要，该案例生动呈现了贫困大学生在大学生活中遇到的价值冲突问题，也真实呈现了具有社会工作背景的党总支副书记 MG 老师如何综合运用社会工作的理论、方法与技巧对其进行价值观与人生观引导的过程。在该过程中，MG 老师秉持社会工作的增权视角，告诉 WX 同学，贫困的本质是无权或弱权，若家庭贫困的大学生想改变自己的命运，个人增权是十分重要的途径。在工作原则上，社会工作的尊重、真诚、自决等原则贯穿其中,并使用了同感、自我表露、支持等谈话技巧。

事实上,这样的案例是高校学生工作中非常常见的问题。贫困大学生往往会因为自身家庭的贫困,将自己的关注点放在经济状况上,经常基于自己家庭的经济状况的顾虑而造成自己价值观和人生观的冲突。对于此类问题,从高校学生工作者的视角,应给予其积极正面的回应,在此过程中,社会工作的"增权"视角与传统大学生思政工作中的鼓励贫困大学生自强自立是"殊途同归",而增权视角的社会工作实务及其过程显得更加具体与可操作,更加接近学生的"生活世界"与实际体验,在引导贫困大学生端正价值观与人生观问题上显得更具实效性。

2. 对残障大学生的关注与帮扶

我国残疾人全日制高等教育的形式主要有两种——"异残同类"和"残健融合"。在本书中,主要的行动实践对象均为"残健融合"类的残障大学生,即在普通高校中与健全学生共同生活学习在一起的残障大学生。

残障大学生是大学生弱势群体的重要组成部分,虽然在整个大学生群体中所占比例不大,但由于生理上的障碍,使其在大学中的弱势地位更加凸显,更需要得到更多的关注和帮助。

对残障大学生的帮扶是高校学生工作的实践内容之一。在政策层面,需为其提供优惠条件和生活学习保障,在具体工作层面,学生工作者需经常对其予以关心和帮助,既注重帮助其解决实际问题,也要经常关心其思想问题和心理问题等。下面的个案是 TS 老师与笔者自己利用社会工作的专业方法对残障大学生进行心理咨询和就业指导的两个案例。

案例 4-11:

HP,男,双耳听力低下,说话略有障碍,上课时需要坐在前排,带上助听器才能听清。

大一刚来时，就有科任老师跟我说起，该生下课时跟老师提出要求，要求老师带扩音器，而且能尽量站在其身边，老师问他带助听器是否能改善，他说他不愿意带助听器，只希望老师能带扩音器，而且能站在他身边，他说他上高中时也是这么跟老师说的。

了解了这些，我主动找他面谈，通过面谈，我发现他有些以自我的感受为中心，甚至让我感觉到，正因为他耳朵的问题，觉得所有的人都要迁就他。同时，通过他室友了解到，他十分敏感，有时候他听不清楚室友们在说什么，就总觉得室友在后面说他，对他指指点点，事实上，室友们只是在正常说话，室友反映，正因为他敏感、自我，所以和室友都很难处理关系。

基于上述的了解，我主动找他面谈了多次，与他谈话时，我注意了接纳、同感、澄清、引导等原则，最终，想给他传递一种增能、发展、自我负责的观点。同时，我还与几位科任老师联系，与他室友、父亲联系，让老师在上课时，室友在生活中关注他的表现，发现他学习生活中的一些认知模式，然后我通过收集这些小事件，引导他反思，改变他不正确和非理性的认知。比如，有一次，一位科任老师告诉我，说 HP 晚上十二点给他打电话，就因为上午上课时的一个小小的疑问，我告诉 HP，这么晚打扰老师休息是不合适的，他居然说，我有疑问就应该问老师啊，这有什么错！借此事件，我好好地引导他反思，识别自身自我的非理性信念……还有一次，他居然和室友打起来了，就是因为他认为室友针对他、嘲笑他，事实上，我问了他室友，只是因为室友说他不要大中午的把音箱声音开得很大，你可以用耳机或带上助听器……

通过一段时间，大概二个月左右，他开始慢慢地有所改变，不再以自我感受为中心了……

此案例为 TS 老师利用社会工作中的理性情绪和生态系统的模式对具有听力障碍的学生 HP 进行心理健康教育的过程。在该案例中，听障

第四章 社会工作参与高校学生工作的显功能 |

大学生 HP 对大学生活出现了"适应不良"的状况，作为班主任的 TS 老师主动介入，力图帮助他消除非理性信念，改变其认知偏差。在此过程中，除通过面谈的方式对其多次进行心理疏导，同时，还积极调动其环境系统的助力，如家人、任课老师和室友等，帮助其适应与改变。

对残障大学生的思想政治教育来说，塑造和谐人格是其现实目标，心理健康教育是其基本内容。① 因此，在对残疾大学生开展的学生工作中，始终要把其心理的健康和人格的完善作为其工作的重点。在普通高校中的残障大学生由于其生理上的障碍，经常会在学习和生活上遇到许多实际困难。这些困难，现行的高校学生工作体系都会给予较为妥善的帮扶。但更加值得注意的是，除了关注其实际困难外，对其心理和人格层面的关注也许更为重要，而在普通高校的学生工作中，往往容易忽视这一点。从上述案例不难发现，具有社会工作专业背景的学生工作者由于其具备社会工作的专业理念与方法，在视角与理念层面往往更加注重其心理和人格层面的问题，而在操作层面则具备心理咨询和个案帮扶的专业方法与技巧，这些使其能够更为有效地关注与帮扶到残障大学生。

案例 4-12：

　　JB，女，国际经济与贸易专业，由于 8 岁时车祸，左下臂及以下截肢。这位女生在大学期间性格开朗，积极参加各种学生活动和实践活动，各方面能力较强。

　　到了大三下学期时，其开始纠结自己未来的职业发展道路，因为身体原因，担心没有单位会要她，不知道自己何去何从……

　　其主动找我求助，在谈话中，我主要帮助她分析和建构自身的优势，就是从优势视角中的"I have"、"I am"和"I can"三个方面来分析她的优势，从能力与资源两个方面帮助她建构自己的就业

---

① 参见宋志强：《残疾大学生思想政治教育研究》，中共中央党校博士学位论文，2009 年，第 21—27 页。

优势，并明确自己的就业方向与未来发展……

经过一番分析，她情绪上的焦虑慢慢缓解，首先肯定了自己在大学期间的经历已经从自我能力和自我概念上给自己做好了准备，后来，我告诉她，我们院有一个校友在深圳开了个做贺卡的公司，每年都会来学院要人，问她是否愿意去试试，我会积极推荐她，结果她去了，也在这个公司立住了脚……

上述案例是CZ老师叙述的一个对残疾大学生就业指导与帮扶的案例。从此案例可以看出，CZ老师利用"优势视角"的工作模式对JB同学的自我概念、自我效能和环境资源进行了整合和建构，并通过资源的链接为JB寻找到了就业机会，并最终成功就业。

对于现行高校学生工作体系而言，其对残疾大学生的界定是"弱势"性群体，因此，对该群体的就业帮扶措施与政策往往是被动式的帮扶，甚至处于这种标签化了的"弱势"，而不敢向用人单位推荐，或者对其放任不管。诚然，残障大学生的就业问题并非学校这一方力量可以解决的，但是，作为学生工作的基本职责之一，高校学生工作体系需观照其就业帮扶问题，而从高校学生工作的职责而言，提升残障大学生的就业能力和就业信心是其工作职责中的应有之义。

从上述案例我们看到，对于残障大学生的就业帮扶问题，具备社会工作专业背景知识的学生工作者利用"优势视角"的实务方法从自我概念、自我效能感和调动环境中的保护性因素为残障大学生进行全方位的就业指导与帮扶。在优势视角中，残障大学生的劣势和弱势被悬置，而更多的从优势和潜能的角度对其予以帮扶，这有别于现行高校对残障大学生进行的就业帮扶的价值取向，显得更接近于教育的本质与终极目标。

通过上述两个案例可以看到，社会工作专业方法对残障大学生的关注与帮扶是积极的、建设性的。无论运用何种工作模式，社会工作者均关注服务对象的主体性，与服务对象之间均以一种伙伴关系出现，均能进行平等对话，均注重服务对象的需求、潜能和优势。在关注和帮扶残障大学生时，显得更为接近问题的本质，更具效果。

3. 对少数民族大学生的关注与帮扶

与普通大学生相比，少数民族大学生在"经济"与"文化"上可能具有双重弱势。其经济上的弱势地位主要是由于大部分的少数民族学生来自西部经济欠发达的农村地区，家庭经济状况较差。而其在文化上的"弱势"则是由于其少数民族的身份及背后所蕴含的少数民族在价值观、处事方式及生活习惯等诸多方面的差异。而这两种"弱势"的叠加使得少数民族大学生在大学生涯中时常出现诸多适应性问题。这些适应性问题不仅仅是由于其经济困难造成的，有时也是由于其信息与资源的匮乏所致。基于社会工作的专业视域，对其关注与帮扶。

案例 4-13：

LY，女，仡佬族，来自贵州某少数民族自治县，该生家中有六个孩子，她是老大，下面有四个妹妹和一个弟弟，家庭贫困，父母在外打工，大学期间一直得到助学金资助。

到了大三时，LY 萌生了考研的念头，但是又觉得自己家庭负担重，应该早点出来工作……事实上，她爸爸妈妈们也不同意她继续读书，觉得能早点出来，不用家里负担了……通过与她的沟通，我发现她纠结的点除了刚才说的外，还包括担心自己因为来自贵州偏远山区，不管是英语基础还是专业知识基础都不好，怕自己考不上……

针对她的顾虑，我首先从她在考研中最具有优势的资源入手鼓励她，因为她是"双少生"，可以报考"少数民族骨干计划"的考生，比一般的少 100 多分，她非常惊讶，从来没听说有这种类型的研究生……从打破她的固守概念来说，告诉她谁说家庭贫困就一定要为家庭牺牲自己的理性，这种牺牲有时是非理性的，比如，上研究生并不会给家庭带来负担，国家有补贴，自己能有很多兼职机会……我跟她举了几个类似的例子……其实，我私下里已经和她父母沟通，告诉他们上研究生后，可以自己养活自己，而且毕业后有更好的就业，能够更好地缓解家庭的压力，她父母表示，既然老师都这么说，我们做家长的也全力支持她……

最后，LY 打消了顾虑，积极投入考研，报考了某 211 大学的"少干计划"的研究生，并以高分考取。

此案例是 MG 老师讲述的一个关于少数民族大学生打消顾虑、自我实现的案例。在该案例中，MG 老师利用了增权视角，打破其"贫困"等概念给自己带来的无力感与无能感，还从人际交往中为其寻找正向的力量——得到其父母的支持，并从环境系统中寻找资源——其可以报考"少数民族骨干计划"的研究生来提升其权能感。

在社会中，少数民族群体，包括在大学环境中的少数民族大学生往往由于其"少数民族"与"贫困"等标签效应而被"污名化"，使这些群体处于无权或少权状态。传统的高校学生工作体系往往也不自觉地持守这些观点。而在具有社会工作背景的学生工作者眼中，每个少数民族学生都是一个能够激发自己权能的主体，学生工作者只要能够引导其激发潜能，帮助其寻找资源，是能够使其和主流大学生群体一样有自我选择、自我决定和自我实现的权力和能力。

案例 4-14：

QZ，男、白族、来自云南，从大一开始，我就觉得这个同学什么都比别人慢半拍，说话慢、走路慢，做所有的事总是不急不慢，有时上课还迟到。了解这些情况后，我觉得他很"懒散"，就主动介入，找他面谈。我问他，你为什么总是比别的同学慢半拍，他很疑惑地看着我，回答道："老师，没有啊，或者就是我的性格，而且我们那边的生活节奏就是那样的，所以我一直是这样的……"，听了他的一番叙述，我突然反思到了一个问题，是不是我用自己的价值观去评价他了呢，事实上，很多少数民族的同学是质朴与自然的一种生活方式，很快乐……我发现他英语基础不好，但基本能应付考试，最重要的是，我发现他能歌善舞，这也许是他民族的天性，我积极鼓励他参加学校的各种文艺活动，他获得了"校园十大歌手"等一系列荣誉……到了大四时，他觉得自己对考研没有信心，问我的想法，我基于他的实际情况建议他就报考"云南大学"，因为B区英语分数低……事实上，你千万别觉得他慢半拍，他并不比其他同学差，后来他真的考上了云南大学的研究生……

上述案例是笔者亲历的有关少数民族大学生帮扶的个案，在该案例中，笔者深切感受到了在高校学生工作中，对待少数民族大学生必须时刻秉持一种多元价值观。也就是说，在高校学生工作中，少数民族学生是一个较为特殊的"弱势"群体，这种"弱势"往往不是客观现实层面的弱势，而是将其差异性主观建构成为一种"弱势"，贴上了标签。上述案例可以说明，作为高校学生工作者，如果能够拥有"文化敏感"的工作视角，而不是用统一的标准和规范对待少数民族学生，也许能够更好地对其予以关注与帮扶。

现行高校学生工作体系将少数民族大学生界定为大学生弱势群体之一。若从经济帮扶层面的界定，这本无可厚非。但若从思想政治教育层面予以界定，也许需要保持警醒与反思。有时，如果能基于"文化敏感"的视角去促进其增权和优势的挖掘，往往比站在主流文化的视角对其予以教育和纠正更具实效性。在此方面，社会工作的专业视角与方法及其社会工作者时刻保持的反思性，能为有效地关注和帮扶少数民族大学生提供有益工具。

综合上述两个案例可知，在高校学生工作中，学生工作者在对少数民族大学生进行关注和帮扶时，除了将其视为工作客体，通过自上而下的贯彻与执行国家的相关优惠政策和为其提供一些生活和学习的便利条件外，对其主体性的关注也十分重要。而对其主体性的关注并非抽象的，而是具体的、可操作的，需要专业的视角与方法作为支撑。从笔者与 MG 老师的行动实践中可以看到，社会工作的专业视角与方法分别从"增权"、"文化敏感"两个方面为这种客体性帮扶和主体性关注提供了有效的结合路径。

（三）去标签化、关注情绪、聚焦优势：社会工作促进弱势大学生关注与帮扶的内在逻辑

对弱势学生的关注与帮扶是现行高校学生工作的重要职能之一，也是学生工作者重要的日常工作。事实上，现行的体制也从多方面给予了各类弱势学生予以关注与帮扶。包括贫困生的奖助学金制度，少数民族大学生的生活、饮食照顾，残障大学生的生活、学习、心理与就业等方面的关注与指导等。而本书所论述的社会工作对大学生弱势群体的关注与帮扶，旨在通过对笔者及同仁的行动实践的反思探寻社会工作参与高校学生工作对大学生弱势群体的关注与帮扶能够更为有效，更能彰显在关注与帮扶中达到高等教育育人的本质，更好地达成促进全面发展的目标。

1. 去标签化——差异性的建构与认可

在近年来的相关研究中，"大学生弱势群体"的概念被广泛使用，因此，本书也沿用了这一概念。事实上，在社会工作的学科视域中，弱势的意涵是相对的，或者说，在行动实践中，社会工作者更愿意将这种"弱势"看作是一种人类的差异性。而并不愿意将其建构为"弱势"。所谓"差异"，在社会工作的视域中，是指多元化社会中的生理状况、

第四章 社会工作参与高校学生工作的显功能

种族和少数民族背景、阶层和文化等，对人类行为有重要的影响。[①] 其本质归结为人类在生理、心理与社会属性上存在的多元性。

通过对上述大学生弱势群体关注与帮扶行动实践的反思不难发现，对"大学生弱势群体"这一人群的意义建构显得尤为重要。具体而言，在行动实践中，行动者是否将这种"弱势"重新建构为一种"差异"，并予以认可，是对其进行关注与帮扶的重要环节与关键所在。无论是贫困、少数民族、残疾或者是其他属性的弱势，若作为帮扶行动者，只是将其视为是一种多元社会中的差异性，也许在对其进行关注与帮扶中就能取得意想不到的效果。例如，在案例4-14中，高校学生工作者如何理解与定位少数民族大学生所谓的"行动偏差"，就决定了工作的态度与方式。通常情况下，社会工作的学科视域更愿意用差异去定位大学生群体中的非主流群体，而不是"弱势"，这在具体的工作中能够取得更好的效果，因为差异意味着平等与尊重，意味着站在工作对象的客观属性及价值观角度去看待他们的思维方式与行为模式。

总之，在高校学生工作中，社会工作专业这种对"大学生弱势群体"的差异性建构与认可，其实质是基于多元文化主义的哲学基础，对人类社会多元性的接纳与认可，这无疑体现了一种对工作对象的包容与尊重，也使得学生工作者的关注与帮扶更能贴合实际需要与其业已形成的各种思维方式与行为模式。这一点可有效弥补传统高校学生工作中注重全体性和统一性，忽视个别化与差异性的工作惯性。

2. 关注情绪——不良情绪的疏导与化解

在个案社会工作与心理咨询中，理性情绪治疗模式是运用十分广泛的一种工作模式，其理论基础为认知心理学，其对问题的基本假设在于工作对象对外部事件的错误认识而导致的不良情绪，核心技术在于对工

[①] 参见库少雄：《人类行为与社会环境》，武汉：华中科技大学出版社2005年版，第48页。

作对象"非理性信念"的识别、辩论与纠正。①

在现行的高校学生工作制度与行动框架内,针对大学生弱势群体的关注与帮扶多是以经济援助、生活条件的改善等外在环境因素的关注与帮扶为主,对弱势学生的心理状况,更准确地说,应归结为其情绪状态的关注甚少。而通过上述几个个案不难发现,无论是贫困大学生,还是残障大学生,抑或是其他类型的弱势学生,由于其在主流群体中容易产生被边缘化的感受,因此在日常生活中,面对相同的外在事件,容易产生敏感、多疑、自卑、伤感等诸多不合适的情绪反应,这些不合适的情绪反应,来自于其内心一些固守的非理性信念,这些非理性信念尤其会对其自身带来严重困扰,威胁着其心理健康,阻碍了其自身潜能的挖掘与发挥。

因此,作为学生工作者,除了在现行制度框架内给予其外在的物质经济支持外,对其不良情绪的疏导与化解显得尤为重要。在此方面,社会工作的专业视角、理论与方法能发挥其积极的功能。这种积极的功能首先体现在拥有社会工作专业背景的学生工作者在与学生的接触过程中,在专业理论的指引下能够敏锐地觉察到不良情绪的存在。同时,在专业价值理念的驱使下迅速介入并运用专业的方法,比如理性情绪治疗的相关方法,对其不良情绪予以化解。这样运用专业的视角对大学生弱势群体的不良情绪予以疏导与化解,无疑对高校学生工作的传统行动框架是一种有益补充。这无疑使学生工作更能够观照到大学生弱势群体的内在需要和心理状况,更接近大学生弱势群体帮扶的本质目标。

3. 聚焦优势——挖掘个人潜能与资源等保护性因素

优势的挖掘是社会工作在大学生弱势群体关注与帮扶中的有效行动路径。优势视角强调服务对象优势的挖掘、权能感的提升。其核心之处

---

① 参见许莉娅主编:《个案工作(第二版)》,北京:高等教育出版社2013年版,第193—198页。

从优势维度重构服务对象的自我概念（I Am）、自我效能（I Can）、资源环境（I Have）。

通过上述研究发现，在具有社会工作专业背景的学生工作者眼中，无论何种类型的大学生弱势群体都有其共同的特征——权能感低下，不能看到自己的优势。因此，在具体的行动实践中，工作者们多运用了社会工作优势视角的工作模式对其进行了干预，并取得了良好的效果。

在传统的高校学生工作的工作取向中，问题导向一直是其主流。因此，在现行的高校学生工作中，学生工作者更多的是基于理性主义的行动框架，从被社会主流所承认的外在属性来界定其是否处于弱势地位。如，经济水平、身体状况、地域类属、民族归属等。势必在现行制度框架中降低了对大学生弱势群体界定的难度，对该群体的帮扶提供了客观依据。但就另一方面而言，这种界定方式容易导致"弱势"被泛化。事实上，并非所有具有上述外在属性的大学生在各方面都处于弱势地位，都需要特殊关注与帮扶。事实上，其身上具有许多潜能与优势，这些潜能与优势只是没有被挖掘并建构起来。社会工作作为一个旨在促进人的增能与发展的专业，在此方面颇有建树，优势视角的运用就是其中重要的工作视域之一。基于建构主义的哲学基础，从优势维度去挖掘服务对象个人的潜能与环境资源，为服务对象建立起促进其人生发展的保护性因素，并关注人生全程的发展，而非现下的困境。这一点在价值取向上与我国高校学生工作与大学生思想政治教育的育人本质与终极目标不谋而合。同时，上述的案例也充分证明，大学生弱势群体优势的挖掘能够提升大学生弱势群体的自主性与权能感，为其注入人生发展的动力与希望，使其在大学期间不再专注于自身外显障碍所带来的暂时困境，而将思考的焦点聚焦于自身能力的提升与人生未来的走向。

综上所述，通过对上述大学生弱势群体关注与帮扶的案例反思不难发现，社会工作专业运用不同学科视域与工作方法能够观照到现行高校学生工作制度框架容易忽视或无法涉及的内容，给予现行高校学生工作制度框架下的弱势学生的帮扶工作有益的启示与补充。可以说，这是社会工作参与高校学生工作的重要功能之一。

三 学生组织的内源性建设与引导

前文的实证研究结论显示，目前高校传统组织形式呈现出整合力下降的趋势，主要表现在班集体符号化、学生会组织工具化和学生社团空壳化等问题。在本节中，基于多位行动者的若干行动实践，笔者力图澄清社会工作参与高校学生组织的管理与建设何以成为可能，并基于社会工作中的组织建设思想探讨其内在规定性所在。

（一）自组织化：社会工作参与学生组织建设与引导的行动策略

社会工作专业视域中组织建设的思想内涵较为丰富，其既源自于应然层面的社会自组织化的理论沉淀，也源自于实然层面社区组织的丰富历史实践。

1. 社会自组织化

自组织的思想最早源自于系统学与协同学，耗散结构理论创始人普里高津（Prigogine）认为，自组织是系统自发出现或形成有序结构的过程。[①] "协同学"创始人哈肯（Haken H.）认为，一个体系在获得空间、时间和功能的结构过程中，没有外界的特定干涉，那么该体系就是自组

---

① 〔比〕G.尼科利斯、〔比〕I.普里戈金：《非平衡系统的自组织》，徐锡申译，北京：科学出版社1986年版，第175页。

织①。目前，自组织的概念在西方国家已被广泛应用于社会学科领域的相关研究。国内学术界对社会自组织的思想与理论的关注源自于我国社会结构变迁中出现的社会成员个体化与原子化趋势。有研究者认为，所谓社会自组织，是社会中的个体和团体为实现一定的目标，通过自发生成的内部组织力而形成的有序化、结构化的社会结构。社会自组织的内涵属性主要表现为自主性。② 同时，在社区自组织化研究中，有研究者认为，社区自组织是指不需要外部具体行政指令的强制，社区成员通过面对面协商，取得共识，消除分歧，解决冲突，增进信任，合作治理社区公共事务的过程，并使社区逐步进入"自我维系"状态。③

若单从社会科学的历史脉络探寻自组织的思想渊源，其可追溯到涂尔干的《社会分工论》与《自杀论》。在其社会分工的基本思想中，其认为，社会分工达到了社会中的每个个体被固定在某一工作岗位上，因此，社会交往的密度降低，个体显得越来越孤独。而在对自杀预防之策的论述中，其认为，在现代社会，只有将孤独的个体组织化，特别是组织化于特定的职业群体中，才能够真正地预防自杀现象的无序发生。紧接着，结构功能主义大师帕森斯（Parsons T.）提出的社会系统论与ACIL功能模式中，也蕴含着丰富的有关自组织的论述。其基于功能统一性、普遍性与不可替代性的三大假设，提出了认为系统都由于其功能的需要，自组织化四大功能子系统，即适应、达鹄、整合和维模，并分别对应了经济、政治、法律和文化等社会系统。同时，在当代结构主义大师吉登斯（Giddens A.）与布迪厄（Bourdieu P.）的思想中也都能探寻到自组织思想的内核。如吉登斯的"结构二重性"观点论及结构的

---

① 〔德〕哈肯·H.：《信息与自组织——复杂系统的宏观方法》，郭治安等译，成都：四川教育出版社1988年版，第28—29页。

② 朱鸿庆：《社会治安管理视野下的社会自组织研究》，华东政法大学硕士论文，2011年，第7页。

③ 参见陈伟东、李雪萍：《社区自组织的要素与价值》，载《江汉论坛》，2004年第3期，第114—117页。

再生产思想以及布迪厄论述的场域与惯习的互构关系中,都谈及社会结构中个体的自主性对社会结构的再生产起到的积极作用。

综上所述,无论是基于自然科学的原生定义,还是基于社会科学的发展脉络,社会科学领域的自组织内涵的核心在于系统运行的自主性和结构性。而在自主性与结构性两者的关系中,自主性是结构性的动力,结构性是自主性的后果。另一方面,就社会自组织的外延而言,其是一个具有多重层次的概念,可涵盖各个层次的社会系统。就宏观社会系统运行而言,社会自组织可指代不同类型的社会系统,如经济系统、政治系统、教育系统与文化系统等;就中观层次而言,其可用来考察社区层面的自组织状况,如社区内部的经济自组织、政治自组织、文化自组织等;就微观层面而言,社会自组织的概念还涵盖了社会组织内部的自组织性,即组织成员的互动、归属与参与组织的状态。

2. 作为社会工作方法的社区组织

社区组织是社区社会工作的基本方法之一。社区组织作为一种社区工作方法具有深厚的历史积淀。其最早源自于18世纪末的德国汉堡制与埃尔伯福制度,并在19世纪末的英美慈善组织会社与社区睦邻运动中得以蓬勃发展。1946年,在美国布法罗市召开的国际社会工作学会年会倡议成立了社区发展协会。此后,学术界将社区组织视为社区社会工作的一个基本过程,并对社区组织的定义和功能进行了专门研究。1962年,国际社会工作教育协会的课程再次确认社区组织在社区工作训练及实习上的重要性,标志着社区组织正式成为社区社会工作的基本方法之一。

对社区组织的定义,学术界存在三种观点:第一种观点认为社会组织是一种工作方法。其代表人物布拉杰(Brager G.)和史佩齐(Specht H.)认为:"社区组织是指一种干预的方法,它经由专业的变迁媒体来协助由个人、团体与组织构成的社区行动体系,投入有计划的集体行动以解决社会问题。"① 第二种观点认为社区组织是一个工作过程。如著名学者罗斯（Murray G. Ross）认为："社区组织是指一种过程，一个社区经由这一过程去确定其需求或目标，并且设定这些需要或目标的优先级，鼓励其从事改造的信心与努力的意愿，寻求各种资源，并采取果断的行动，通过这些做法来培育社区的合作态度和行为。"② 第三种观点是"方法"与"过程"融合说。如邓纳姆（Dunham A.）指出，社区组织是一个有意识的社会互动过程，也是一种社会工作方法。③

无论社区组织的内涵如何界定，学者们对其工作目标与功能的认识具有高度的一致性。就社区组织的目标而言，可分为任务目标和过程目标。前者主要解决具体的社会问题，后者主要在于培育居民的参与精神，促进居民一般能力的提高，促进社区各群体之间的合作关系，培育与发展社区领袖。同时，过程目标又称为系统维持目标，即维持系统正常运行，并进一步发展的目标。而就社区组织的功能而言，社区组织的功能主要有三种：提供服务，增强社区认同感、提高社区凝聚力，促进社区参与。④

3. 自组织化能力建设与社区组织

社会自组织的内涵不仅仅是一个指代状态的静态概念，同时，还是一个指代变迁的动态概念。由此，社会自组织可被视为是一个变化的过程，即社会自组织可被认为是社会系统的一种能力，这种能力是社会系

---

① Brager G., Specht H., *Community Organization*, New York: Columbia University Press, 1973, pp.27-28.

② Ross M. G., Lappin B. W., *Community Organization: Theory Principles and Practice*, New York: Harper and Row, 1967, pp.86-93.

③ Dunham A., *The New Community Organization*, New York: Thomas Y. Crowell Co., 1970, p.4.

④ 参见夏建中：《社区工作》，北京：中国人民大学出版社2005年版，第209—210页。

统内部动态变迁的重要动力之一,本身有强弱之分。因此,在学术界的相关研究中,关注社会系统的自组织能力也是该领域研究的另一个重要取向。检视国内相关文献不难发现,目前对社会自组织能力的研究主要集中在中观层面的社区,这样的研究取向既符合社会研究主流的中层范式,同时又与目前国家治理体系有"管制"到"善治"的结构性变迁相契合。就中观层面的社区而言,自组织能力是指"社区共同体不需要外部力量的强制性干预,自身就可以自我整合、自我协调、自我维系、进而实现社区公共生活有序化的能力"[①]。事实上,无论基于哪一层面的系统运行,社会自组织能力的本质是系统自我结构化的一种能力。

在现代社会,国家行政力量的强大与社会福利制度的惠及使得社会成员普遍被纳入到了社区这一生活共同体以外的他组织之中,这些他组织力量不断地侵蚀着社区成员的自组织能力。可以说,社区自组织能力的下降被认为是现行我国社会转型初期片面强调国家责任论的负面清单,这使得社区成员与其生活共同体越来越疏离,在其生活共同体中成为原子化的个体。因此,社区自组织能力的建设被认为是解决社会成员个体化与原子化趋势的必由之路。

就自组织的思想与理论而言,其并非专属于社会工作,但社会自组织的思想在社会工作行动者的实践中,更为明确的说是在社区组织的实践中得以成为现实。同时社区组织的专业实践也在自组织化思想与理论的指引中,将其作为重要的实践工具,扩展了工作范围与功能作用。

第一,就价值理念而言,社会工作的人本、增能与参与的思想本身就与社会自组织化所蕴含的思想内涵相吻合。事实上,组织化本身包含着任务目标与过程目标实现的双重指向。就任务目标而言,社区组织化的目标是通过每个社区成员参与意识的增强,互助意识的提升,达致对社区更有效的治理,进而实现社区成员有效地参与社区治理,使得社区

---

① 参见杨贵华:《城市社区自组织能力及其指标体系》,载《社会主义研究》,2009年第1期,第72—77页。

治理自组织化。同时,更为重要的是,社区组织化过程目标的实现才是其终极的价值追求,即通过自组织化达致生活共同体在现代社会的重塑,使得社区成员在社区中获得归属感与认同感。在此方面,社区组织中自助、互助、参与与赋权等无论是对社区自组织化的任务目标还是过程目标的实现均可发挥建设性的作用。

第二,就工作模式而言,社区组织作为一种工作方法能提升社区自组织化过程的科学性。至20世纪初社会工作走向专业化以来,现代社会工作者行动实践本身就不仅仅是实现利他主义的道义实践,更是一种促进社会成员福祉的工具实践过程。这一工具实践过程具有专业性与科学性的特质,专业性与科学性能够保证行动实践的效率与效果。自组织化是社区成员自组织能力提升的必然结果,而社会工作者在社区中的长期行动实践总结与概括出了科学提升社区成员组织化能力的若干普适性模式及更为具体的方法与技巧,这些显然会成为社会工作在促进社区自组织化方面的技术与工具优势。

第三,就工作场域而言,社区本身就是社会工作者行动实践的基本场域。纵观社会工作的发展史,无论是早期的非专业的救济慈善活动,还是近代走向专业的世俗活动,其实践的基本场域均为社区。将社区作为社会工作的基本实践场域充分体现了社会工作的生根性与亲民性,其本质是一种自主性与改良性的体现。社区组织的行动框架并非上层政策层面的执行,而是试图从底层社区层面探寻到维持社会秩序的有效路径。这样的工作焦点与目标指向就与社区自组织化的工作焦点与目标指向不谋而合。

综观上述三个方面可知,社会工作社区组织的专业实践对社区自组织能力建设具有天然的优势,这种优势既来自于价值理念、目标指向等应然层面,更源自于工作模式、工作场域等实然层面。从此种意义而言,促进社区自组织化与社区自治能力的建设本身就是社会工作专业实践中社区组织的应有之义。

4. 社会工作组织建设视野下高校学生组织的建设与引导

在社区属性的划分中，高校归属于专能性社区。高校社区虽然具有专能性，但其具备社区存在形式中的基本要件。其中各种学生组织的存在就是其组织要件的重要组成部分。因此，若将高校视为一种"社区"的形式加以建构，各种学生组织的存在即可被视为是这一社区中的各种"组织"或"自组织"形式。在此，对高校与学生组织的重释并非阐析高校"社区化"的相关议题，而旨在用社会工作的组织建设视野对高校学生组织建设中出现的各种问题与归因予以重释。

现在，无论是班集体、学生会存在的符号化、工具化问题，还是学生社团出现的空壳化问题，在社区组织视域中均呈现出新的建构，即作为高校社区中的自组织出现的"自组织"不"自"与"自组织"不"组织"的双重困境。具体而言，所谓"自组织"不"自"，即班集体、学生会、学生社团等组织内部活力下降，表现为内部成员的自主性匮乏，成员参与度不高；所谓"自组织"不"组织"，则是指组织对内部成员的整合度下降，组织化程度降低，表现为组织内部成员对组织的归属感与认同感下降。

若继续在社区组织的自组织化框架下探寻其成因所在，社区内部自组织能力的不足与社区外部他组织力的侵袭可被认为是问题的成因。首先，社区内部自组织能力的不足。社区内部自组织能力不足主要显现在现行高校学生工作仍然依仗自上而下的行政力量对学生组织进行管理与引导。这样的管理与引导事实上是依靠一种自组织以外的强大的约制力对各校园社区内的组织进行整合。这种整合形式呈现自上而下的线性，往往容易忽视组织内部成员的非线性关系，忽视组织内部成员的自主性和主体性，即自组织化的能力。进一步而言，由于行政力量的统一性与强制性，其在自组织化程度更高的学生社团的自组织化建设中，不但是鞭长莫及，更显得力不从心。其次，社区外部他组织力量的侵袭。随着网络与信息时代的来临，传统以现实空间所形成的组织或自组织的构建形式被打破，虚拟社区的组织形式成为了新的社会整合形式。对于高校而言，传统的组织形式，无论是班集体、学生会，还是传统形式的学生社团，其对内部成员的整合力不断受到这些新型他组织的冲击，使其对内部成员的吸引力与凝聚力不足，社会整合度下降。

基于上述两方面的阐析，对于高校学生组织建设与引导工作而言，若要重塑传统学生组织的活性与整合力，或许不宜继续沿用单一的自上而下的线性干预，而应基于内源性发展的视角，注重培育各种组织的自组织能力，引导其走向自组织化。

与此同时，在社区组织的目标体系分析框架中，高校组织发展的目标也可被分为任务目标与过程目标。就任务目标而言，其目标指向是基本学校管理主体利益取向的，即完成学校管理主体对学生的管理与信息传达任务；而就过程目标而言，其目标取向则以组织成员的利益为导向，即提升组织成员的福祉及促进组织成员在组织及组织过程中的成长与发展，并促进学生组织的发展。而值得注意的是，在高校学生组织建设中，无论是基于高校学生组织发展的根本宗旨，还是就大学生思想政治教育的终极目标而言，学生组织建设与引导过程目标的达致往往更为重要。

（二）社会工作参与学生组织建设与引导的行动实践

如前所述，社会工作专业的行动者们在行动中十分注重组织的自组织能力建设。从某种意义而言，社会工作行动者在社区层面进行组织建设的行动实践就是加强社区内部组织自组织能力建设的行动实践。基于此种专业视角，笔者及多位访谈对象在学生工作经历中利用社会工作的专业知识与方法，在其院系的班级、学生会或社团中进行了若干行动实践。

1. 班集体建设与引导

在《教育大辞典》中，班集体被定义为由整个班级组成，以完成学校教育任务为共同目标,有一定的组织机构、规章制度的学生共同体。具有作为集体有机整体的行为与特征,不是班级单个学生的总和,是班级群体发展的高级形式。① 党和政府一直以来十分重视大学生班集体建设工作,在一系列有关加强大学生思想政治教育的相关文件中从不同的方面对高校学生组织的管理与引导提出了明确部署。《关于进一步加强和改进大学生思想政治教育的意见》中指出,"班级是大学生的基本组织形式,是大学生自我教育、自我管理、自我服务的主要组织载体。要着力加强班集体建设,组织开展丰富多彩的主题班会等活动,发挥团结学生、组织学生、教育学生的职能"。同时,在教育部颁布的《普通高等学校辅导员队伍建设规定》有关辅导员职责的规定中明确指出:"以班级为基础,以学生为主体,发挥学生班集体在大学生思想政治教育中的组织力量"。在新形势下加强大学生班集体建设的研究工作,探索其内在的客观规律性,卓有成效地开展高校思想政治教育工作,是我们必须面对的新课题。② 然而,在前文的实证研究中,相关数据与访谈资料反映出目前大学生对班集体的归属感与认同感下降,班集体的凝聚力与向心力不足等问题。同时,有研究者指出,目前的大学班集体存在主动性、内涵性、持续性和创新性不足等问题。③

笔者及其访谈的多位同仁在学生工作的经历中也在主观层面感受到了大学生班集体存在的上述问题。出于教师与社工的双重责任感与使命感,笔者及同仁基于自组织化能力建设的视角,运用社会工作的理念与方法开展了大量班集体建设的行动实践。

---

① 于昆:《教育大辞典(第一卷)》,上海:上海教育出版社1990年版,第139页。

② 参见雷晓锋:《大学生班集体建设案例研究》,载《思想教育研究》,2009年第S1期,第105—107页。

③ 参见盛佳伟:《新形势下高校班集体建设的思考》,载《思想理论教育导刊》,2014年第5期,第139—141页。

第四章 社会工作参与高校学生工作的显功能 |

在诸多行动实践中，小组工作方法的运用最为常规和典型。笔者及其同仁通常利用班会、周末晚点名等机会，组织一系列促进班集体核心力量建设、人际交往建设、集体氛围建设等小组活动。下面的案例节选自笔者及其同仁在多个班级开展集体氛围建设——"一路上有你"小组活动的策划书。

案例4-15：

"一路上有你"小组活动策划书节选

1. 活动名称	"一路上有你"——大学生人际交往成长小组（小组编号1）
2. 活动主题	通过组员之间的互动，增强其对于人际交往的理解和良性人际交往能力，同时增强其大学期间人际交往的适应力。
3. 活动理念/理论架构	在大学生群体中观察发现，大学生在刚进入大学后或多或少的会有对于人际交往的困惑。 　　主要表现：第一，当人际交往中出现问题的时候大多选择顺其自然；第二，在团队中对于怎样主动交往，主动承担上存在误区，认为任务是由别人布置的而不需要太多的交流；第三，对于活动中与异性交往显得有些不自然，不知道如何与异性交流。 　　基于以上的考虑，运用的理论如下： 　　第一，社会学习理论：该理论认为人们可以根据看到的行为加以模仿从而学习到新的行为，小组成员中会有人际交往活跃的成员，通过他们在游戏中的表现来加强有效交往行为的强化，同时给予表现不主动的组员以积极的暗示或者鼓励来增强其行为的出现。 　　第二，社会认知理论：该理论相信人是自主的，而问题的关键在于其思想里的非理性情绪，主要代表为艾利斯的A-B-C理论模式，因此我们主要通过游戏反思来帮助组员修正其错误的人际交往认识，例如，异性应该保持距离；合作不是自己的事等。

(续表)

4. 活动目标：分为任务目标和过程目标	第一，任务目标 （1）帮助组员提高其表达能力，能正确把想要表达的东西勇敢表达出来；（2）修正小组成员的错误人际交往观；（3）提高组员人际交往的能力，帮助其更好地适应大学人际交往。 第二，过程目标 （1）促进班级成员之间的互动和了解；（2）增强班集体的和谐、温暖的氛围；（3）增强班级同学对班集体的归属感与认同感。
5. 活动详情	（1）活动时间：…… （2）活动地点：…… （3）活动人数：32 （4）活动是否收费：否 （5）具体活动日期及活动主题： | | 活动日期 | 每节活动主题及主要内容 | 负责人 | |---|---|---|---| | 第一节 | 8月3日 | 介绍不一样的自己 | …… | | 第二节 | 8月11日 | 在人际交往中成长 | …… | | 第三节 | 5月26日 | 理解万岁 | …… | | 第四节 | 月17日 | 沟通有招 | …… | | 第五节 | 8月23日 | 合作有理 | …… | | 第六节 | 8月24日 | 关注身边的"美好" | …… |
6. 招募活动对象的方法	……
7. 活动对象以及特征	ZF学院大一学生
8. 活动所需人力资源	……
9. 协办者或协办单位	……
10. 活动的评估方法	……

(续表)

11. 经费预算	序号	项目	预计开支	备注
	……	……	……	……
12. 可预见的困难及对策	……			

上述案例中，笔者通过"一路上有你"系列小组活动，运用小组工作的专业方法分六节次对班级成员的人际交往能力进行了培训，以提升他们的人际交往能力。而正如策划书对小组活动目标描述的那样，提升班级成员的人际交往能力只是该小组活动的任务目标。在任务目标之后，笔者更为关注的是该小组活动过程目标的实现。在该小组活动中，从活动设计来看，前几场活动主要是从个体的视角出发，在活动中让小组成员学会一些人际交往的基本理念与技巧，比如如何给别人留下深刻的印象，如何在与人交往中学会理解，如何掌握人际沟通中的技巧等。而系列活动的后半程则开始转向传递在参与与合作中提升自己的人际交往能力，人际交往的圈子由虚拟世界回到自己班集体与身边同学的重要性等价值理念。这样的活动设计事实上旨在希望班级成员能够回归班级，回归到现实中的人际交往圈子。

在对社区工作目标的论述中，著名学者罗斯曼（Rothman J.）将社区工作的目标划分为任务目标与过程目标。这种划分对社会工作的实务影响深远。任务目标的设定是问题解决指向的，而过程目标的设定是增能参与指向的。在该小组系列活动中，过程目标被界定为"促进班级成员之间的互动和了解"、"增强班集体的和谐、温暖的氛围"和"增强班级同学对班集体的归属感与认同"，从这三个过程目标不难发现，开展该小组活动的重要目标就是能够促进班级成员之间的相互了解，增强班级成员的认同感与归属感，提高班集体的凝聚力与吸引力。这样的目标指向本质是社会工作的行动实践促进班集体自组织能力建设的应有之义。

事实上，上述案例只是笔者与同仁运用社会工作专业知识开展诸多班集体建设行动实践的一个界面。在笔者及同仁的行动实践中，诸多实践形式的本质均是在利用社区自组织化的基本思想探索大学班集体建设的路径。比如，WJ 老师与 LS 老师利用周末晚点名开展了"分享你的人生故事"的班级分享会。该分享会就任务目标而言是促进班级成员的表达与演讲能力。事实上，WJ 老师与 LS 老师纷纷谈及，他们更为关注的是该活动对促进班集体自组织化过程的重要意义。下面是 WJ 老师的一段自述：

案例 4-16：

  我接上这个班的时候，感觉到这个班级气氛非常沉闷，我问了科任老师，感受到的情况也是如此，于是我就想通过分享会的方式让大家重回班集体，而不是玩手机、网络……一开始，许多同学只是讲一些很浅的东西，没什么意思，后来，有部分同学开始主动分享他们从来没有跟人述说过的故事，在表露自己的故事时经常泪流满面，下面的同学也经常热泪盈眶……

从此段自述不难看出，在班集体建设中，具有社会工作专业背景的学生工作者首先在价值理念上注重班集体组织的内源性建设，通过班级成员的自我表露引起其他成员的同感，从而达到班级成员之间增进了解和信任的目的。而更为重要的是，基于学生工作者的视角，这样的形式有效促进了班集体凝聚力与吸引力的增强，增进了班集体对班级成员的整合度。

基于组织成员的视角，自组织化的本质是促进组织成员的参与，在参与中促进其对组织的认同，从而自觉参与组织的建设，进而促进组织的自主有序运行。不难发现，无论是笔者开展的系列小组活动，还是

WJ老师与LS老师开展的班级分享会活动，均是具有社会工作专业背景的学生工作者实施的一种促进班集体建设的实践形式。而值得进一步深思的是，在实践过程中，行动者赋予了上述行动实践在个体增能取向以外的另一层行动意义，即具有集体取向的组织增能。而这种组织增能的意义建构正是社会工作专业实践中自组织化理念的实现。因此，在高校班集体的组织建设中，社会工作专业实践中的组织化思想及相关工作方法在具体的实践中是能有效促进大学班集体的组织建设。

2. 学生会的建设

《关于进一步加强和改进大学生思想政治教育的意见》中明确指出："高校学生会是党领导下的大学生群众组织，是加强和改进大学生思想政治教育的重要依靠力量。"可以说，学生会组织是大学校园中重要的学生组织形式，更是加强和改进大学生思想政治教育的重要路径与载体。学生会组织本身具有道义价值，这种道义价值具体表现在个体层面的促进内部成员增能与成长方面所具有的特殊意义。而在组织层面则是组织运行的自主性，即自组织性。基于此，笔者及其多位同仁在社区组织的行动框架内开展了若干行动实践，每年在学生会招募选拔、学生会干部能力提升、学生组织凝聚力建设等方面开展了系列活动。下面是MG老师对学生干部进行能力培训与素质拓展的培训方案。

案例4-17：

学生会干事培训方案

为了建设一个团结、自主、高效、负责的学生会团体，提高学生干部的思想觉悟和服务意识，增强学生干部的业务能力，强化学生会的凝聚力，形成一个相互合作、相互尊重、相互帮助、相互信任的学生组织，我院将进行一系列的学生会干事培训。

具体培训项目如下：

1. 日常签到	5月26日起每周一、二、三、四、日晚8：40—9：30为签到时间，每晚8：40准时到J楼205室签到，有课等其他情况来不了或者会迟到要在每晚七点前给办公室说明情况，办公室制作考勤表并做好考勤记录。日常签到的主要目的是增加组织成员的交流频率，促进学生会成员之间的熟悉程度。
2. 相互交流	每晚签到之后，干事要相互交流。首先轮流做自我介绍，每晚限定10人。尽快熟悉学生会全体干事及其相应部门（要求熟悉各干事姓名、部门、特点等），主席团成员会不定时抽查交流效果。
3. 小组活动	在签到之后定期开展小组活动，运用社会工作专业方法，通过小组活动的形式，让所有新干事一起参与，促进干事之间相互认识，相互熟悉，打破隔阂。在小组活动中邀请学工老师参与，与干事们一同开展小组活动，促进学生会成员与老师之间平等的交流与沟通。小组活动分为五期，小组活动具体方案目录： 第一期：大风吹、桃花朵朵开、万里长城 第二期：千千结、传递呼啦圈、同舟共济 第三期：信任之旅、爱的长度、坐地起身 第四期：你演我猜、亲密接触 第五期：松鼠与大树、踩气球、穿越火线
4. 新闻写作培训	组织学生会干事参加新闻写作培训，邀请学校宣传部、新闻中心校报编辑、学校新闻网主管为干事进行新闻写作、新闻素材采集、新闻照片拍摄等相关知识培训。时间为5月21日晚上7点，J楼306室。
5. 学生干部培训	邀请学校关心下一代委员会老干部5月29日下午4点在J楼205室为学生会干事进行培训，提高干事的思想觉悟，为同学们服务的意识，增强学生干部业务能力。
6. 学生会内部活动	不定期的组织学生会成员内部活动，各类运动竞赛、户外拓展活动、聚餐等有助于增强凝聚力的各类室内或户外活动。
7. 小组活动总结	一系列小组活动结束之后做一个PPT总结，将活动照片、大家的特写镜头等放在一起，并挑选优秀感受一同展示。让大家自己回顾一路走来的感受和收获。

第四章 社会工作参与高校学生工作的显功能 Ⅰ

(续表)

8. 备注	以上培训的每次考勤以及活动中的表现将作为考核的重要参考。每次活动结束之后，主持人总结活动的意义，让干事做活动反馈。所有一系列活动结束之后，每名干事写一篇感想，优秀的感想将会在总结的时候展示出来。

上述内容是 MG 老师开展学生会干部培训制定的培训方案节选。实际上 MG 老师制定了十分详尽的学生会干部培训方案，培训方案涉及沟通技巧、活动策划、组织领导、团队文化、写作表达等各个方面。据 MG 老师自述，在其接手院系的学生会管理与引导工作后，十分重视学生会组织内部的建设，因为她意识到学生会组织在日常工作中存在过度行政化、组织涣散、工作懈怠、缺乏协作和凝聚力不强等诸多问题。在她看来，这些问题的核心是在学生会组织的管理与引导中忽视了组织成员的参与和增能，忽视了其组织内部自组织能力的建设。于是，她便力图利用社会工作的行动框架对学生会进行自组织能力建设。结果上述活动取得了良好的效果，得到学生会干部的一致好评。学生会干部纷纷表示，通过这样的活动，一方面提高了自身的能力，更为重要的是增强了学生会的凝聚力与自主性，使其能够更好地为同学服务。

进一步考量 MG 老师的行动实践不难发现，就工作方法而言，MG 老师主要是运用了小组工作中的互动模式开展学生会组织建设的专业实践。而更为值得探究的是 MG 老师行动实践背后的价值理念。在现行的高校学生工作中，大部分学生工作者在管理与引导学生会组织的过程中更多的是站在管理与使用的视角，这样不仅忽视了学生组织"自我管理、自我教育、自我服务"的基本定位，而且忽视了学生会组织建设是开展大学生思想政治教育的重要路径，进而疏于对其进行内源性的培育与建设。而值得注意的是，具有社会工作专业背景的学生工作者能够意识到学生会组织能力建设的重要性，并利用专业方法付诸行动实践，并取得了良好的效果。这表明，社会工作中社区组织的价值、方法在高

177

校学生会组织建设中起到了正向的作用,是社会工作参与高校学生工作中的又一功能实现形式。

3. 社团建设与引导

共青团中央、教育部、全国学联于 2016 年 1 月印发《高校学生社团管理暂行办法》中指出,高校学生社团是由高校学生依据兴趣爱好自愿组成,为实现成员共同意愿,按照其章程自主开展活动的群众性学生组织。要把加强和改进学生社团工作,作为高校贯彻党的教育方针、推进素质教育的重要组成部分。高校大学生社团具有广泛的参与性、充分的民主性等特点,社团活动对大学生有巨大的吸引力和感染力。① 在社团建设方面,教育部、共青团中央发布的《关于加强和改进大学生社团工作的意见》中指出"充分发挥学生自我教育、自我管理、自我服务的积极性;坚持建设和管理并重,积极扶持、规范运作,促进健康发展;推动学生社团在活跃校园文化、加强和改进大学生思想政治教育、服务学校改革发展稳定等方面发挥更大的作用。"然而,如前文中所述,目前高校社团存在着空壳化的趋势,社团活动对大学生的吸引力和感染力呈现下降趋势。因此,加强学生社团的管理与引导应成为现下学生工作的应有之意。笔者及多位同仁的学工经历发现,社会工作行动框架在多个层面的嵌入能够有效地促进高校社团的建设与引导。而在诸多行动实践中,以青年志愿者社团的建设及社工组织与大学生社团的有效联动最为典型。

第一,社工理念与方法促进大学生志愿服务社团的自组织化。

青年志愿者社团是大学校园中重要的公益性社团,是大学社区中重要的自组织形式。一方面,其秉承志愿服务的基本宗旨,为弘扬和倡导利他主义精神提供实践载体;另一方面,就社会价值而言,其同时具有

---

① 蒋娇龙:《高校学生社团特点分析与发展对策》,载《中华文化论坛》,2009 年第 S1 期,第 82—84 页。

第四章 社会工作参与高校学生工作的显功能 Ⅰ

为社会上有需要的人或群体提供实际帮助的工具价值。但是,目前大学生志愿服务社团普遍存在着诸多问题,主要表现在:志愿者招募,存在选拔标准"弱化"倾向;组织管理,存在"行政化"硬性管理倾向;活动指导,存在专业培训缺乏的问题;服务开展,存在形式化不良倾向;服务评价,存在激励机制单一化倾向等。① 在具体的行动实践中,笔者及多位同仁也发现了其中存在的诸多问题,印证了现有文献中的一些研究结论。下面是 JT 老师的行动反思:

案例 4-18:

  大学生志愿者社团的问题很多,核心就是活力不足,专业性不足,我是被一位社工专业的青协会长邀请去给他们做指导,从而真正地将社会工作的元素融入到志愿者社团建设中的,我觉得社工的元素对志愿者社团的作用主要在如下方面:

  第一,社工理念的融入。这种注入不仅是在对服务对象的方面,更重要的是社团内部的建设、凝聚力的形成、认同感等,很多刚开始来的志愿者只有热情,但是不知道志愿服务的核心理念是什么,我们应该如何在志愿服务中成长,这些志愿服务的理念会给我们日后的人生留下什么……他们明白了很多理念后,对志愿者组织的认同,对志愿服务的持守就不仅仅是停留在感性层面,而是能够融入到自己的血液中……

  第二,专业技巧的传授。社会工作专业价值对培养青年志愿者专业素质有很大帮助。现有的志愿服务活动中,志愿者往往流于形式,在较浅层面去帮扶弱势群体,很多时候发现不了弱势群体真正的需求。举例说明,支教活动中孩子们提出老师欺负他们,这个时候志愿者往往措手不及,不知道如何处理突发情况。因为他们没有

---

① 参见何涛:《高校青年志愿者社团优化发展研究》,载《三峡大学学报(人文社会科学版)》,2014年S1期,第104—106页。

接受过专业的培训,包括如何跟留守儿童沟通交流,如何回答他们的问题,如何走进他们内心等。而社会工作专业恰好在这里能够派上用场,所以,每次支教前我都会给志愿者培训,将我们的专业技巧渗透到实践活动中,结果非常管用……

第二,服务流程的专业化。建立专业的服务流程。我进行了项目制的改革,很多时候,志愿者社团去开展活动,一上去就服务,没有需求评估,也没有后期的评估,更没有什么专业的记录。我就跟我们那个社团的主要负责人进行了专门的培训,什么是科学的流程,怎么记录,如何进行建档,专门评估……

在这些过程中,你会发现,我们院系的志愿者协会比其他院系的志愿者协会更有活力,每次活动基本上都没有人缺席,因为很多同学真正觉得活动不是流于形式,是真正能够帮助到应该帮助的人……

上述内容是JT老师开展大学生志愿者社团建设的一段自述资料,正如JT老师所言,对大学生志愿服务社团的培训与建设是偶发性的,是非制度化的,但这样的行动实践过程并不影响其对社会工作促进大学生志愿服务社团建设的普适性功能的概括。首先,社会工作理念的注入可增强志愿者组织内部成员的参与感、认同感及持久活力的保持;其次,社会工作专业技巧提高了志愿服务的专业性,提高了服务效率;第三,社会工作服务流程的科学性,既提高了服务的科学性,又促进了志愿者在反思中成长。

不难发现,就具体的行动实践而言,社会工作的行动框架可促进大学生志愿者社团走向专业化,即社会工作的专业属性能提高大学生志愿者社团任务目标的达到,提升服务的工具价值。而值得进一步考量的是,JT老师谈及,就过程目标而言,提升服务的工具价值本身就能够促进社团内部的自组织化。因为组织目标的有效实现本身就是促进组织内部团结的有效手段。也就是说,社会工作的介入与干预对于大学生志愿服务组织而言不仅促进了本身任务目标的实现，更为重要的是，在此过程中，组织内部活力与凝聚力，即自组织化程度也随之提升。由此可知，社会工作行动框架在促进大学生志愿者组织的自组织化方面起到了积极的作用。

第二，社工组织与大学生社团的联动促进大学生社团建设。

有研究者指出："目前的社会环境下，高校已无力从整个社会层面上对大学生参与志愿活动做出全面的规划和引导，而独立的、具有职业性质的社会工作机构将是志愿者活动赖以持久发展的重要组织基础，高校在新的社会经济条件下，与非政府组织进行持续的、有规划的合作是保障大学生参与志愿活动取得'多赢'局面的必然趋势。"[①] 在具体的行动实践中，社会工作对高校志愿服务社团自组织化的建设不仅体现在理念、方法与技巧等临床层面的介入，而且体现在结构层面协同联动，即社会工作组织作为资源的联结者与 H 大学的多个社团合作，使其走出校园，服务当地社区。下面是对 WJ 老师的一段访谈资料：

> 我们承接了一个灾后重建的社会工作服务项目，今年夏天，X 市遭受了百年不遇的洪水侵袭……在项目进行中，我们发现村民们有很多电器损坏，我就想到了我们学校的电子协会，于是就联系了他们，让他们去帮灾民修电器，结果他们热情非常高，有同学说这是他们上大学生以来做的最有意义的事……我还找了我们学校的插花协会、音乐协会等去教灾区的孩子……他们热情都非常高，几个社团的会长都觉得以后要和我们长期合作，经常参与这些活动，这样他们社团也有活力，活动不总是流于形式，成员们参与度也很高……

---

① 参见张勖：《大学生参与志愿服务长效机制研究——中美比较的视角》，载《中国高教研究》，2009 年第 12 期，第 71—72 页。

WJ 老师具有双重身份，既是 H 大学的社会工作专业教师，同时也是 Y 社会工作服务中心的兼职社工，此段自述是其组织某灾后社会工作服务项目时经历。在行动实践中，WJ 老师积极调动学校各种社团资源积极参与志愿服务，努力服务当地社区。事实上此个案并非特例，笔者及其多位受访老师均自己担任了社会工作组织或是某些社工组织的兼职社工，类似的联动与合作不占少数，比如 CZ 老师承接的困境未成年人社会工作服务项目，就联结了学校的青协、美术协会等社团组织中的同学在周末开设学习与兴趣课堂，长期、稳定地为学校周边的某社区中的困境儿童服务。

进一步考量上述案例的结构性因素不难发现，从任务目标看，其是社工组织扮演资源链接者的角色，积极调动社区志愿服务社团服务当地社区，并取得了良好的服务效果。与此同时，若基于过程目标而言，此种社工组织与校园社团合作积极参与社会服务的形式有效地促进了校园社团积极参与志愿服务，并通过此种形式有效促进了校园社团的建设与培育，提高校园社团吸引力、参与度与感染力的过程。在此过程中，社会工作组织作为一种校园系统外的协同要素，为校园社团输入了信息与能量，输入了其自组织化的重要动力，激活了校园社团内部的活力。

（三）学生组织的内源性建设：社会工作促进学生组织建设与引导的内在逻辑

在大学校园这样一个功能性社区中，学生组织是其中最活跃的组织形式，理应成为建设与培育的主体。然而，目前高校学生组织的建设与引导，无论是班集体、学生会，还是自主性更强的社团组织，均出现了空壳化的趋势。就诸多学生工作者看来，这样的空壳化趋势主要由于网络与信息技术发展的冲击以及现代大学生个性化特征凸显所致。然而，值得注意的是，这样的归因主要是基于宏观社会环境与微观个体特质变迁两个层面，缺乏对组织内部建设因素的观照。而值得进一步深思的是，这样的归因主要源自于高校学生工作的传统学科支撑的思维惯性。一方面是基于传统思想政治教育主客体二元关系思想，这样的二元关系观导致了高校学生组织建设与引导工作往往呈现出被动性与对立性特征；另一方面，在理性主义为主导的管理思想的引导下，高校学生组织的建设与引导工作则呈现出约制性与工具性特征。事实上，无论是被动与对立性，还是约制与工具性，其本质均可体现在传统的高校学生组织建设与引导工作忽视了组织自身的主体性与组织成员的参与性。

在上述的行动实践中不难发现，基于社会工作社区组织的思想，高校学生组织的建设与引导工作可予以重新建构。社区组织的观点将工作焦点聚焦于组织的内源性建设，在介入方法上注重培育社区内组织自身的主体性与组织成员的参与性，通过组织内部的能力建设带动组织活力与凝聚力的增强，进而推进其自身的运行与发展。

1. 学生组织自组织化能力的建设

社区组织实践的过程目标就是要实现社区组织自组织能力的增强。因此，在高校学生组织建设与引导工作中，学生组织的自组织能力的增强显得尤为重要。所谓学生组织自组织化能力的增强，即学生组织自我教育、自我管理与自我服务能力的增强。而在社区组织实践路径中，组织精英的挖掘与培育就是自组织化能力重要的实践路径之一。在上述社会工作参与高校学生组织建设的实践中，无论是对班集体、学生会，还是社团，具有社会工作专业背景的行动者们均十分注重组织领导的挖掘与培育。对组织领导的挖掘与培育的实质就是对学生组织自组织能力增强的有效实践路径。在具体的方法中，行动者们协助组织领导明确组织目标、确立组织理念、建设组织文化、培养组织领导力及规范组织规章制度等。事实上，就社会工作的学科性质而言，社会工作专业框架下的高校学生组织自组织能力建设的实现并非在于行动者方法的专业性或是实践的工具取向，而是体现在实践者在社会工作价值理念的引导下，对学生组织自身能力建设的持续关注，是社会工作行动者在行动中道义价值的集中体现。

2. 组织成员认同感与归属感的培育

在人本主义的管理思想中，组织成员认同感与归属感的培育是组织管理的重要方式之一。同样，在社区组织的行动框架中，培育组织成员对组织直至社区的认同感与归属感是社区组织工作的重要指向所在。就高校学生工作而言，培育学生对其所在或所参与组织的认同感与归属感则是大学生思想政治教育实效性提升的重要路径。而值得考量的是，如何通过此路径去实现大学生思想政治教育实效性的提升？即以何种更为有效方法去增强大学生对其所在或所参与组织的认同感与归属感？通过上述行动实践不难发现，促进参与是其重要的实现方式之一。促进居民参与是社区组织重要的行动框架，将其运用到高校学生组织建设中，就是要促进学生参与，这种参与并非是个别成员的参与，而是全体成员的参与。在上述学生组织建设的行动实践中，虽然组织形式不同，实践形式不同，但是无论是何种组织、何种实践，行动者均是在社区组织的行动框架中运用各种方法促进组织成员参与。在班集体建设中，有关凝聚力建设的小组活动是促进组织成员在小组工作的框架中积极融入班集体；在社团开展志愿服务过程中，是通过在更为广泛的时空中开展实践而促进组织成员的参与，从而提升其对组织的认同与归属。同时，就社区组织的过程而言，其组织的过程本身就是促进成员参与的过程，参与的重要目的就是组织化，组织化的重要内涵就包括组织成员对组织直至作为生活共同体的整个社区的认同与归属。因此，就学生组织建设而言，组织各种形式的活动，从而促进学生更为积极主动地参与组织活动的过程，其本身就是学生对大学社区中各种所属组织或参与组织的认同感与归属感的培育过程。而在此方面，社会工作中社区组织的思想无论是从价值理念上，还是在工作方法上,均以促进参与作为其工作的基本指向,在高校学生组织的建设中发挥着重要功能。

3. 组织成员自我成长的注重

"助人自助"是社会工作的基本价值理念。此理念在更为宏观的社区组织中同样地贯彻与落实。大学生思想政治教育的最终目的是促进学生全面的发展,大学校园组织建设与引导工作作为大学生思想政治教育的重要实践路径,其最终目标理应是促进学生的全面成长与发展。事实上,在高校学生工作的具体实践中,具有社会工作专业背景的行动实践者们,无论是将社区组织视为一种方法,还是将其视为一个过程,从目标的实现指向看,组织成员在组织中的成长与发展均是其工作的焦点,这与大学生思想政治教育的终极指向具有高度的契合性。值得注意的是,在社会工作专业框架下的行动实践不仅仅是停留在抽象层面上的价值追求,更是具体层面上的工具实践。因为学生的成长与发展并非是抽象的概念,而是需要在教育者的教育实践中将其分解为具体的内容加以落实。无论是前述的组织领导的挖掘与培养,还是促进组织成员的参与,从方法与过程而言均是对学生成长与发展的具体落实。

具体而言,在组织建设中,具体社会工作专业背景的实践者们从价值与工具两个层面落实了促进学生成长与发展的任务。首先,就价值层面而言,注重学生利他主义和社会责任感的培育。在行动实践中,笔者及多位受访老师均感受到,组织建设的归宿是学生的成长与发展,而学生成长与发展的基础是利他主义精神与社会责任感的培养。因此,在组织建设的过程中,均将培养组织成员树立上述价值作为工作的基础。无论是小组活动的反思,还是大型志愿者活动、社区服务活动的事后总结,工作者们总是积极引导组织成员去发掘利他主义和社会责任感在活动中的重要价值,进而引导其在实践中体验和思考利他主义和社会责任感对个人成长与发展的意义。可以说,引导学生在具体的组织活动中体验、思考、反思、升华是促进学生成长与发展的重要形式,使得促进学生全面发展的教育目标得以更有效地落实。其次，就工具层面而言，积极引导学生在组织活动中提高自身能力。比如，在班集体建设中，小组活动的内容本身就包括人际交往能力提升训练；在学生会建设中，对新入会的学生会干事进行沟通能力、组织协调能力的培训；在青年志愿者协会的建设中，志愿者沟通技巧、开展志愿活动科学流程的培训等。上述实践的具体形式均提升了组织成员在人际沟通、组织管理、活动策划等诸多方面的能力，使其获得了成长与发展。更为重要的是，若组织成员在组织活动中获得了成长与发展，其就会更为积极主动地参与组织活动，进而对参与的学生组织更具认同感与归属感，进而使得该组织更具吸引力与凝聚力，形成组织成员对组织建设的反馈推力。

综上所述，在具体的行动实践中，无论是对学生组织自组织能力的建设、培育成员对学生组织的认同感与归属感，还是对学生在组织中成长与发展的关注，行动者们均一以贯之的核心价值就是注重学生组织的内源性建设。所谓内源性建设的实质，即注重学生组织自身发展的主体性。主体性内涵中又包含了自主性、参与性、成长性等多层内涵。首先，就工作焦点而言，行动者的工作重点应聚焦于培育与引导，而非管理与使用。其次，在干预策略上，行动者应通过各种形式与手段鼓励组织成员的参与，并积极引导组织成员在参与中反思，从而促进组织的吸引力与凝聚力。从现象看，上述行动实践是具有社会工作专业背景的学生工作者利用社区组织的行动框架进行高校学生组织建设与引导工作。而从本质层面加以考量则是社会工作专业的社区组织策略无论是在理论基础还是在历史实践中在组织建设方面均积淀颇多，适用于社会工作参与高校学生工作中的组织建设与引导工作。

第五章 社会工作参与高校学生工作的潜功能

在本书中,社会工作参与高校学生工作的潜功能可被视为在社会工作行动框架下的高校学生工作者事前未预料到并具有隐蔽性的行动实践后果,而在行动者实践后被发现或是被反思到的实践后果。同时,其实践后果对于行动对象而言具有隐蔽性。在高校学生工作的实践范畴中,教育、管理和服务是针对实践对象的实践范畴。除此之外,其自身建设也是重要的实践范畴之一。在社会工作专业背景的高校学生工作者的行动框架中,可服务学生功能的发挥也许是被行动者事先所预知,因为这是社会工作的学科性质所决定,但在教育、管理与自身队伍建设中的功能却不可能被行动者事先预见。就此种意义而言,在本书中,社会工作参与高校学生工作的潜功能意指在社会工作行动框架下的高校学生工作者的行动实践对学生教育、管理以及自身建设中所产生的实践后果。在本章中,基于大量的一手实践资料,笔者阐析了社会工作在高校学生工作实践中"全员育人"格局的有效落实、学生工作预防功能的提升和学生工作者核心素质的优化三个方面发挥的功能。其恰好是社会工作在高校学生工作教育、管理与自身建设三个实践范畴中的功能实现。

一 "全员育人"的操作化

(一)社会工作的"人在环境中":全员育人操作化的行动选择

1."人在环境中"的内涵与渊源

"人在环境中"(也称为"人在情境中")是社会工作专业理论与实践的重要概念之一。诸多社会工作的实践者与理论家均将其视为社会工作、特别是个案工作,区别于心理咨询、慈善行为的理论基础与实践模式。著名心理—社会学派代表人物汉密尔顿(Hamilton G.)认为,"人在环境中"是个案工作的核心理论,个人的问题常常因为个人的需要和环境给予支持之间以及个人处理问题的能力和环境的要求之间不能相一致或者相配合而产生。在1987年,美国社会工作者协会等权威机构将社会工作界定为以"人在环境中"为基础的知识和理论以及服务。[1] 可见,"人在环境中"是社会工作理论与实务中的核心概念。

从历史渊源看,"人在环境中"观点是社会工作发端至今一直崇尚的工作理论与实务模式,早在19世纪末到20世纪初的英美慈善组织会社与社区睦邻运动中,芮奇蒙德(Richmond M.)和亚当斯(Addams J.)都推行"人在环境中"的工作模式并加以总结归纳[2],芮奇蒙德在1917年出版的《社会诊断》中提出"在环境中理解行为",强调利用环

---

[1] Cornell K. L., *Person–In–Situation: History, Theory, and New Directions for Social Work Practice*, Praxis, 2006, pp.50–57.

[2] Goldstein E. G., *Psychosocial Approach in Encyclopedia of Social Work*, 19th, New York: Free Press, 1995.

境资源以促使服务对象的改变和增能。① 这一论断奠定了社会工作专业的理论基础——从环境角度理解和干预个人以及其所面临问题,而就实践而言,促进人与环境间的良性互动,提升个人适应环境的能力成为社会工作实务的主要目标和手段。可以说,就此种意义而言,"人在环境中"的观点即是社会工作专业化的发端。但"人在环境中"观点的发展并非一帆风顺,在20世纪20至50年代间,由于当时精神分析学派的盛行使其一度成为了社会工作者对问题的归因工具与工作取向,直到20世纪50年代,心理—社会学派对"人在环境中"观点的重塑,其代表人物托尔(Charlotte Towle)在这一时期正式提出了"人在环境中"的概念。② 由于"人在环境中"这一分析框架对服务对象问题归因分析的全面性与科学性以及在工作过程中操作的明确性,其逐渐成为社会工作的主要实务原则。③（之后发展出来的各个学派只是在该理论框架的基础上对"人"或"环境"方面不同的侧重。如,优势视角强调在环境的配合下,发现人的优势因素;而赋权视角则着力强调消除环境中的限制因素。）

事实上,"人在环境中"在英语中有两种表达方式,即"Person-in-situation"和"Person-in-environment"。这两种不同的表达本质上是蕴含着社会工作不同学派与工作取向的不同理解。比如,心理—社会学派就是"Person-in-situation"这一表达方式,其强调环境是服务对象的"situation"。该学派的"人在环境中"指个人受到其生存环境内的诸多因素的影响,并且人的内心状态及所处的社会环境经常处于交互作

---

① 参见曾华源、黄俐婷:《心理暨社会派、生态系统观点及增强权能观点对"人在环境中"的诠释比较》,载《东吴大学学报》,2006年第6期,第63—89页。
② 许莉娅主编:《个案工作（第二版）》,北京:高等教育出版社2013年版,第23页。
③ Greene R.R., Epress P.H., *Human Behavior Theory and Social Work Practice*, New York: Aldine de Gruyter, 1991, p.59.

用状态。因此必须注重人的心理因素和环境（社会）因素之间的调适。①

不难发现，心理—社会学派对"人在环境中"的理解兼有社会建构论与生态系统论的哲学内涵，即强调人与社会环境之间的交互作用与复杂关系。同时，从工作取向而言，其带有明显的适应与改良色彩，强调个人对环境的适应过程。"Person-in-environment"是美国社会工作者协会于1994年正式提出并使用，"人在环境中"用以描述服务对象的人际、身心状况与环境因素的知识系统，该系统兼顾了案主的问题和能力，强调问题不仅来源于个体特质同时也存在于个人与环境的复杂性。②"人在环境中"概念的提出与使用，使得社会工作者的工作焦点悄然发生了改变，从注重个人对环境的使用开始转向个人的赋权。这样的转变是当代社会工作工作取向由建构主义为主导的临床取向向结构主义为主导的革命取向转变的一个缩影。在具体实践中，可理解为社会工作者开始将焦点转向环境中对人的限制因素。

综而述之，无论"人在环境中"观点在历史实践发展的脉络中如何演化，其强调人与环境的交互作用这一核心没有发生变化，其强调社会工作者调动环境中的有力因素帮助服务对象改变这一基本工作手法没有发生改变。

2. "人在环境中"的实践逻辑

社会工作者认为，在"人在环境中"的观点中，任何人都是"环境中的人"，无论是个人需要还是生活任务，都产生于环境，而生活任务的完成和个体需要的实现又必须在特定的环境中运作，并且需要得到

---

① 参见许莉娅主编：《个案工作（第二版）》，北京：高等教育出版社2013年版，第23—24页。

② 参见曾华源、黄俐婷：《心理暨社会派、生态系统观点及增强权能观点对"人在环境中"的诠释比较》，载《东吴大学学报》，2006年第6期，第63—89页。

环境中资源的支持。而所谓资源则可宽广地理解为任何用于实现目标、解决问题、减缓困扰、完成人生任务及满足需要的有价值的东西,包括有形的资源,如金钱、物质等;还包括无形的资源包括爱、信息、服务、希望等。由此,"人在环境中"实践逻辑的本质是调动环境中一切的资源促进案主的改变。由此,在具体的实践里,"人在环境中"的实践逻辑可从三个方面予以展开。

第一,关注个人能力的提升。所谓关注个人能力的提升,即关注个人解决问题、应对环境和发展自身的能力的提升。在这方面,社会工作的不同理论范式存在着若干不同的解读。以生态系统论和赋权理论为例,就个人的能力而言,前者将人的发展能力分为人际关联能力、胜任力等。人际关联能力指的是个人拥有与他人连结而建立关系的能力,此种人际关联的发展开始于亲子间依附关系的建立,并因此建构个人在未来生命周期中所发展出来的各种互惠性的照顾关系。胜任能力指的是透过个人与环境间的成功交流经验,建立个人有效掌握环境的能力,具体而言,此种胜任能力涵盖了婴儿用哭、抓取、爬行等动作发展的自我效能感、能与他人建立有效而关怀的人际关系、有做决定的信心(相信自己判断、有自信心)以获得想要的结果、有能力动员环境资源及社会支持等。人际关联是指个人拥有与他人建立关系的能力,这种能力源自于个人人生发展早期亲子间的依恋关系程度,并由此奠定了个人未来所建构的各种人际交往能力的基础。胜任力是指通过个人与环境的互动而建立的个人掌控环境的能力,包括自我的效能感、做决定的能力、获取资源和支持的能力。[①] 而赋权理论则认为每个人都不能缺少权能,个人的权能不是他人给予的,而是要通过社会互动不断增加。个人需求不足或者出现问题无法实现自我,主要是因为人受到来自于环境本身的压迫,

---

① 宋丽玉、曾华源、施教裕等:《社会工作理论——处境模式与案例分析》,台北:台湾洪叶文化事业有限公司2002年版,第258页。

而产生无力感、边缘化、缺权化。① 虽然不同理论范式对"人在环境中"观点对人产生问题的归因的侧重点不同,但是它们均对个人改变的假设持积极乐观的态度,即均相信人具有自我选择、自我改变、自我发展的意愿与能力。同时,均认为个人能力的欠缺不是简单的道德因素或是心理因素造成的,而需要与环境的状况相联系。

第二,关注环境。所谓关注环境,即关注环境中阻碍个人发展的各种因素,并在可能的情况下加以改变或重构,使之更有效地满足人的需要、促进人的发展。在社会工作实践中,环境被定义为在一个特别的区域、社会结构和建构的空间中人们以及他们之间的互动和变迁的整合。② 不同的学者对环境有不同的划分。卡姆顿(Compton)认为"环境"由社会环境、物理环境、临时环境和灵界环境组成。社会环境主要指个人、家庭、社区和阶级等;物理环境则包括气候、地域、住房等;临时环境指时间和空间;灵界环境则主要意指文化氛围,比如信仰等。另一个层面,他将环境又分为微观的、中观的和宏观的环境。微观环境就是你的身体和个人置身于其中的社会环境,包括家庭、学校、工作、休闲的时间等;中观环境是对微观环境影响的方式,它主要包括对个人处理他们每天的生活有影响的一些团体、组织和机构,如教会、社区资源等;宏观环境包括社会中的经济、政治、文化等。③ 个人所处的环境就像一系列套起来的盒子,从最小的到最大的,最小的就是个人,最大的针对一个人来说可能是社会或者世界、国际环境等。每一个盒子都有它的特征但都被另一个大于它的盒子定型了它的尺寸,比它大一点的盒子就是它的环境。最大盒子对最小盒子的影响是通过中间的盒子作为中

---

① 宋丽玉、曾华源、施教裕等:《社会工作理论——处境模式与案例分析》,台北:台湾洪叶文化事业有限公司 2002 年版,第 420 页。

② 宋丽玉、曾华源、施教裕等:《社会工作理论——处境模式与案例分析》,台北:台湾洪叶文化事业有限公司 2002 年版,第 35 页。

③ Compton B., Galaway B., *Social Work Processes*, 5*th*, Pacific Grove, CA: Brooks/Cole Publishing Co., 1994.

第五章 社会工作参与高校学生工作的潜功能 Ⅰ

介起作用的,也就是说社会对个人的影响可能通过家庭、学校这样的中介。

对环境的理解,不仅仅是理性主义取向的。汉密尔顿(Hamilton G.)将"环境"分为内在的压力和外在的压力两种,两者之间相互作用。在这里,内在的压力指个人的压力,外在的压力指来自家庭、朋友、老板、老师以及更大的文化、组织、家庭、社区、社会系统等的压力。显然,此种对"环境"的定义兼顾了心理与社会两大要素。而社会建构主义的观点更是将"环境"的理解意涵加以放大。实际上,这充分说明了服务对象所处的环境,更可用"情境"一词替换,因为其所处的环境是其主观建构的,因此,在社会建构主义的观点看来,环境可以分为实际的环境、服务对象理解的环境与社会工作者理解的环境。

第三,关注人和环境之间的关系。所谓关注人与环境之间的关系,即关注人与环境的交互状况。对于社会工作实务的目标取向而言,即力争把服务对象和他们所需要的资源、服务与机会连接起来。[①] 对于"人在环境中"的理论基础而言,其本质即在阐明人与环境之间的复杂关系。对于服务对象而言,对其产生影响的所有因素都可称之为环境。而在具体的实践中,就是需要将服务对象与其所处环境中的各种有利资源链接起来。更为关键的是,在真正的实务过程中,环境中的资源并不会主动自觉地找到服务对象,而恰恰相反,正是由于服务对象的无权或是无能,导致其无法从环境中获取资源,因此,社会工作者的作用就在于主动为服务对象去寻找、挖掘并链接环境中的资源,使环境中的资源能惠及服务对象。而在此过程中,社会工作者需要扮演的重要角色之一就是资源的链接者。在实践过程中,这样的资源链接并非仅仅是供给式的,而是调适性的,即通过资源的供给使服务对象与环境之间达致适应状态。在这其中,既包括服务对象的个体增能以更好地适应环境,同时

---

① 库少雄:《人类行为与社会环境》,武汉:华中科技大学出版社2005年版,第18页。

也包括扫除环境障碍，打破环境与人之间的隔阂，使环境资源惠及服务对象。

综而述之，在"人在环境中"的实践逻辑具有三个层面的实践指向，即个人、环境和人与环境之间的关系。但更为关键的是，实践逻辑的三个指向并非是实践中需同时介入的三个层面，而是在实践过程中具有不同的意义与价值。首先，关注个人，其本质是关注个人能力的提升，其在实践中具有目标指向，即所有实践的目的是为了服务对象的增能。其次，关注环境的实践逻辑具有条件指向，即环境中的资源是保障服务对象增能的基础条件。从某种意义而言，社会工作者本身对于服务对象而言就是其环境。最后，关注人与环境之间的关系的实践逻辑具有方法取向，即要达致个人的增能，有环境中的资源作为条件，最终需要通过人与环境的有效链接才可实现。因此，就"人在环境中"的实践逻辑而言，在实践过程中将服务对象与环境中的资源连接起来是社会工作者实践过程的外显行为所在。

3. "人在环境中"的高校环境育人工作

在大学生思想政治教育的基本范畴中，育人环境是其中重要的概念之一。所谓思想政治教育的环境，是指对思想政治教育活动以及思想政治教育对象的思想品德形成和发展产生影响的一切外部因素的总和。从一般意义上讲，包括自然环境和社会环境。社会环境是对思想政治教育活动以及思想政治教育对象的思想品德形成和发展产生影响的主要环境因素。就其覆盖面而言，可分为宏观环境和微观环境，宏观环境就是通常所说的大环境，它一般包括社会经济制度及经济生活条件、社会政治制度及现实政治状况、社会文化及各种文化活动、大众传播媒介等。微观环境是指对思想政治教育互动和教育对象产生直接影响的具体环境因素。即通常所说的小环境，它一般包括家庭环境、学校环境、社会组织环境、社区环境、同辈群体环境等。①

对于大学生思想政治教育的具体实践而言，微观环境是实践者可予以干预并施以影响的环境要素。近年来，学术界对大学生思想政治教育环境优化的相关议题探讨颇多。就应然层面的探讨而言，在大学生思想政治教育过程中，形成"全员育人"、"全过程育人"的格局是大学生思想政治教育环境优化的总体目标取向。而从实然层面而言，如何将环境育人，特别是"全员育人"的目标追求加以落实是大学生思想政治教育领域在实践层面需予以进一步探讨和研究的问题。

在此方面，社会工作的"人在环境中"的理论与实践方面或许对大学生思想政治教育中环境育人的实现路径的选择也许有所启示。一方面，就理论层面而言，就"人在环境中"的基本哲学基础与基本内涵而言，其基于社会生态系统论的基本观点，将个人的问题置于更大的环境中加以审视与考察，这本身与马克思主义的有关人与环境的辩证关系的基本观点是相吻合的。而就"人在情境中"对环境的界定而言，其与思想政治教育领域对环境的界定同样具有高度交叠性。另一方面，就实践逻辑而言，社会工作"人在环境中"关注的三个维度与大学生思想政治教育的实践逻辑具有偶合之处。首先，就目标取向而言，大学生思想政治教育的目标取向是促进人的全面发展，而社会工作"人在环境中"关注个人的实践目标取向同样落实到促进服务对象的增能与发展。其次，就条件取向而言，社会工作"人在环境中"将破除环境障碍，优化环境作为其重要的条件保障，此与思想政治教育环境优化论的相关论述异曲同工。再次，在方法与手段取向上，"人在环境中"的观点在实践中注重社会工作者扮演的资源链接者的角色，彰显与突出在为服务对象链接资源过程中的主体与中心地位。在现阶段，基于高校学生工作的视角而言，学生工作者在大学生思想政治教育中处于主体地位，但其

---

① 参见陈万柏、张耀灿：《思想政治教育学原理（第三版）》，北京：高等教育出版社2015年版，第103—104页。

在促进环境育人过程中,特别是形成"全员育人"这一应然追求的格局过程中,其角色定位如何,实现路径何在仍是需要进一步明确的问题,而在此方面,社会工作"人在环境中"的实践逻辑对社会工作者的角色定位和职责要求或许对上述问题的明晰提供有意借鉴。从某种意义而言,这对促进大学生思想政治教育中"环境育人",特别是"全员育人"中整合并调动各个育人主体形成合力的方法与手段具有较强的启示意义。

(二)"人在环境中"指导下全员育人操作化的行动实践

如前所述,在思想政治教育的环境要素中,社会环境起到了决定性作用,而在社会环境中,对个体产生直接影响的是微观环境中的各大要素。如,家庭、社区、学校等。高校学生工作的育人实践往往并非学生工作者这一单一要素可以完成,因为学生微观环境中的各个要求都会成为促进学生成长与发展的影响因素。因此,在育人实践中,如何协同与调动学生个体微观环境中的各个环境要素是育人实践的重要环节。在此方面,笔者与同仁们在社会工作"人在环境中"观点的指导下,开展了若干相关行动实践,以促进学生个体的成长与发展。

1. 与家长的沟通与协同

家庭系统可以说是个体成长与发展过程中最重要的环境系统。对于大学生而言,虽然其在空间上已与原生家庭系统分离,但在经济、心理等方面却与原生家庭系统保持着紧密的联系。这往往意味着学生在校的心理状况、思想状况以及对人生发展相关问题的认识等问题受到家庭系统的影响甚大。而对于学生工作者而言,在对学生开展育人工作时往往需要将家庭系统作为重要的影响因子加以考虑,而落实到具体的实践中,就是积极主动地与学生家庭成员进行沟通与协作,以达致其与家庭系统的和谐互动,并使家庭系统成为其成长与发展的积极促进因素。

第五章 社会工作参与高校学生工作的潜功能

案例 5-1：

LXX，女，大四毕业时，考上某大学研究生，可出乎意料的是，其父亲不支持她继续读书，理由是一个女儿，在农村养到这么大，如果再读三年研究生，就二十五六了，马上又要嫁人，养个女儿不是白养了，没给家里做一点贡献。

LXX 出于对家庭的责任与压力，想放弃读研，作为班主任的我了解情况后，主动与其父亲进行了沟通，在电话里，我首先说："你把 LXX 养这么大，还供她上大学，太不容易，你真是个很开明的父亲……"她父亲立即表示了认可，说我说的很对，然后说他之所以不让女儿再读书的理由（如前所述），然后，我耐心地跟他解释了读研的具体情况，包括奖学金、生活补助以及可以兼职的一些情况，然后毕业以后可以有更好的发展前途、更好地孝顺他……经过这次沟通，LXX 的父亲终于打消了顾虑和所持的固有想法，欣然同意 LXX 继续读研究生……

上述案例是笔者经历的个案。在该个案中，学生 LXX 在大四考上研究生后，面临着家庭，主要是父亲给予的压力，准备放弃学业，而作为班主任的笔者积极主动地与其父亲进行沟通，打消家长的顾虑与固有思想，从而促使学生 LXX 放下包袱，积极乐观地迎接新的人生发展平台。

此个案的过程并非十分复杂，但从此案中笔者反思到，在学生工作的育人实践中，学生的家庭环境因素有时候可能会阻碍学生的成长与发展，这些因素往往来自家庭成员一些固有的落后价值观念以及由于信息不对称而带来的莫须有的顾虑，因此，学生工作者在开展工作时，并非一味将焦点放在学生个体的思想与心理状况上，而应对问题予以清晰明确识别后，积极地对其家庭环境予以干预，帮助其消除环境障碍，促进其成长与发展。

案例 5-2：

  YZZ，女，我们班一个女生，大一刚来两天就说要退学，大哭大闹，后来和她母亲一起做工作，才稳定下来……我发现她情绪管控能力很差，经常出现不恰当的情绪反应……我发现她跟她母亲的关系很紧张，据室友说，经常和她母亲吵得歇斯底里……

  我和她母亲因为在大一刚来时有接触，后来就主动和她母亲沟通、了解情况，这才知道，她是单亲，从小母亲拉扯她长大，由于母亲做生意，很少管她，母女俩并没有找到很好的沟通方式，而且在谈话中发现母亲很强势……

  我后来经常和 YZZ 的母亲沟通，也经常和 YZZ 沟通，努力改善她们的沟通方式，特别是和她母亲……后来发现，她和她母亲的关系改善了很多，这直接使她在学校的表现改变了很多，后来还成为了班上的团支书……

此案例为 TS 老师叙述的个案。在此个案中，TS 老师主动介入了学生 YZZ 与其母亲的母女关系调适，并取得了良好的效果。据 TS 老师自述，他对该问题的介入，主要是在与 YZZ 的互动中发现，她与母亲的关系失调是导致其在校出现各种心理与情绪问题背后的原因，因此，只有积极介入到她的家庭系统中，才可能改变她在校，或者说是这一人生发展阶段的认知与行为，使其在大学期间更好地成长与发展。从此案例不难发现，TS 老师之所以积极干预学生 YZZ 与其母亲的关系，是因为他意识到了人与家庭系统关系的失调影响到了个体的成长与发展。家庭关系的改善往往是学生在校表现的重要促进因素。

上述两个案例仅是笔者及其同仁在高校学生工作实践中经历的较为典型的案例。包括在上述章节中的诸多案例中均涉及了学生工作者与学生家庭系统中的成员积极沟通。事实上，在高校学生工作的育人过程中，家庭环境是关键因素之一。在家庭环境的因素中，影响学生的在校思想和心理状况、成长发展机会获得的并非是家庭经济因素，而主要是由于学生个体与家庭成员关系状态以及家庭成员中重要的他人价值观。因此,在高校学生工作的育人过程中,积极调动家庭环境中的积极因素,破除消极因素,促进学生个体与家庭成员关系的改善是提升育人实效性的重要实现形式之一。

2. 与任课教师的协同育人

在"全员育人"的大思政理念中,任课教师也是重要的育人要素之一。而对于育人客体学生而言,在其成长与发展过程中,任课教师往往起到了非常重要的作用。这种作用不仅仅是在智育方面,往往更为关键的是德育方面。在高校的育人工作中,挖掘与调动任课教师在教育过程中德育功能的发挥,使其在学生思想政治教育过程中发挥积极的作用,可有效提升大学生思想政治教育的实效性。

案例 5-3:

> 首先说一下我们班上的 MR,她的性格不是比较开朗的那种,感觉她跟宿舍的同学也玩不到一起……主要原因应该是自卑吧,觉得自己家庭情况不好……我会经常指出她的优点……我知道她学习比较认真,每次上课都坐第一排,我就和任课老师主动沟通了这个事,让他们能都关注她,比如上课多提问她,还有就是下课多找她聊聊……我知道有个老师挺关注她的,她跟那个老师关系也不错,我就把她的情况主动和老师说了,希望老师能多跟她谈谈心,结果这个老师很爽快地答应了……后来慢慢地发现她变得开朗了不少……

此案例是 WJ 老师叙述的个案节选。在该个案中,作为班主任的 WJ 老师发现了其学生 MR 由于家庭贫困,导致自卑、人际关系疏离等问题。在对其开展思想政治教育过程中,WJ 老师并没有一味地说教,而是调动环境中的积极因素,采取了与任课老师协同育人的手段,最终促进该学生的成长与发展。

案例 5-4：

> XFF，我们班一个非常有思想的男生，看了很多书，也喜欢表达，但从大一开始，我就发现他表达上有一定的问题，语速很快，但总是感觉有话说不出来，而且经常思维跳跃，词不达意……我并没有直接指出他的问题，因为怕戳伤他的表达欲望，而是和几个任课老师说了他的情况，要他们在课堂上多提问他，而且在这一过程中去指出并纠正他的问题，这样"润物细无声"……后来发现效果不错，他逐渐放缓了语速，表达也能跟上思维了……

此案例是 LS 老师叙述的个案。在此案例中，作为班主任的 LS 老师面对学生 XFF 很有思想、但表达能力欠佳的问题，并没有直接指出其问题所在，而是积极主动地与任课教师沟通，希望任课教师能够通过课堂教学过程来改善其表达欠佳的问题。

上述两个案例均为班主任老师协同任课老师达致育人的目标。两个案例的行动过程具有相似之处，即学生工作者将任课教师作为育人过程中的一个积极因素加以挖掘与调动，也就是将任课教师作为学生微观环境中的积极因素加以挖掘与调动，促进学生的成长与发展。从上述两个案例不难看出，作为具有社会工作专业背景的学生工作者在解决学生成长的问题上，遵循了"人在环境中"的行动框架。具体而言，在工作方法上，是积极主动的挖掘与调动环境中的潜在资源惠及学生。在此过程中，任课教师被视为学生微观环境系统中可被挖掘与调动的资源。

3. 心理咨询服务的主动链接

目前，按照国家相关规定，所有的高等院校都设立了心理健康咨询中心，并配备了专业的心理咨询老师。而值得注意的是，心理健康咨询中心提供的服务是一种被动式的服务模式，也就是说，专业心理咨询服务的提供必须是学生主动去寻求咨询才能惠及服务对象。同时，绝大部分学生由于自尊心、对心理问题的认知不足、传统文化或是信息闭塞等

第五章 社会工作参与高校学生工作的潜功能 |

因素影响,并不会主动去寻求心理咨询,这样事实上导致了在大学校园中专业的心理咨询服务并不能充分有效地惠及有潜在需要的学生,这实际上呈现出一种人所需要的资源与环境中实际拥有的资源的一种隔离状态。在高校学生工作的日常实践中,学生工作者经常面对学生出现的各种心理问题,而很多问题可能需要更为专业的心理咨询加以解决或更好地解决,而此时,作为学生工作者可积极引导学生主动求助更为专业的心理咨询。

案例 5-5:

> 我们班有一个女生,叫 WSS,最近跟我反映的问题很多,她觉得宿舍同学不爱干净,然后也各自有各自的生活,跟她格格不入。我也发觉她学习态度不认真,上学期期末考试成绩也不好,后来,我鼓励她参加宣传中心,做一些拍照啊写文章这些,慢慢的她就活泼开朗一些,最大的一个转折点是,我陪她去学校的心理辅导中心,给她进行了心理疏导,她自己说效果很好,感觉心理上得到了一种宣泄,后续她自己又约了几次心理老师,今年她的整个精神面貌都好了很多,之前一直要求换寝室,不想跟原来寝室的同学一起,但是今年换寝室的时候,她并没有跟以前的室友分开。

上述谈话内容是 CZ 老师叙述其班上的学生 WSS 在他的帮助和引导下,主动寻求了心理咨询服务,解决了她认知与行为上出现的偏差,促进她心理健康状态恢复的过程。在此段叙述中,CZ 老师在与 WSS 的互动中,发现她存在一些人际交往障碍,其后积极采取措施进行干预,最为关键的是,CZ 老师主动为该生寻求了专业的心理咨询服务,以帮助其解决更为深层次的认识偏差问题。

案例 5-6:

> 我们班有个女生,YMM,大一入学时,有一次我跟她谈话,

无意中发现她和我说话时非常紧张,甚至全身发抖,我就直截了当地问她为什么这样,她说她一见到老师就非常紧张,甚至全身发抖,很恐惧和老师说话,在我追问下,她才告诉我原来她在初中时,遭受过数学老师长期的暴力……结果给她留下了很大的心理阴影……我赶紧建议她去学校心理咨询中心看看,并主动为她联系了一个我认为在这方面比较专业的老师……她咨询了大概有两个月左右,我发现她情况改善了很多,后来真的变化很大,人也开朗多了……

此段谈话是 LS 老师的一段自述,谈及了班上一位女生对老师产生强烈的恐惧心理,从而出现应激障碍。在发现该问题后,LS 老师引导并帮助她寻求专业的心理咨询,并最终帮助其消除心理阴影的行动过程。

上述两个案例均是班主任老师发现学生的认知与行为问题后,判断其问题需要更专业的心理咨询服务,而主动为学生链接专业心理咨询服务的行动过程。若从两个案例内容所呈现的事实上看,其本身并无典型之处。而在此需予以进一步澄清的是,在上述两个案例中,具有社会工作专业背景的两位班主任老师在面对学生出现的问题后,对心理咨询服务的主动链接的行动选择过程。这一行动选择充分体现了具有社会工作专业背景的学生工作者在实践中积极主动地为学生链接已有资源的过程。进一步考量不难发现,这一行动过程背后是社会工作"人在环境中"的实践逻辑在学生工作者主体意义脉络中得以建构后,在学生工作实践中对该专业行动框架的有效运用。

综而述之,上述六个案例总体上呈现了具有社会工作专业背景的学生工作者与家庭、任课教师和心理咨询老师协同开展育人活动的行动实践。事实上,上述案例并非全方位呈现了社会工作"人在环境中"行动框架下相关行动实践。在上述各个章节的诸多案例中,均能发现社会工作"人在环境中"的实践逻辑。因而,对上述六个案例的呈现旨在展现社会工作"人在环境中"的行动框架对高校育人工作中的功能发挥中这一内在事实。

（三）对思想政治教育环境优化论的具体化、明确化：社会工作促进"全员育人"操作化的内在逻辑

如前所述，上述案例呈现了社会工作"人在环境中"行动框架在高校学生工作实践中的功能实现。而进一步思考不难发现，此种功能实现涉及的是功能分析概念中的"正功能与反功能"的范畴。若要更为全面地将上述议题加以探讨，将其置于"显功能与潜功能"的分析框架中或许更为必要。因为此种框架的探讨可转换视角，从而将其置于高校学生工作创新，乃至推动高校思政工作改革创新，建构高校思政工作大格局这一更大的背景中加以审视。

1. 思想政治教育环境优化论中的"全员育人"

2016年12月8日，习近平总书记在全国高校思政工作会议中指出思想政治工作贯穿教育教学全过程，实现全程育人、全方位育人，努力开创我国高等教育事业发展新局面。在习总书记的讲话中，将立德树人作为高校思政工作的中心环节，并强调全方位育人、全过程育人的高等教育事业发展的新局面。事实上，全方位育人和全过程育人是从思政工作的结构与过程的视角加以阐述，若从高校思政工作主体而言，全方位育人、全过程育人的格局开创，就是要开创"全员育人"的思政工作新格局。目前，学术界对"全员育人"的内涵存在狭义与广义两种界定，此种分野主要显现在对"全员"的不同理解上，狭义的界定主要认为"全员"主要是指高校内部的"全员"，而广义的"全员"还包括所有能够调动起来的育人要素，包括家庭、社会、同辈群体等。事实上，这两种观点并无孰是孰非。关键在于两者对大学生思想政治教育主体边界的理解不同。而事实上，在思想政治教育环境概念的理解框架

中，对于教育对象而言，教育主体本身就是对其产生最大影响力的要素。从此种意义而言，教育主体对客体而言就是环境要素。由此，若在思想政治教育环境论的框架下理解"全员育人"，"全员"亦可被视为是思想政治教育环境要素的整合。而在思想政治教育环境优化论的相关论述中，环境育人功能中系统和要素的关系整合，就是大学生思想政治教育环境优化的未来趋势。① 而"全员育人"在狭义与广义上的内涵分野，即可被理解为其在调动与整合环境要素中对环境中主体要素在广度上的差异。

在思想政治教育环境范畴内理解"全员育人"，其可被视为调动环境中各主体要素，并加以整合，达致育人环境的优化，并最终实现育人实效性的提升。然而，在现实中，"全员育人"思想的落实还有待加强，其中一个重要方面就是环境中各主体要素在大学生思想政治教育过程中往往处于自发或被动状态。然而，值得注意的是，这种自发或被动状态只是处于一种潜在状态，并不意味着其无法被调动、组织与整合，而各要素一旦被调动、组织与整合起来，均可从潜在状态转变为显在状态，这意味着这些要素会从自发性转变为自觉性，从被动性转变为主动性。

2. "人在环境中"在"全员育人"格局落实中功能实现的潜在性

在高校学生工作中，学生工作者从事的思想政治教育工作具有很强的自觉性与主动性。然而，其在日常工作中往往并未调动、组织与整合学生环境中的其他要素参与到育人过程中，这就使其往往处于"孤岛化""碎片化"的工作状态。这种状态不仅使得学生工作者承受的工作压力甚大，而且效果欠佳。因为其本身与思想政治教育育人的客观规律相悖，育人过程本身就需环境系统各要素形成合力达致"全员育人"

---

① 参见李辉、任美慧：《思想政治教育环境论：现状、问题与展望》，载《思想理论教育》，2014年第7期，第33—38页。

的工作态势,从而开创"全方位育人"、"全过程育人"的工作格局。

诚然,造成学生工作者"孤岛化"、"碎片化"工作状态的原因是多方面的,既有体制因素,也有个体因素。而就个体因素而言,学生工作者在日常工作中"全员育人"意识的缺位和"全员育人"方法的匮乏是主要原因。然而,在上述案例中,包括笔者在内的多位具有社会工作专业背景的学生工作者却能在学生工作行动实践中积极主动地去调动与整合学生环境中的各个要素开展对学生的育人实践,其背后的内在规定性值得探究。这种内在规定性体现出的是一种稳定性与必然性。而进一步对这样的稳定性与必然性予以反思发现,社会工作"人在环境中"的行动框架对上述实践者行动选择的影响就是其稳定性与必然性所在。也就是说,在高校学生工作的行动实践中,社会工作专业"人在环境中"的行动框架能够有效促进学生环境各要素的调动与整合,从而无形中促进了"全员育人"格局的有效实现。由此,就此种意义而言,社会工作"人在环境中"的理论与实践发挥了促进"全员育人"格局形成的潜在效用,即潜功能。此种潜功能主要表现在行动者的主观动机对客观后果并无事前预见性。在上述实践中,行动者的行动实践的动机取向旨在促进学生个体的成长与发展,其在行动前并未意识到自身在"人在环境中"行动框架下的行动实践恰恰契合了现下"全员育人"的工作理念。也就是说,对于促进"全员育人"格局形成这一客观后果并无预见性。行动者对该功能的觉知主要是通过事后反思完成的。

3. "人在环境中"促进"全员育人"功能实现的内在逻辑

社会工作"人在环境中"的行动框架之所以能促进"全员育人"思想的有效落实,其在实践中具有自身的内在逻辑。具体而言,此种内在逻辑至少表现在如下方面:

第一,"人在环境中"的价值追求使其在"育人"实践中具有合法性。就社会工作"人在环境中"行动实践的价值追求而言,其本质是助人。而在学校这一特殊的实践场域中,"助人"的价值追求在很大程度上蕴含着"育人"的目标取向。就某种意义而言,在学校中开展社会工作的助人实践,其根本的价值追求是育人。进一步而言,目前,学生工作者运用社会工作"人在环境中"的行动框架在高校学生工作这一更为特殊的实践场域开展助人活动,其所蕴含的"助人"价值追求必然在这一场域中演化成为"立德树人"这一"育人"的价值追求。也就是说,"助人"的价值追求在高校学生工作的场域中形塑成为了"立德树人"的价值追求。因此,在实践中,具有社会工作背景的学生工作者主观意义脉络中的助人行动,在高校学生工作这一场域中实际上就产生了"育人"的客观后果。这一客观后果的产生使得"人在环境"行动实践的"助人"价值追求在高校学生工作"育人"实践中显现出合法性。

第二,"人在环境中"的行动策略使"全员育人"的"全员"具有明确性。

就"全员育人"中"全员"的内涵而言,其在广义上指代所有能对育人工作,特别是思想政治教育工作产生正向影响的所有主体要素。从此种意义而言,其指代是抽象的。然而,在实践过程中,无论是从应然还是从实然层面而言,"全员"是具体的,哪些要素会对学生个体产生影响,是正向的还是负向的,是需根据学生个体的具体情况和需求,在具体的时空中能调动和整合的环境要素加以考察。因此,"全员"的概念在实践中并非是抽象的,而是具体的。

在此方面,社会工作"人在环境中"的行动策略在实践中首先会对工作对象的需求与期待、环境中的资源与障碍及其个体与环境的关系加以评估与界定,确定哪些环境要素阻碍了个体的成长与发展,哪些要素是可以被调动和整合,其与环境的关系在哪些方面需要改善与调整。这就使得"全员"的内涵在具体的时空中具有了明确性,由此,在育人的具体行动策略上,学生工作者就有了明确而具体的调动、整合或改善的育人要素。因此,社会工作"人在环境中"的行动策略在具体实践中能使得"全员育人"中的"全员"具有明确性。

第三,"人在环境中"对实践者的角色定位使"全员育人"更具操作性。

"全员育人"的实践是具体的,这就涉及另一个实践议题,即由谁来调动与整合各育人要素。如前所述,目前,大学生思想政治教育领域内的"全员育人"格局还有待加强,核心环节与诸多育人要素仍处于被动或是自发的潜在状态。这就是需要有一个具有主动性与自觉性,在育人系统中处于活跃状态的系统要素对这些潜在要素予以调动、激发、组织和整合。在大学生思想政治教育工作中,高校学生工作者处于前沿地位,与学生接触最多,最了解学生的问题与需求,在职责要求中也有组织、协调各育人要素共同做好经常性的思想政治工作,然而,在具体实践中,其育人实践中往往处于孤军作战的状态,并未主动自觉地调动与整合各种育人要素,由此往往不能与其他育人主体形成有效的协同育人状态。若进一步加以考量不难发现,此种工作状态的形成主要是由于学生工作者的角色职责主要是面向学生的,而未将其角色定位置于"全员育人"格局中加以审视。

社会工作"人在环境中"对实践中的角色定位十分清晰与明确,即资源的链接者。在此种角色定位中,实践者的工作职责就不仅是面向服务对象,而且要面向服务对象的环境。这就使得工作者实践中必须主动自觉地去调动服务对象环境中的各种资源要素。因此,在实践中,资源链接者的角色定位就使其调动和整合环境资源的过程具有了主动性与自觉性。换言之,在实践中,正是助人主体这一角色定位,环境中的资源才有被调动和整合的可能性。

上述具有社会工作背景的学生工作者的行动实践之所以能够主动自觉地调动与整合各个育人主体,正是因为其在"人在环境中"行动框架内明确地意识到自己扮演着资源链接者的角色。而从"全员育人"的具体落实而言,若学生工作者能自觉主动地扮演资源链接者的角色,就能经常性地在学生与各育人主体中架起一座桥梁,即使"全员"与"育人"的"人"之间真正建立起了长效、匹配且契合的联系。因此,就此种意义而言,"人在环境中"对实践者的角色定位使得"全员育人"具有了很强的可操作性。

二 学生管理三级预防体系的构建

(一) 预防性:社会工作的本质特征与基本功能

1. 社会工作中"预防"的内涵

有关社会科学领域的"预防"的内涵,斯基德莫尔(Skidmore)与撒克里(Thackeray)认为,预防是一个采取行动,从而把对社会有害的行为和个人与系统的问题降低,以避免其发生的过程。在理论上,这意味着要采取行动使个人或社会的病态不致产生。①

从该定义看出,预防的实质是事先防止病态问题的发生。在现代社会工作中,预防是社会工作的重要功能之一。相对于早期社会工作的补救性与事后性,预防性社会工作显得更具预见性与前瞻性。美国社会工作者协会社会工作实务全国委员会对预防性社会工作的定义为:"那些能够防止危险发生,减少某些特定的社会问题,在已经出现征兆时延缓或控制问题生成的所有活动。所以,预防就是指先期对有害于个人或系统、组织的任何因素的发现与消除。"可见,预防性社会工作具有防止危险发生,减少某些社会问题在出现征兆时,可延缓问题的发生与继续恶化的功能。即社会工作者的介入并非"雪中送炭",而是"亡羊补牢",更好状态则可能是"未雨绸缪"。要做到对问题的预防,社会工作者必须在问题出现之前就对其现状和发展趋势做出预测,详细分析成

---

① 参见王思斌、马凤芝:《社会工作导论(第二版)》,北京:北京大学出版社 2011 年版,第 24—25 页。

因，从而设法提前予以控制，把问题消灭在萌芽状态或根本不让问题出现。换句话说，要预测个人、群体或社会组织及更大的社会系统可能发生的障碍，就要预测对其可能产生伤害或阻碍社会进步的任何潜在因素，以便对症下药，不使其成为现实或继续发展而对其构成危害。事实上，预防性社会工作并非在工作的价值理念、知识体系或工作方法技巧上与其他类型的社会工作有重大区别，关键在于其在社会工作的干预时机上，在通过采取行动所达到的最终效果上，也就是社会工作发挥的功能是预防，预防是社会工作专业的应有之义。

预防社会工作的历史渊源可追溯到德国社会教育家，也是社会工作理论家的替尔斯（Thiersch H.）。他是"图宾根学派"的代表人物之一。"二战"后，面对满目疮痍的德国及其民众，他提出了"以生活世界"为本的社会工作理论，试图通过理解服务对象的生活世界，即日常的生活方式和背后蕴含的意义，去建构社会工作的任务和意义。他提出了社会工作的五个行为准则：第一，预防；第二，非集中化/地区化；第三，接近日常生活；第四，服务项目的正常化；第五，服务对象的参与权。[①] 替尔斯的思想对当今社会工作、社会教育学的最大影响和贡献在于社会工作的目标是确保服务对象日常生活的正常化，为此需要将社会工作"正常化"，即面对每个人服务，而不只是弱势群体；为此需要将社会工作的重点由介入转向预防。[②] 显然，替尔斯的观点具有浓厚的德国人文主义色彩，他强调对服务对象生活世界及其意义的挖掘，由此，他对社会工作的理解就发生了转向。从服务对象上而言，这种转向体现在服务对象不再是弱势群体，而是全体大众；从服务内容看，服务的焦点不再是问题的解决或消除，而是促使服务的正常化，即使社会工作的

---

① 参见张威：《生活世界为本的社会工作理论思想——兼论构建社会工作基础理论的战略意义》，载《社会工作》，2017年第4期，第3—25页。

② 参见高建科、冯浩：《浅析维希昂与替尔斯的社会工作思想——兼论其对中国社会工作本土化的方法论》，载《社会工作》，2014年第3期，第69—78页。

干预融入于民众的正常生活，而非问题。从主客体关系上看，社工与服务对象是一种平等、参与和资源合作的关系。基于此，替尔斯思想内涵的要义就在于"预防"，即将社会工作聚焦于防止问题的产生与恶化，而不是聚焦于问题带来的负向后果。

替尔斯的"以生活世界为本"的社会工作理论开起了预防性社会工作之门，使"预防"的功能融入社会工作的理论与实务中，这无疑拓展了社会工作的功能，使得社会工作的作用领域进一步扩大，不仅仅是服务于已经产生问题的弱势群体，而是开始介入到了社会生活的方方面面。在预防社会工作实务中，"预防"是最大限度地防止风险发生并在事前做好最大限度减轻事件损害的准备。而这些工作中，社会工作者扮演的角色首先是教育者。比如在学校社会工作中，社会工作者组织小组活动，教授灾害来临时的逃生知识，并组织大家参与逃生训练。这种教育者的角色使得社会工作者任务面向服务对象"生活世界"，而不是问题。其次，在预防社会工作中，社会工作者的角色是服务对象的合作者，或者说是协助者，而不是专家，这意味着社会工作在服务过程中，重视与服务对象关系的培育，注重平等对话，尊重服务对象的自愿性、参与性与主动性。最后，社会工作者的角色还是资源的链接者。因为社工需要从服务对象的"生活世界"中去寻找资源，而不仅仅是制度框架下的资源。服务项目是融入到服务对象的生活世界中的。

2. 预防等级及模型

在预防社会工作的理论中，有关预防等级划分的论述是其中重要组成部分之一，对预防社会工作实务的开展产生重大影响。预防工作通常可划分为两个等级，第一，采取措施，防止问题的发生。这是初级预防，是预防的最高境界。初级预防能够从根本上预防问题的发生。从宏观制度上讲，初级预防的措施就是要发展有效的社会福利支持体系，包括个人的自助系统与社会环境的支持体系，以及社会工作助人体系的健全，保障社会大众生活安全与基本需要的满足并提供发展的机会，这要求社会工作者要具有敏锐的洞察力与社会责任感。比如，社会工作者在社区中积极进行盗窃的宣传教育，以提高大家的预防意识，这属于初级预防。第二，在问题刚出现时就采取措施，不使其恶化，这是二级预防。其是在问题发生之初，社会工作者就能够积极主动的介入其中，防止问题的进一步升级或恶化，把损失控制到最小的状态。

从宏观结构主义的实务而言，预防社会工作在当前我国和谐社会的建设中的作用举足轻重。初级预防可理解为社会工作者积极主动的进行各种形式的社会宣传与教育，以提高公民的各种预防意识。二级预防是在公共危机或社会问题发生之后的有效介入。社会工作在政策上代表服务对象利益，要求社会工作者具有高度社会责任感与洞察力，从而确保在公共危机或社会突发问题时候，公众的利益损失不至于继续扩大或是继续遭受更大的伤害。

从微观的临床实务领域，预防社会工作在具体的临床实务中有"三级预防"与"三观预防"的观点。在"中华儿童福利基金会"印行的《学校社会工作与儿童保护》中，将预防儿童虐待工作划分为三个等级：初级预防（Primary Prevention）、二级预防（Secondary Prevention）、三级预防（Tertiary Prevention）。初级预防，是指在问题没有发生之前，进行全面、深入的基础性介入；二级预防是指针对较脆弱、可能出现问题的高危群体进行的介入；三级预防是指对已经发生的虐待儿童行为进行介入。

国际心理卫生界在自杀预防的探索中总结出经典的"三观预防"模式。"三观"模式是由宏观预防（Macro Prevention）、中观预防（Meso Prevention）、微观预防（Micro Prevention）构成的全方位综合性的自杀预防模式。其中宏观预防为从小学起普及生死观的公民教育，对老师、家长、医务人员等进行自杀预防与控制的业务教育，根据地理、季节、风俗特点进行预防，阻断自杀手段的方便性与致死性。中观预防注意特殊人群的自杀症候，针对高危人群服务，所谓高危人群，是指遭遇各种困境、具有各类较严重心理及行为问题的学生。微观预防是指向经过筛查有自杀意念、自杀未遂、目睹自杀死亡的学生提供服务。① 许莉娅借用自杀预防的"三观"模式理论构建我国青少年犯罪预防体系。在青少年犯罪预防中,宏观预防就是指从小学起就要对学生普及人生观、价值观和法制教育,对父母、老师及其他成年人进行青少年犯罪预防的知识和方法教育,增强法律意识,提高触发的警觉性,防止犯罪意识的萌生和犯罪行为的发生。中观预防指注意偏差青少年人群的犯罪症候,尤其需要关注学校中的违规学生、流浪儿童、社区闲散青少年,积极采取有针对性的措施,运用各种机会对其进行辅导、引导。微观预防是指对触法和犯罪的青少年进行处罚、帮教及矫正性服务,防止再次发生触法犯罪。② 可见,在预防社会工作实务中,无论是结构主义层面,还是临床层面,都需要划分为不同层面予以介入,而无论是等次或是层面的介入,都是积极地、主动地亲近服务对象的"生活世界",与服务对象建立亲密合作关系,为其链接资源。

3. 社会工作预防性行动框架下的高校学生管理的预防性工作

学生极端行为的出现或是遭受到突发事件的伤害往往给学生的身心甚至是生命带来威胁。就高校学生工作的功能而言,预防学生极端行为的出现和突发事件对学生造成的不利影响或伤害不仅是其中应有之义,从某种意义上说,更是高校学生工作的重中之重和兜底红线,也是从根本上解决上述问题的关键所在。然而,现行高校学生工作预防的功能往往难以发挥,或者说是作用乏力。其工作聚焦之处往往是补救性的,即等学生出现问题之后,再对问题进行处理。这样不但给学生的管理带来了巨大的难度,同时,更是背离了学校以教育为本的基本宗旨。

---

① 参见许莉娅主编:《学校社会工作》,北京:高等教育出版社2009年版,第254页。

② 参见许莉娅:《偏差行为青少年犯罪预防的社会工作介入——以北京市流浪儿童与社区青少年犯罪预防为例》,载《中国青年政治学院学报》,2011年第3期,第124—128页。

事实上,在高校学生工作中,预防工作才是根本,其与高校的育人本质相吻合,更重要的是,从功能主义的视角看,预防工作的潜功能——降低高校学生工作中的风险是显而易见的。在访谈中,诸多学生工作者谈及自身心理压力大,经常焦虑、失眠及精神紧张,主要就是担心学生人身安全事件随时可能发生。从本质而言,就是由于现行高校学生工作从体制到工作理念再到方法上并未探寻到较为行之有效的降低学生极端行为、偏差行为或是应对突发事件的预防路径。

预防性社会工作的理念与介入方法在学校社会工作中发挥了积极的建设性作用,对当下高校学生工作中的预防工作具有诸多启示意义。比如,社会工作的主动访视的传统,对现行高校学生工作应对学生的偏差行为或极端行为具有重要的作用;又如,社会工作中"人在环境中"的理念是有效开展中观预防的重要理论工具。预防性社会工作的理念与方法的亮点在于其能够从根源上有效预防大学生极端行为或极端事件的出现,有效降低高校学生工作者的工作风险,同时,更能降低高校治理中的风险。

(二) 社会工作预防性行动框架参与高校学生管理的行动实践

如前所述,就理论而言,预防性社会工作的理论与实务可对高校学生工作的预防工作予以补充,拓展现行高校学生工作的预防功能。而在具体的行动实践中,目前国内研究并未专门涉及。也就是说,在具体的学生工作实践中,社会工作的预防理念与方法是如何转化为具体实践,通过何种路径具体落实到高校学生工作的具体实务中,这些目前并未有研究者涉猎。

通过对笔者亲历和同仁行动实践的案例收集,借鉴三级预防的相关理论模型,社会工作促使高校学生工作预防功能的提升的具体实践可从如下三个方面予以概括。

1. 初级预防——积极主动的事前教育

如前所述,在预防性社会工作中,初级预防的本质是替尔斯思想的核心——回归"生活世界"的社会教育。这种社会教育的思想就是要在问题或危险发生之前通过公众教育提升民众在社会生活某方面的自助自救意识与危险防范意识,使其在意识与能力上做好应对问题与危险的准备。就上述观点而言,在高校学生工作的实践中,初级预防的意涵可理解为对其服务管理的群体——大学生进行积极主动的事前教育,以提升其在大学生活中应对问题与风险的能力。下面的案例是笔者及其同仁在高校学生工作中基于社会工作的初级预防思想,运用社会工作专业方法开展的事前教育活动。

案例 5-7:

  我每年会带领着社会工作专业的学生利用新生班会在全校各个院系的新生中开展有关大一新生适应的系列小组活动,最开始的主题就是生活适应,首先是人身安全、财产安全的教育,比如,如何防盗防骗,我会让社工专业的同学事前排练好情景剧,通过情景剧的方式给新生们展示如何防盗,包括如何识别骗局……看完情景剧后,还会让高年级的学生分享他们一些被骗被盗的经历,以及总结的一些经验,然后请大一新生分享他们的感受和收获……在这些活动后,就是集体生活的一些内容,我们有一个主题小组活动就是"寝室你我他",通过情景剧、互动游戏的方式告诉大一新生寝室生活的方方面面,比如作息习惯、与室友相处,包括跟她们说寝室生活的意义所在……

上述内容是 MG 老师谈及其开展大一新生适应小组系列活动的一段访谈资料,从这段资料中可知,MG 老师利用社会工作的小组工作方法在全校的一些院系开展了大一新生适应活动。在此谈及这个案例并非聚

第五章 社会工作参与高校学生工作的潜功能 Ⅰ

焦于活动的内容以及为何活动得以开展，而是活动内容本身映射出了具有社会工作背景的 MG 老师的初级预防思想——积极主动的事前教育。事实上 MG 老师作为某院系的专职副书记一开始在其所在院系中开展了新生适应小组的系列活动，取得了良好的效果，在效果评估中，学生纷纷谈及通过小组活动让他们懂得了许多独立生活的知识和与人相处的技巧。后来，在往后的两年时间内，MG 老师的做法被学校其他院系的副书记和学工部领导熟知后，就在每年新生军训结束后邀请其带领社工专业的学生在其他几个院系中开展大一新生适应小组的系列活动，目前已成为学校例行的大一新生教育活动的组成部分。

在高校学生工作中，对大一新生的思想政治教育尤为重要。这样的教育从本质上而言就是一种事前预防，比如入校时就让其知晓防盗防骗的常识、集体生活的常识等，这些都能够有效避免日后在学生工作中经常补救性地去处理诸多学生事务。在此方面，社会工作的初级预防理念具有很强的借鉴意义，同时，社会工作的专业知识与方法在其中也恰好能发挥重要的工具性作用。

案例 5-8：

……我们班到了大一下学期的时候，内部有三对谈恋爱的，经过调查，全班有半数以上的同学都谈了恋爱，然后我就觉得自己该做点什么，决定在班上组织了一个有关恋爱为主题的班会，主要内容涉及恋爱中的两性相处问题，包括男女思维方式的不同、如何寻找合适的交往方式、女生要形成安全的性行为观、爱情如何保鲜、如何在恋爱中成长等，并自我表露，介绍了自己和妻子相处的经验，同时，举了一个自己上大学时班上同学你侬我侬，荒废学业，大四毕业时，谁也看不上谁，最终学业爱情两耽误的反面例子，告诉同学们要树立一种健康、理性、负责的爱情观……

……我还分别找班上正在谈恋爱的同学面谈，了解他们在与恋人相处时会遇到哪些问题，并协助他们分析问题，鼓励他们在恋爱

> 中要相互扶持，相互促进，共同成长，而不只是你侬我侬，吃喝玩乐，荒废学业，交往圈越来越小，陷入两个人的"小世界"……与此同时，我还会经常问问这些同学最终近况如何，有什么在恋爱中的疑惑或问题……

这是 CZ 老师在担任班主任期间有关学生恋爱问题的事前预防的相关做法。从上述资料不难看出，面对班级同学的恋爱问题，CZ 老师并没有采取高压做法，也没有放任不管，而是采取小组工作与个案工作相结合的方法积极主动地进行事前教育，引导学生树立正确的恋爱观和人际交往观。他谈道，大学四年中，他非常关注班上同学的恋爱情况，因为在他的理念中，这一问题是在这个阶段对学生最大的困扰，因为按照埃里克森的理论，这是个人生阶段最重要的问题，关注了这个问题，班上隐患基本上就能消除一大半。显然，CZ 老师无论从理念上还是从方法上都很好地体现了社会工作初级预防思想。

在高校学生工作中，因为恋爱或两性关系问题产生的恶性事件或危机事件占据了大半。这些事件总是让学生工作者压力甚大，且疲于奔命。事实上，补救性的工作是"治标不治本"，且效果甚微。在恋爱问题的引导上，积极主动的事前教育要更具实效性。从上述案例可知，具有社会工作专业背景的学生工作者由于其具备的社会工作专业知识，在此方面具有天然的优势，对高校学生工作的预防工作是一种有益补充和功能拓展。

综而述之，积极主动的事前教育是高校学生工作的初级预防工作。从上述案例不难看出，社会工作专业的学生工作者运用专业知识积极开展初级预防工作有效地促进了高校学生工作中预防工作的开展，有效减轻了学生工作者补救性工作模式带来的工作压力。

2. 次级预防——良好关系的培育与维系

专业关系是一种特殊的人际关系，在临床社会工作的实务中，专业

第五章 社会工作参与高校学生工作的潜功能

关系的培育与维系是社会工作服务开展的基础，是社会工作者介入服务对象问题的"钥匙"。关系的心理学意义是指人与人情感上的联系，即关系是人与人之间的情绪状态。无论人与人的关系怎样，它是人与人之间的情感表达、反应和感受。当人们分享和对彼此的情感有所反应时，人们之间已经有了相似性或一体性，使人感到和他人有联系。在社会工作中，所谓专业关系，是指为达成特定目标而结成的关系。关系具有单一性、功能性的特点。社会工作者与服务对象建立这种专业人际关系的目的是为了帮助服务对象解决困难、挖掘潜能与优势、防止问题的恶化。在此过程中，虽然培育与维系良好的专业关系是手段而不是目的，但它是促进案主改变，积极主动向工作者表达的基础。

在社会工作的知识体系中与服务对象培育和维系良好的专业关系既是一种理念，也存在一些技巧。康普顿（Compton B.）和格列威（Galaway B.）提出了关于社会工作中专业关系性质的七要素：关心他人（Concern for the others）；承诺与责任（Commitment and Obligation）；接纳和期望（Acceptance and Expection）；同感（Empathy）；真诚与一致性（Genuiness and Congruence）；权威和权力（Authority and Power）；目的（Purpose）。[①] 这七个要素既是工作者与服务对象互动时的基本理念，同时也是由此而延伸出来的技巧。但无论是理念，还是技巧都指向一个目标，那就是对于社会工作者而言，培育与维系良好的专业关系是其能够促使服务对象改变的基础。因此，在任何时候，社会工作者都十分注重与服务对象培育与维系良好的专业关系。

在高校学生工作的具体实践中，笔者及其具有社会工作专业背景的学生工作者在与学生的互动中不仅在理念上十分重视培育与维系良好的专业关系，同时，也能在工作中使用专业技巧去实现这种良好关系的达成。而更为重要的是，笔者与同仁们均发现，这种良好关系的培育与维

---

① Compton B., Galaway B., *Social Work Processes*, Illinoise: The Dorsey Press, 1975, p.139.

系在高校学生工作中意外地产生了一种新的功能，即当学生出现各种问题时，会主动向你倾诉，并主动向你求助，这就使得学生工作者能够及时主动地把握学生的心理动态和思想状况，无疑大大提高了学生工作者对学生出现问题的把控程度。就此种意义而言，注重良好关系的培育与维系成为了高校学生工作中提升预防功能的重要路径。

案例5-9：

  KC，女，一天，她主动给我打电话，说有事情想跟我聊聊，我说可以，后来，她来到我宿舍，结果一来，就开始哭，说她心里很难受，要跟他男友分手，说她男友根本不在乎她，给他买礼物，男友从来不说喜欢，而且总是很不屑，自己遇到什么事，男友该干嘛干嘛，也很少帮助她，时间久了，她觉得性格不合，不想在一起了，但是又觉得一段感情她放不下，不知如何抉择。我看她情绪激动，首先是递给她纸巾，选择倾听，不时地点头，以及用简单的话回应，让她先发泄一会，过了十分钟，她稍微冷静下来后，我开始跟她一起探讨她的情况，在谈话中，我首先是分析了她和男友的相处模式，然后跟她说，女生在恋爱中应该独立，而不是总想有人依靠，总想着让男友去猜你的心思，找心有灵犀的感觉，这是一种非理性信念，如果总抱着这种信念，肯定无法和别人正常相处……现在，应如何与男友相处，是你自己决定的事，关键是不管你和谁相处都应有一种理性、成熟的恋爱观。

  经过这次谈话，她认识到了自己的非理性信念，调整了自己的心态和情绪状态，改善了与男友的关系。

此案例是WJ老师的自述，从整个案例的过程看，WJ老师利用理性情绪治疗方法对女生KC在遇到恋爱危机时进行的情绪疏导与恋爱咨询。但从案例的性质看，其属于学生主动向老师寻求帮助的案例。事实上，在该案例中，WJ老师反思到，KC之所以在面对危机时会向

第五章 社会工作参与高校学生工作的潜功能

老师求助,得益于他与 KC 保持的良好关系。WJ 老师谈及,他从学生大一入学时,就十分注重与学生培育良好的师生关系,正是由于自身的社会工作专业背景,使其在理念上首先注重与学生建立良好的关系,从内心里的确把学生当做是自己的服务对象,真诚、责任、期待、同感及接纳等始终是他与学生相处的基本准则,同时,上述这些准则也转化成了工作中的基本技巧,成为其与学生维持良好关系的媒介与载体。

案例 5-10:

　　WK,女,该生大学期间性格活泼开朗,但比较情绪化,大四时报考某 985 大学研究生,在考完英语后,主动给我打电话,情绪激动,号啕大哭,说由于自己在翻译和作文上没有发挥好,把英语考砸了,上这所学校应该是没戏了,明天专业课不想去考了……这时我先安抚她的情绪,首先跟她说,没有发挥好心情不好是肯定的,同时告诉她,英语的翻译和作文不是英语考试中的拉分项目,发挥得好不好最大差距不会超过 5 分,让她不用着急,并鼓励她,说她英语成绩那么好,(事实上,该生四六级考试一次性通过,四级 580 多分,六级 540 多分)根本不用担心……经过一段时间的安抚,她的情绪慢慢稳定,也恢复了理智,觉得我说的是对的,觉得准备这么久了,不想结果,要给自己一个交代……

　　最终,该生英语成绩为 65 分,并以专业第一名的成绩顺利考上那所 985 大学。

案例 5-11:

　　XL,男,学习认真刻苦,善于思考,为我班学习委员,人送外号"大师",但该生在表达上略有缺陷。大四时,报考某 211 大学研究生,初试成绩排名第三,但在复试后被刷下,成为复试中唯一未被录取的考生,知道结果后,他情绪十分低落,在电话里大哭，无法接受事实，认为自己从小心中的"博士"梦破灭，无脸面对父亲的期望（之间，他曾告诉我，从小他父亲对他读书充满期望，只考进个二本院校，让他父亲在同事面前没面子，得知其儿子考研初试成绩出来后，激动得一夜没睡，第二天就到单位里同事们面前"炫耀"去了）……作为班主任的我一边安抚他的情绪，一边迅速与其父亲联系沟通，动员其父亲能到上海去接他回来，让他放下心理的这块石头。另一方面，给予他实际帮助，积极为他寻找调剂信息……

最终，该生调剂到江西某高校攻读硕士，现在已考取某985大学博士研究生。

上述两个案例是笔者学生工作中的亲历，两个案例具有相似性，都是学生在考研过程中，由于发挥不好或是认为自己发挥不好而出现的情绪失控，并具有做出过激行为的风险。但是，当学生出现此种情绪上的反应时，作为班主任的我成为了其求助行为的第一选择，而我也及时通过专业方法化解了两位同学的过激情绪。然而，与上述WJ老师的体验相仿，笔者反思的焦点也在于良好关系的培育与维系上。笔者在班主任工作中，一直"刻意"地去培育与维系这种良好的人际关系，这种"刻意"的实质是一种专业关系，即在于这种关系的持存本身并非目的，而主要是一种手段，是为了能够更好地教育学生、影响学生和引导学生。而从实际工作中看，这种良好的关系使得学生工作者成为了学生遇到应急事件时求助行为的首选，这无疑成为了预防学生在非理性情绪的控制下做出过激行为，甚至是偏差行为或伤害行为的一种"治本"之法。

从上述三个案例不难发现，在高校学生工作中，学生工作者，无论是副书记、辅导员还是班主任，其重要职责就是对学生进行理想信念教育和心理健康教育，引导其树立正确的世界观、人生观和价值观，并保持良好的心理状态和拥有较强的抗压能力。也就是说，学生工作者需要扮演着教育者与引导者的角色。而在具体的工作中，这样的工作职责与工作角色并非抽象的、概念上的，或者只体现在文本上，而是落实在工作的方方面面，是具体的，使学生具有体验感的。但值得注意的是，此项工作的前提就是工作客体能够接受工作主体的信息与思想，并内化到自身主体意识中，这也是思想教育的基本规律。就具体实践来看，工作主体与客体保持良好的关系是开展上述工作的基础，因为良好关系的实质是两者的情绪状态的接近。而就专业关系而言，是客体对主体的依赖感与亲近感。这种依赖感与亲近感能够使学生在遇到成长发展困扰、人际交往障碍、生活学习适应及应激危机处理等问题时，学生工作者会成为其求助行为选择的对象。

同时，若基于学生工作的视角，学生工作者与学生培育与维系良好关系的事实从功能上说无疑能在很大程度上解决工作中对学生思想状态与心理状态的把握问题，尤其是在学生出现困扰而难以排解时，学生工作者成为其求助的首选。这无疑会使学生的困扰在萌芽状态时就予以把控，并能得到化解，而不至于继续扩大或恶化。因此，就此种意义而言，师生间良好关系的培育与维系无形中提升了高校学生工作中对学生问题出现后的风险识别与管控，发挥了二级预防的功能。而在此过程中，社会工作的行动框架——与服务对象培育与维系良好专业关系的相关知识，包括理念与方法无疑在上述方面起到了积极且建设性的作用，上述案例的实践过程也证明了这一点。

3. 三级预防——支持网络的构建

如前所述，积极主动的事前教育和良好关系的培育与维系在高校学生工作中的实践中可形成初级预防与次级预防的预防态势。但由于诸多不可控因素，仍然会有少数学生在大学期间遭遇突发危机事件或心理疾病的困扰，这些都时刻威胁着学生的身心健康，同时，若基于学生工作的本位而言，此类问题大大增加了学生工作中的风险。

预防社会工作中的第三级预防思想与做法就是针对此类风险问题展

开的,虽然针对的具体群体不同,但背后的理念是一致的,就是要积极地做好事后的介入。在笔者及多位社会工作专业背景的学生工作者的工作经历中,在处理此类问题时,基于社会工作的"社会支持"的基础理论,积极主动地为处于危机中的同学建构社会支持网络。下面的案例是笔者在诸多案例中挑选的较为典型的一个。

案例 5-12:

JQ,女,父亲在其高中时因胃癌去世,大一时,母亲又被查出胃癌,大四时因胃癌复发去世,而在大四时的这一家庭变故,几乎让其接近崩溃,情绪十分低落,一度不吃不喝。

作为班主任的我主动介入,首先,我每天主动到她寝室跟她聊天,运用同感、鼓励等技巧积极疏导她的情绪。第二,让其室友每天 24 小时陪同,关注她的情绪变化,并主动为她到食堂打饭。第三,给她哥哥发短信,要求她哥哥在这段时间内每天给妹妹打电话询问她的情况;第四,主动与其在北京工作的小姨联系。其小姨表示会在她大学毕业后把她接到北京,因此,我让小姨积极与 JQ 沟通,跟她简述毕业后会在北京安顿她,并希望她到北京寻找工作,鼓励她积极面对生活。

经过一段时间的干预,JQ 终于度过危机,并积极面对生活,现在已在北京就业。

上述案例是笔者在班主任工作期间,利用"社会支持"的基本理论作为危机干预的主要手法积极介入 JQ 同学家庭变故突发事件的案例。在此案例中,笔者反思到,在学生遇到突发危机事件后,学生工作者的积极介入显得尤为重要。但更值得深思的是,如何采用行之有效的方法予以介入。JQ 同学面临的家庭变故事件对其十分具有破坏性,这种破坏性体现在强度与烈度两个方面。在冲突与风险管控的理论中,达伦多夫关于冲突强度和烈度的划分具有启示意义。在危机事件发生时,要管

第五章 社会工作参与高校学生工作的潜功能

控风险,首先是要控制烈度,就本案例而言,就是避免 JQ 同学由于情绪失控而实施的极端行为,如自杀、自伤等。因此,在第一时间为她建立空间上的社会支持网络是不二选择,也是危机干预的第一步。这么做的目的在于迅速防止烈度的扩大。接着,在积极调动其亲密的初级关系资源,建立起情感上的社会支持网络,旨在控制烈度的同时,降低心理冲击的强度。这样,通过两层支持网络的构建,能够帮助 JQ 同学顺利度过危机。

在此案例中,作为高校学生工作者,在处理学生工作的突发危机事件时,要具备三级预防的思想,即防止事件带来风险的扩大与升级。而此过程中,迅速调动各种资源为处于危机事件中的当事人构建起空间与情感上的社会支持网络显得十分重要且有效。

案例 5-13:

……我们院出现了一个有抑郁倾向的学生,她的情况当时比较严重,整夜睡不着觉,也吃不下饭,没有力气跟别人交往,我了解了这个情况以后,首先是及时地关注她,然后让其他同学给她一些支持,形成一个支持帮助的网络,还有就是我和她父亲联系让她及时地到省人民医院精神科去诊治。她还有个姐姐,跟她关系很好的,我积极跟她姐姐联系,希望姐姐能每天跟她联系,通过 QQ、微信等方法,看她的朋友圈,时刻关注她的情绪状态,同时,我要她姐姐按时监督她服药……经过大半年吧,她的情况有了明显的好转,整个状态跟当时那段时间相比有了很大的一个转变……大四时,她积极考研,最终考上了某 211 大学的研究生,但在这期间,我也经常让她室友报告她复习时的心理状态,也会经常询问她姐姐,她最近情况如何……

此段谈话是 TS 老师谈及的一个有关患抑郁症女生 LT 的个案。在此个案中,TS 老师利用了社会工作链接资源的相关手法,为 LT 构建起社会支持网络，以为其抑郁症的康复提供支持。在学生工作经历中，几位同仁与笔者自身都经历过类似的案例，也几乎都采取了相似的处置方法。

在高校学生工作中，三级预防是应对学生突发生危机事件和关照重点学生的最后一道防线。在实际的工作中，不但由于个人时间与精力有限，而且缺乏一些专业的理念与方法，许多学生工作者缺乏有效应对的思路与方法。从上述个案中不难发现，具有社会工作专业背景的学生工作者由于其自身具备的专业能力与素质，在处置类似事件与关照重点学生方面能够积极地介入，充分调动各种资源，为陷入危机或心理困境中的学生构建社会支持网络，有效地做到了三级预防，大大降低了学生自残、自杀等危机事件发生的风险。

（三）三级预防体系的构建：社会工作提升高校学生管理预防功能的发生逻辑

在现代社会，预防突发事件的产生与升级是一个成熟治理主体的基本职能之一。这也是现代社会的治理方式由"管治"到"善治"的重要标志之一。同样，对于高校而言，要建立起具有现代意义的管理模式，从"管理"到"治理"的转变显得尤为重要。① 在这其中，风险预防能力与否是其重要的衡量指标之一。作为高校学生工作者，保证每位学生在校期间的安全，特别是生命安全，是其工作的兜底红线。而现代社会是一个充斥着各种风险的社会，作为高校也不可能独善其身，而是不断受社会大环境，比如社会不安定因素的冲击和其他社会系统，诸如原生家庭系统等的影响，再加之大学生正处于人生发展的转折期，其在大学期间会遭遇到各种危机事件的冲击，包括意外性危机、发展性危

---

① 参见李海燕、谢小琼、李兰铮：《从管治到善治：公共治理视域下的高教管理改革路径选择》，载《高教探索》，2012年第1期，第8—13页。

机等，如果自身应对能力不足或处理不当，就容易威胁自身安全，特别是人身安全。这无疑提升了高校学生工作的工作压力与难度。在现实中，现行的高校学生工作的工作机制对学生风险事件的预防与管控仍然是以事后补救为主，也就是说，等到事情已经发生了，再付出行动予以应对。这样的工作方式不仅使得学生工作者的工作压力陡增，而且是一种无奈选择，有悖于学校应有的教育功能。

如前所述，风险预防机制是现代社会治理体系中十分重要的一环。在高校中如何建立起有效的预防机制，有效提升高校学生工作中的预防功能，是目前高校学生工作需要破解的重要议题。在此方面，上述社会工作预防思想下的行动实践或许能给现行高校学生工作带来诸多启示。

在预防性社会工作的基本思想中，三级预防体系的建立是基本架构。在社会工作参与高校学生工作的具体行动实践中，三种不同类型的实践形式恰好为高校学生工作的预防实践提供了有效的实现路径。

1. 积极开展新生教育是高校学生工作初级预防的实现形式

在预防社会工作的理论与实务中，初级预防的实质是针对可能出现风险事件的服务对象积极开展社会教育行动，以提升其预防风险的能力。基于预防社会工作中初级预防视角，高校学生工作在具体工作中应十分注重对在校生，特别是新生的事前教育。对于绝大多数的大学生而言，由中学向大学转换，不仅仅是一种时空转换，更为凸显的是一种角色转换。这种角色转换意味着他们由单纯关注学习的中学向需要独立自主处理学习、生活、人际交往等各项事宜的大学生的角色跨越。这样的角色跨越若能在更迭之初被施于积极主动的事前教育，让大学生在入学阶段就能够预见其在大学期间可能会面临的问题，需在哪些方面提升自身的意识与能力，这无疑提升了大学生的预防风险的意识与能力，并降低其在面临危机性事件时表现出过激情绪与行为的风险。

值得进一步考量的是，作为工作主体的高校学生工作系统，如何建构科学化、制度化的初级预防体系，如何通过制度化、科学化的方式开展新生教育的各项工作,是实现初级预防的重要实现形式。在此方面,上述社会工作视域下的行动实践或许能为高校学生工作初级预防体系的构建提供一定借鉴。例如,基于社会工作的小组工作的理念、方法与程序系统设计针对全体新生的大一新生适应系列活动和各种主题的班会或团组织生活活动。基于此,无论社会工作中的初级预防思想,还是社会工作的专业方法与程序,均可为高校学生工作初级预防功能的有效实现提供有益借鉴。

2. 努力培育与维系良好的师生关系是次级预防的必要前提

专业关系的实质是一种角色关系,至少对于工作主体而言,是以一种"理想化表演"的行动选择付诸行动。在高校学生工作中,学生工作者与学生之间建立起的师生间人际交往就是一种典型的专业关系。在传统的师生关系中,特别是在思想政治教育学科的行动框架中,师生之间的关系属性是一种教育者与被教育的关系属性。这种关系属性保证了工作主体对客体在思想上的引导与规范上的制约。但与此同时,这样的师生关系建构也意味着两者在地位上的不平等性以及师生角色上的对立性。对于当下主体性很强的学生群体而言,这样的师生关系模式往往使得两者关系疏远与隔离,导致了学生不愿意主动与老师倾诉与求助。

社会工作科学工作程序实施的前提就是与服务对象建立良好的专业关系。在社会工作实务中,良好的专业关系不仅仅是服务开展的基础和保障,同时也可以增加工作者对案主的影响力,有助于提高服务对象学习的意愿与效果,更是促使服务对象改变的助力。因此,社会工作专业十分注重与服务对象良好关系的培育与维系,并在实践中积累了大量的经验。诸多社会工作领域的学者均对专业关系的性质与条件做出了论述。在专业关系的性质上,如前所述的康普顿(Compton B.)和格列威(Galaway B.)提出的专业关系七要素最为典型。

就对专业关系内涵的理解而言,社会工作专业更具人本主义色彩,强调在对待服务对象的真诚、尊重、同感与接纳的基础上,保持一定的权威性与目标性。在两者的地位关系上，社会工作更强调社工与服务对象关系的平等性，并着重强调服务对象的主体性与参与性。基于此，在高校学生工作的日常实践中，行动者基于社会工作专业对师生间专业关系的理解，与学生培育与维系着平等、密切的师生关系，这样的师生关系使得学生在遇到困扰和危机时，能将在社会网络中处于次级关系地位的学工老师，包括辅导员与班主任等，作为首选求助对象。这意味着学生工作者能在学生发生问题的第一时间迅速介入问题，将问题解决在萌芽状态，并促进学生的改变与成长。就此种意义而言，努力培育与维系良好师生关系是高校学生工作实践场域中实现次级预防的必要条件之一。而在此方面，社会工作专业所沉淀的一整套有关在角色互动中培育与维系良好专业关系的理念、方法与技巧无疑能够发挥建设性的积极功能。

3. 支持网络的构建是三级预防的有效途径

对具有心理疾患学生的重点关照及对遭遇突发危机事件而处于心理创伤期学生的妥善处置是高校学生工作中遇到的常规问题。但如果疏于关注或处置不当，则会造成严重的后果。因此，建立具有危机处置性质的三级预防体系对于高校学生工作体系而言意义重要。

在预防社会工作的思想中，三级预防是预防体系中的最后环节，其实质是利用各种手段做好及时有效的事后补救工作，以防止因为事态恶化造成更为严重的后果。而社会工作专业"人在环境中"的基本观点，就能为三级预防的实现提供思想基础。在上述行动实践中，无论是针对具有抑郁症等心理疾病学生的长期重点关照，还是面对处于严重心理创伤期学生的及时处置，具有社会工作专业背景的行动者均运用了"人在环境中"的基本思想，为工作对象建立起具有保护性与支持性功能的社会支持网络。在具体操作中，行动者调动了一切可以调动的资源，特别是在传统高校学生工作手法中，很难被充分调动和利用的人际关系网络，比如其家庭成员、关系要好的朋友、室友同学等初级关系网络。在此过程中，学生工作者并非仅仅只是扮演直接干预者的角色，而是更多地扮演了一个资源链接者和协调人的角色，这充分展示了社会工作的专业思想与元素在高校学生工作三级预防功能发挥中的积极作用。

不难发现，在高校学生工作三级预防体系的构建中，支持网络的构建无疑是其重要的实现形式之一。在此方面，社会工作"人在环境中"的专业理念与实务方法能有效弥补现行体制中学生工作者在处理类似事件时处于单枪匹马、孤立无援的困境。更为重要的是能够提高事后补救的效率与效果，降低事态继续恶化的风险。

综而述之，就理论层面而言，预防社会工作的基本理论及其多种价值理念对高校学生工作预防体系的建构具有很强的启示意义和借鉴作用。同时，在具体实践中，具有社会工作专业背景的学生工作者所展开的各项实践，又在实践层面证实了社会工作提升高校学生工作预防功能的可能性。因此，在探讨社会工作参与高校学生工作的功能实现问题时，有效提升高校学生工作的预防功能是其重要的潜功能之一。

三　高校学生工作者核心素质的优化

社会工作参与高校学生工作的过程是社会工作的专业元素逐渐渗透到高校学生工作实践的过程。在此过程中，社会工作的功能发挥不仅仅显现在学生这一受益群体层面，同时，就客观后果而言，即在潜功能层面，还显现在高校学生工作者核心素质的优化上。

（一）核心素质结构与内容要素的耦合：社会工作促进高校学生工作者核心素质优化的逻辑基础

1. 高校学生工作者的专业化

高校学生工作的专业化是高校学生工作发展的必然趋势，其中，学生工作者的专业发展是最重要的环节之一。近年来，从《进一步加强与改进大学生思想政治教育的意见》的颁布到《普通高等学校辅导员队伍建设规定》和《高等学校辅导员职业能力标准（暂行）》的相继出台，无不彰显党和政府对高校学生工作专业化进行大力推动。所谓专业化，就是某种职业从普通职业发展成为专门职业的建设过程。普通职业发展为专门职业，大致要有以下的一些标准：第一，有一支稳定的专业队伍，其成员受过专门的教育或训练；第二，有专业知识的支持；第三，在社会上享有相应的专业声誉；第四，有法律、法规或政策对专业的保护；第五，其成员具有在本专业领域进行研究的能力。按此标准，高校学生工作专业化内涵就是指摒弃经验式的工作模式，代之以学科化、研究型、学术式的工作理念，其行为方式基于科学的系统的理论指导，其工作队伍职业化、专家化。而高校学生工作专业化的过程也就是学生工作学科化建设过程、学生工作者不断学习与实践并逐渐成为一名专业人员的过程。[①]

可见，高校学生工作专业化的内涵具有多维度的意涵。一方面，就主体而言，高校学生工作专业化既蕴含该群体作为一个职业群体的被社会认可并确立起职业地位的过程。同时，还蕴含着个体层面，学生工作者不断学习与实践而蜕变成为专业型人才的过程。另一方面，就内容而言，高校学生工作的专业化既包括宏观层面相关制度与政策的确立与实施，也暗含学生工作者摒弃经验式的工作模式，而用专业化、科学化的知识重塑自身的过程。不难发现，无论是从主体层面还是从内容层面而言，高校学生工作者自身个体层面的专业化是高校学生工作专业化在实然与应然层面的应有之义。

2. 高校学生工作者的核心素质

逻辑与历史总是高度统一，高校学生工作复杂化的基本趋势与专业

[①] 参见冯绍红：《专业化发展：高校学生工作势之必然》，载《黑龙江高教研究》，2005年第3期，第143—145页。

化的实践进程共同催生了国内学术界对高校学生工作者核心素质问题的探讨。对个人来说,素质是人的神经系统和感觉器官上的先天的特点。人以人的先天生理作为其素质的基础,经过教育与环境的影响,通过自我修养和社会实践发展起来的,具有相对稳定的基本品质。① 素质是指人的内在的品质或质量,是转化和形成能力的必要条件。② 在人力资源领域,素质是驱动一个人有效的或者出色地完成工作的内在基本特点。③

而核心素质的概念最早运用于企业管理领域,首先是由著名管理专家普拉哈拉德(Prahalad C.K.)与哈默尔(Hamel G.)提出的,其认为"组织成员个别的技能与组织所使用的技术之整合,为顾客提供特定的效用与价值"即为员工核心素质。④ 国内有研究者认为,核心素质是"为了完成企业/组织的工作而需要具备的关键性素质,是组织成员所共同拥有的,并且能够在完成工作之后为组织带来高绩效"。⑤ 不难看出,若剥离上述定义的学科背景,核心素质的要义在于其是从事某项职业或工作所需具备的基础性与关键性素质,它并非与生俱来,而是需要在从事的工作岗位中不断培养与优化。

国内对高校学生工作者核心素质的论述颇多,在研究初期,国内研究者对该问题的研究主要是基于思想政治教育的学科视角,综而述之,

---

① 参见靳玉军:《高校辅导员素质开发研究》,西南大学博士学位论文,2008年,第18—19页。

② 参见吴金洋、曹芳、关昌峰:《高校辅导员素质与能力要素构建分析》,载《北京化工大学学报(社会科学版)》,2010年第1期,第80—82页。

③ 参见许瑞:《高校辅导员核心素质研究》,载《福建论坛(社科教育版)》,2009年第4期,第109—110页。

④ Prahalad C.K., Hamel G., "The Core Competence of the Corporation, Harvard Business Review", 1990, 5(6), pp.79-93.

⑤ 彭志忠、王水莲:《人才测评学》,济南:山东大学出版社2006年版,第78页。

第五章　社会工作参与高校学生工作的潜功能

主要有"五要素论"、"六要素论"、"九要素论"等论断。陆庆壬提出思想政治教育者的五种修养：政治素养、思想素养、文化素养、能力素养、身体素养。① 邱伟光提出了思想政治教育者的六种素质，即政治素质、思想素质、道德素质、知识素养、心理素质、能力素质。② 张耀灿提出了思想政治教育工作者素质结构的概念，并提出了政治、思想、道德、法律、知识、能力、创新、心理、身体等素质的九要素论。③

值得注意的是，上述观点主要提出于 20 世纪末与本世纪初，但伴随本世纪以来高校学生工作内涵的不断丰富，高校学生工作者的职责不断拓展，高校对学生工作者的核心素质要求也不断提高。学生工作者的核心素质内涵也不断丰富。在新形势下，有研究者将高校辅导员的素质归结为三类，即管理能力素质、专业知识素质和个人思想政治素质。④ 有研究者认为高校辅导员应具备的基本素质主要包括思想素质、知识素质、能力素质三类。⑤ 而有研究者从科学的工作理念、全面的工作知识、系统的工作能力、实用的工作智慧四个层次来分析高校辅导员的核心素质构成。⑥ 同时，《高等学校辅导员职业能力标准（暂行）》中，对辅导员的核心素质从职业守则、职业知识与职业能力标准三个层次加以明晰。从以上界定不难看出，由于时代赋予高校学生工作者新的职

---

① 陆庆壬：《思想政治教育学原理》，北京：高等教育出版社 1991 年版，第 366 页。

② 邱伟光、张耀灿：《思想政治教育学原理》，北京：高等教育出版社 1999 年版，第 261 页。

③ 张耀灿、陈万柏：《思想政治教育学原理》，北京：高等教育出版社 2001 年版，第 246 页。

④ 参见许瑞：《高校辅导员核心素质研究》，载《福建论坛（社科教育版）》，2009 年第 4 期，第 109—110 页。

⑤ 参见李辉、任美慧：《思想政治教育环境论：现状、问题与展望》，载《思想理论教育》，2014 年第 7 期，第 33—38 页。

⑥ 参见史仁民：《高校辅导员专业发展研究》，大连：辽宁师范大学博士学位论文，2014 年，第 117—145 页。

责,其在新时期所应具备的核心素质呈现出多层次、复合性的结构特征。多层次性体现在对高校学生工作者核心素质是从抽象的工作理念到具体工作技巧与艺术的全方位展现;而复合性则体现在其核心素质是建立在宽口径、多学科知识支撑的基础之上,如思想政治教育学、管理学、心理学、社会学、法学等。

3. 高校学生工作者与社会工作者核心素质的契合之处

在西方国家,特别是在美国,学校社会工作者的专业实践为社会工作专业化进程贡献甚大。1906年,政府首先在纽约市雇佣了两名访问教师(Visiting Teacher),他们负责访问三所学校,与学生家长会晤,了解有关学生学习和生活适应的问题。美国公共教育协会对访问教师的工作颇感兴趣,于1911年成立了访问教师委员会,致力于宣传访问教师的概念,并对采用访问教师的机构及访问教师本身的贡献多方赞誉。1919年美国社工会议讨论了访问教师与社区福利的关系,从此肯定访问教师在教育体系和社会工作两大领域的重要性。可见,学校社会工作者的职业身份与实践领域从其发端开始就蕴含着社会工作者与教师的双重意涵。

首先,就社会工作者的普适性层面的核心价值而言,美国社会工作教育协会(简称CSWE)指出,社会工作从业者的核心素质主要包括三个方面:认同专业价值观,掌握特殊的知识,具备解决实际问题的能力。① 所谓认同专业价值观,主要是社会工作的从业者需内化并持守专业的伦理标准,具体而言包括从基础价值、专业价值、职业伦理和操作原则等多个层次;掌握特殊的知识,则要求社会工作者系统地学习社会

---

① 〔美〕迪安·H.赫普沃思、〔美〕罗纳德·H.鲁尼、〔美〕格伦达·杜伯里·鲁尼、〔美〕金伯利·斯特罗姆-戈特弗里德、〔美〕琼·拉森:《社会工作直接服务:理论与技巧(第七版)》,何雪松译,上海:格致出版社2015年版,第79页。

第五章 社会工作参与高校学生工作的潜功能

工作主要知识,包括学科基础知识、实践模式知识及本土社会工作经验等;而具备解决问题的能力,需要社会工作的从业者能够有效地开展工作,协助服务对象克服困扰、发展潜在的能力,其中包括沟通能力、组织协同能力、社区生根能力、评估能力、调查研究能力等。不难发现,社会工作者核心素质是一个复合式整合结构,涉猎内容众多。

同时,学界对学校社会工作者的核心素质也积累了诸多论述,台湾学者林胜义从九个方面较为全面地概括了学校社会工作者的核心素质,分别是:第一,有关社会工作的专业基础和哲理取向;第二,有关学校教育的知识;第三,有关与个人一起工作的能力与技术;第四,有关学习原理和认知原理;第五,有关社会增强、社会化、教学团体和技能学习团体的知识;第六,有关社区工作的知识和技术;第七,有关沟通理论与教学技能;第八,有关系统理论及其在学校运用的技术;第九,关于不同专业的认知。[①] 内地也有诸多学者论述了有关学校社会工作者核心素质的相关议题。许莉娅从三个维度阐述了学校社会工作者的核心素质,包括学校社会工作的专业基础及其哲学取向、相关科学理论知识和学校社会工作的基本技能技巧。其中,学校社会工作的专业基础和哲学取向是社会工作、学校教育与哲学精神的有机结合,包括学生的尊严和价值性、独特性和主体性、潜能发展的可能性、提供专业服务的重要性和福利获取的社会性等;相关科学理论知识则是社会工作的专业知识与学校教育知识的整合,具体包括有关学校教育的知识,有关心理咨询的知识,有关社会交往的知识,有关社会系统的知识,关于不同专业的认知等;学校社会工作的基本技能技巧包括会谈技巧、关系建立技巧、咨询技巧、组织动员技巧、资源获得与运用等。[②]

从上述有关学校社会工作者核心素质界定可知,事实上,学校社会

---

① 林胜义:《学校社会工作》,台北:巨流图书公司1988年版,第117页。
② 参见许莉娅:《学校社会工作》,北京:高等教育出版社2009年版,第129—132页。

工作者是社会工作者与教师双重角色的融合。学校社会工作者所需要具备的核心素质是在社会工作者核心素质的基础上，整合学校教育的相关理论知识与实务技巧，学校社会工作者的核心素质是建立在社会工作者与教师双重身份基础上的多维复合结构。这一复合结构是从一般性层面的价值观与哲学基础到中观层面的专业知识结构，再到具体层面的实务能力的关联与延续性整体。

从上述对高校学生工作者与学校社会工作者核心素质的阐析中可知，高校学生工作与学校社会工作在实践发展脉络上分属于不同的历史渊源，这使得两者的哲学基础、伦理守则和支撑学科存在显著差异，从而导致了从业者核心素质存在若干显著差异。

与此同时，值得注意的是，两者的核心素质在结构要素与内容要素上也存在诸多趋同之处。首先，两者核心素质的结构层次较为契合。无论是高校学生工作者，还是学校社会工作者的核心素质结构均呈现多维复合性的特征。均是从抽象层面的哲学基础与伦理守则到具体层面工作技巧与艺术的关联与延续性整体。其次，更为重要的是，在核心素质的内容要素上，两者存在诸多吻合之处。在哲学基础上，虽然一者注重集体取向，一者注重个体取向，但均强调以人为本；在知识结构层面，两者虽支撑学科不同，但均以诸多人文社会科学相关学科知识作为基础知识储备，如心理学、社会学、管理学、法学、伦理学、教育学等；在工作能力层面，两者均需具备教育引导能力、语言与文字表达能力、调查研究能力和组织协调能力等；在更为具体的工作技巧与艺术层面，两者则需掌握谈话技巧、团体活动组织与策划技巧、问卷制作技巧等。

上述在逻辑层面对高校学生工作者与学校社会工作者核心素质的比较分析是将两者置于相通的历史节点。然而，值得进一步深思的是，在历史维度上，我国高校学生工作的专业化发展阶段与发达国家与地区的学校社会工作专业化发展阶段并不在同一节点上。由于目前高校学生工作专业化进程刚刚起步，上述对高校学生工作者核心素质的探讨在目前仍然更多的是一种应然追求，而与之不同的是，由于学校社会工作的专业实践已有近百年历史，对学校社会工作者核心素质的探讨更多的则是实然表达。因此，在高校学生工作专业化的背景下，具有实然意义的社会工作核心素质是否能在高校学生工作者核心素质建设上发挥积极作用，需从具体的行动实践中加以归纳，而非逻辑上的推演。

（二）理念、能力、思维的优化：社会工作参与高校学生工作者核心素质优化的实践后果

如前所述，社会工作对高校学生工作者核心素质的优化并非来源于逻辑推演，而来自于社会工作参与高校学生工作的行动实践中。在具体的行动实践中，社会工作对高校学生工作者核心素质的优化功能显现出一种潜在性。这种潜在性主要显现在社会工作的行动框架在学生工作者主体意识中的内化，并外化于具体的工作实践中。

1. 人本理念的培育与优化

"以人为本"是高校学生工作的基本理念。但在实际工作中，由于受到传统惯性、专业背景、自身素质等因素影响，诸多学生工作者对"以人为本"理念的理解往往出现片面性、浅表性和抽象性等问题，时常无法有效地在工作中予以贯彻。在访谈中，多位受访者谈及了其在工作中与其他专业背景的学生工作者传递社会工作专业价值的工作经历，在这些谈话资料中可以发现，社会工作专业的一些具体操作原则在高校学生工作者主体意识与行动选择中的建构有效地促使其人本价值理念的培育与优化。

案例 5-14：

……每月我们院系的学工组老师都要在一起开例会，不管是辅导员还是班主任都要在会上谈这个月的工作，更重要的是还要分享经验……感觉到特别有意思的是，不同专业的老师做法不同，管理

学背景的就会从制度建设层面讲班级管理，什么建立班级班规，寝室纪律等……而我总是从社会工作的价值理念入手谈班级建设，比如：助人自助的观点，相信每个同学都有自我发现的潜能；案主自决的运用，如何帮助班级同学在遇到困扰时理清思路，并相信他们有自我决定的能力；还有平等、接纳与非评判……说真的，每次我讲的时候，其他老师都会很认真听，还会认真记，有老师告诉我，每次听我讲这些理念对他来说都是一种学习……

案例 5-15：

我一工作就和两个辅导员住在一套房子里，他们都是学理科的，一个是建筑的，一个是学电子，因为我也当班主任，经常和他们交流学生的事……有时候，他们跟学生谈话，学生不甩她们，说了也没用，搞得最后不欢而散……我跟他们谈到了接纳、尊重与独特性，说教育与引导是建立在平等对话的基础上，要尊重现在学生的个性，不要有好坏优劣的评价，相信学生自己有做决定的能力……我们住在一起两年多，他们真的挺感谢我的，说和我学到了很多，特别是很多价值理念，是他们从来没有接触过、没有意识到的，更不用说在实践中运用……

这两段资料分别是 LS 老师与 CZ 老师的自述。第一段资料是 LS 老师谈及其在学工组例会中分享社会工作价值理念的过程。在此过程中，由于辅导员与其他班主任并非社会工作专业背景，因此，在例会分享过程中，社会工作专业的价值理念对其产生了影响，而且这样积极且具有建设性的影响对理工科背景的辅导员影响颇深，转变与更新了他们原本所持有的工作理念。第二段资料则是 CZ 老师在生活环境中与两位理工科背景辅导员传授社会工作价值理念的过程。同样，在此过程中，社会工作的尊重、接纳、独特性与平等对话等具有浓厚人本主义色彩的价值观念，使两位理工科背景辅导员的工作理念有很大的转变。

第五章 社会工作参与高校学生工作的潜功能

值得注意的是，虽然两段资料所展现出的分享形式不同，但均呈现出相同的客观后果，即培育与优化了学生工作者的工作理念。实际上，笔者与其他几位受访对象均有类似的经历。若单就访谈资料的内容本身看，这样的转变与更新表面上看是通过互动沟通完成，而进一步考量上述材料不难发现，这样的转变与更新并非盲目与自发，而是其他专业背景的学生工作者在实践中体会到了社会工作专业有关人本理念的操作原则对学生工作的积极效应，而具有自觉性与主动性的一种转变与更新。而就客观结果而言，是社会工作的专业价值促使高校学生工作和人文理念的培育与优化。

2. 谈话能力的提升

个别谈心艺术是大学生思想政治教育的重要艺术之一。在学生工作者的日常实践中，与学生进行谈话是其重要的工作内容之一。是对大学生进行教育引导的主要手段。因而，高校学生工作者对谈话技巧的掌握与运用在日常工作中具有重要的意义。同时，就核心素质层面而言，也是高校学生工作者重要的教育引导能力之一。

谈话技巧同时也是社会工作专业重要的专业技巧之一，也是社会工作者应具备的基本技巧之一。在笔者及多位访谈对象的日常实践中，具有社会工作专业背景的学生工作者时常运用社会工作专业的谈话技巧对学生进行教育引导，解决了学生各种思想、心理与学业等多方面的问题，并取得了良好的效果。在此过程中，一些非社会工作专业背景的辅导员或班主任意识到了谈话技巧也具有很强的科学性与专业性，并积极向社会工作专业背景的辅导员或班主任取经。

案例 5-16：

有一次，Y老师要我帮忙，动员他们班一个学生考研，说她基础很好，不考研可惜了，他说自己已经做不通了……我认识这个学生，平时表现非常优秀的，于是我就去了，结果我跟ZY谈了两次，工作就作通了，Y老师觉得我很神奇……其实我没有任何的价值介入，只是倾听和同感，让她觉得自己是被理解的，她的顾虑是什么，未来会怎么样……最后，她成功考研……我把谈话的过程分享给Y老师，他觉得社会工作的这些东西太有用了，问我借社工方面的书，后来他还参加了社会工作师的考试，而且考过了，拿到了中级社工师的资格……

在此段访谈资料中，LS老师自述了其帮助Y老师对学生进行考研动员的一段经历。值得注意的是，LS老师对Y老师产生的影响，即LS老师在教育引导过程中所使用的社会工作专业谈话技巧，使其收益颇多，并引起其对社会工作专业的兴趣，并努力学习专业知识，通过了社会工作师的考试。就此过程的客观后果而言，社会工作专业谈话技巧对Y老师的谈话能力产生了正面影响，并促使其在核心素质的各个层面补充了新的知识体系和方法。事实上，上述的案例并非偶发的个案，无论是笔者自身，还是访谈过的其他几位同仁，均在日常学生工作中将一些专业的谈话技巧与身边其他专业背景的辅导员或班主任有过分享，这些专业的谈话技巧往往是他们从来没有接触或是思考过的，经常帮助他们找到了与学生谈话出现障碍的症结所在，因此感觉受益良多。

3. 工作流程科学思维的形塑

社会工作专业性的显著特征之一是其工作流程具有很强的科学性。在笔者与多位同仁的学生工作经历中，社会工作个案与小组工作流程科学性的特质也对其他专业背景的学生工作者发生了影响，使其工作科学化的意识与能力得以形塑。

案例5-17：

在进行大一新生适应小组时，我和另一个辅导员S一起全程策划与参与……一开始，S负责活动策划书，结果我一看，中间只有时间地点和几个具体游戏……后来我重新按照小组工作的流程写了策划书，包括活动目的，意义、流程、效果评估……他看了以后觉得还是我们（社会工作）这套科学专业……后来在活动过程中他也是全程参与的……他坦言真的对自己帮助挺大，特别是整个流程的科学设计和控制，觉得以前自己搞这些完全在脑子里没有建立科学的思维……

案例 5-18：
  在带 I Can 团队的时候，我一开始做的就是破冰，然后是建立团队文化，比如小组名称、队歌，然后是规范和角色分工……后来，我和（辅导员）ZY 分享过这个问题，告诉她团队活动一开始是相互认识，然后更重要的是团队文化的建设、规范与角色分工……（辅导员）ZY 觉得很有用，特别是对小组发展阶段的把握与控制……

  从上述两个案例不难看出，具有社会工作专业背景的学生工作者在科学性的行动框架下开展学生团体活动，在此过程中，其科学性的行动框架给非社会工作专业背景的学工同仁带来了正向效应，使其行动意义脉络中学生活动策划与开展的科学性实践逻辑得以建构。然而，对此建构过程的呈现，并非刻意夸大社会工作专业的工作流程的高度理性，而旨在澄清社会工作工作程序的科学性形塑高校学生工作者科学实践逻辑这一内在事实。

（三）社会工作促进高校学生工作者核心素质优化的内在逻辑

  上述三方面的案例均呈现了学校社会工作的行动框架在高校学生工作者核心素质优化中的功能实现。这样的功能实现并非个体行动意义在

| 高校学生工作的社会工作参与：一个基于多所高校的经验研究

其他个体行动意义脉络中建构的偶发性非理性行动，而是具备较强专业性的社会工作行动框架在传统高校学生工作非专业、经验性的行动框架中的嵌入，这种嵌入的本质并非是一种功能替代，而是呈现一种整合的态势，一种专业性与本土性的整合，且这种整合并非在行动者行动之前就被事先预知，而是前者嵌入后者后产生的客观后果，是基于高校学生工作主体而言的。因此，社会工作对高校学生工作者核心素质的优化是社会工作在参与高校学生工作中的一种潜在功能实现。

1. 社会工作促进高校学生工作者核心素质优化的发生背景

若进一步考量此种功能实现背后的发生逻辑，高校学生工作专业化的发展趋势或许可纳入解释范畴。如前所述，高校学生工作的专业化包含着整体与个体两个层面的专业化，这两个层面的专业化实质是制度与实务层面的专业化。高校学生工作者核心素质的优化与提升本质上是其实务能力的增强，所谓实务能力即具备在工作中处理各种学生事务，并在与学生互动中教育引导学生成为社会主义事业合格的建设者和接班人的能力。这种能力的实质是一种影响力。一般来说，作为教育者的学生工作者对学生的影响分为权力性影响和非权力性影响，"权力性影响是指社会赋予个人职务、地位和权力等因素构成，这种影响具有一定的强制性。非权力性影响主要由影响者自身素质决定的，是建立在被信任的基础上的。"[①] 在韦伯有关权威的解释框架中，高校学生工作者对工作对象——学生的影响力不仅有作为法定权威意义的角色权威，更有作为魅力型权威的个人影响力。《高等学校辅导员职业能力标准（暂行）》中将辅导员定义为具有教师和干部的双重身份，是高校学生日常思想政治教育和管理工作的组织者、实施者和指导者。同时，应当努力成为学生的人生导师和健康成长的知心朋友。从此定义不难看出，辅导员作为

---

① 参见翁铁慧：《高校辅导员行动指引》，上海：中国福利会出版社2007年版，第234—239页。

教育者与管理工作的组织者、实施者与指导者的影响力是一种权力性影响，也就是一种法定型权威，而更高要求的是后者，即作为学生的人生导师与知心朋友，这种影响力则是一种非权力性影响，是一种魅力型权威。同时，值得注意的是，在上述有关辅导员的定义中，在人生导师与知心朋友的角色职责中，使用了"应努力成为"的应然表述。这事实上揭示了在现行高校学生工作中，绝大多数学生工作者并未达到此种魅力型权威的要求。若要成为学生心目中的魅力型权威，对学生施以非权力性影响，其个体核心素质的提升与优化显得尤为重要。

2. 社会工作促进高校学生工作者核心素质优化的内在表现

上述社会工作专业元素促进高校学生工作者核心素质优化与提升的行动实践是具体的，但若基于高校学生工作专业化的背景，将其置于社会工作参与高校学生工作的议题下予以考量，如下几个一般性问题需予以澄清。

第一，促进高校学生工作者工作理念的转变与更新。

如前文实证研究的结果所示，就学生视角而言，高校学生工作者工作理念的滞后是现行高校学生工作存在的突出问题。该问题的出现与学生工作者所秉持的学生观、社会观与教育观未能适应新时代背景下大学生的思想状况与行为特点密切相关。因此，转变观念是学生工作专业化发展的关键。[①] 而值得深思的是，若将这种转变视为一个因变量，那其自变量何在？上述行动实践充分说明，社会工作专业价值理念在实践中嵌入后的良好效果，也许是其重要的自变量。

现今大学生的特点已发生了很大变化，变化的最核心表征是学生主体性的增强。这种主体性的增强意味着传统灌输式的教育和标准化的管理往往不易被接受。由此出现了学生工作者在教育、管理与引导学生时

---

① 参见黄永乐：《高校学生工作专业化发展初探》，载《辽宁教育研究》，2004年第7期，第85—87页。

影响力下降的问题。而该问题的实质是传统学生工作理念主客体二元对立的工作思维忽视了学生的主体性，导致在工作中效果式微。反观社会工作专业，其价值理念重视个体取向的人本主义哲学内涵，重视工作对象的主体性、强调平等对话，因而在实践中往往收到良好效果。就此而言，高校学生工作者的转变与更新的过程中，将社会工作专业价值理念加以整合，不失为一种适切选择。而学生工作者工作理念的转变与更新本身就是其核心素质优化的重要表征。

第二，促进工作手段的专业化与科学化。

就现行高校学生工作而言，绝大多数的高校学生工作者在工作中依然延续着一种经验性思维，此种经验思维的延续实质是一种路径依赖，源自于我国思政工作的政治性与任务性传统。这种传统意味着学生工作者需高度统一自上而下的贯彻上级的要求与任务。在此过程中，学生工作者行动取向往往容易出现异化，以完成任务作为其行动取向，而非以工作效果作为其行动取向。

现今，随着高校学生工作者工作职责的不断拓展，在高校学生工作专业化的背景下，无论是文本上的应然表达，还是实践中的实然操作，对高校学生工作者的工作能力均提出了更高的要求，其工作方法、技巧、程序均不再是单纯依仗以往经验和阅历，更多的是需要规制于专业化、科学化的理性框架中。事实上，这也是我国高校学生工作从传统迈向现代化的必然趋势。而在此过程中，社会工作专业方法、技巧与程序上的专业性与科学性特质正好契合了此种趋势。而基于高校学生工作者核心素质建设的微观层面而言，其恰好弥补了诸多学生工作者核心素质层面专业性与科学性特质欠缺的问题。

3. 社会工作促进高校学生工作者核心素质优化的内在本质

事实上，就社会工作专业发展史而言，社会工作也经历了从经验性迈向专业性与科学性的发展历程，在工作对象行为偏差与问题解决等问题上已经形成了诸多普适性概念与模式。这些概念与模式不但包含对工作对象施予人文关怀的价值理性特质,而且更具备保证工作效果与效率的工具理性特征。反观我国思想政治工作的传统,其更多地强调工作目的取向上强烈的价值理性,而保证工作效果与效率的工具理性模式的积淀却略显不足。因此,就工作手段层面而言,若能将社会工作专业所积淀下来的具有较强专业性与科学性的方法、技巧与程序整合进现有高校学生工作的行动框架和学生工作者的实践逻辑中,或许能更好地促进高校学生工作者核心素质的优化。

总之,我国高校学生工作专业化的发展趋势不可阻挡,而这样的专业化过程是一个不断包容与整合新的知识要素的动态开放过程。这些知识要素应涵盖所有具有先进性的人类文明成果。社会工作专业的发展已经历几百年的历史积淀,其迈向专业化的历史也有近百年。无论是从实践指向,还是从发展脉络而言,均沉淀了大量有关如何对人开展工作的知识成果。这些知识成果均可被现行高校学生工作吸收与借鉴。因此,无论是社会工作促进高校学生工作者理念的转变与更新,还是促进其工作手段的专业化与科学化,绝非否认我国高校学生工作者现有的行动框架与实践逻辑,而旨在陈述社会工作行动框架与实践逻辑对高校学生工作者核心素质的优化所起的积极作用,从而进一步澄清社会工作在参与高校学生工作中功能实现的一个界面。

第六章 社会工作参与高校学生工作的实践模式

在前述章节中,本书对社会工作参与高校学生工作的动因、关联性和功能等若干议题予以了探讨。接着,无论是从研究意义的升华,还是从研究逻辑的延展而言,本书需从更为概括性的视角探讨"怎么参与"的问题,即从更为一般性的视域澄清高校学生工作中社会工作参与的实现模式。若要探讨此议题,以下几个方面的问题在逻辑上需予以进一步澄清。第一,影响社会工作参与高校学生工作的因素有哪些;第二,实践模式建构的基本思路与变量如何建构;第三,社会工作参与的实践模式类型有哪些,适用性如何。本章的内容即从上述三个方面予以展开。

一 社会工作参与高校学生工作的影响因素

若要深入探讨社会工作参与高校学社工作实践模式的探讨,从逻辑上首先需尽可能全面、清晰地澄清影响社会工作参与功能实现的相关因素。因为只有对相关因素予以准确识别与把握,才可能在探讨其实践模式的建构与选择上将相关影响因素纳入其参考变量中。

一般而言,某一事项及其影响因素在经验世界中所呈现的复杂性程度往往决定了研究者在逻辑世界中将其予以明晰的难易度。也就是说,分析事项本身的复杂性和其影响因素的复杂性是决定分析难度的两个基本变量。分析事项越简单或者影响因素越少,研究者分析的难度就越

第六章 社会工作参与高校学生工作的实践模式 |

小,反之亦然。因而,在研究中,若要准确阐析某一事项的影响因素,研究者需在逻辑上对上述两个向度做出努力。申言之,就对分析事项而言,研究者需对其本身的性质予以澄清,而就影响因素而言,则需要通过一定的参考框架对若干影响因素予以完备且明确的归类概括。

按照此种逻辑,若要对社会工作参与高校学生工作的影响因素加以分析,需从社会工作参与这一事实本身及其影响因素两个方面加以探讨。对社会工作参与功能实现的探讨应聚焦于对该事项本身的各要素,而对其影响因素的探讨则应着力于选择合适参考框架。一方面,在分析社会工作参与高校学生工作这一事项时不难发现,这一事项包含了社会工作和高校学生工作两大结构要素。在影响因素的分析上,社会工作与高校学生工作是其两个基本结构要素,因此,就此种意义而言,若要分析高校学生工作社会工作参与的影响因素,就事项本身的解析而言,至少包括了社会工作、高校学生工作这两个方面。另一方面,影响社会工作参与高校学生工作的因素在经验世界中也具有复杂性,因为无论是社会工作还是高校学生工作,其行动主体呈现出从具体到抽象的多种表现形式,既有个体行动者,又有学校这一层面的行动主体,还包括了更为宏大的行动主体,且每种主体形式均在各自层面对社会工作参与功能的实现产生影响,并呈现出从微观到中观再到宏观的多层空间分布的特征。因此,在分析参考框架时必须选择一个从微观到宏观的完整连续谱,才可能将诸多因素包含于其中。

综而述之,在经验世界中,社会工作参与高校学生工作的影响因素包括社会工作和高校学生工作在微观、中观与宏观层面呈现出多维多层次性的特征。因此,在分析框架的选择与运用上,需将主体与层次两个维度均考虑其中。基于此,本章选取了一种交互式的分析参考框架,此框架可从主体和层次两个维度将各个影响因素包括其中并予以明晰。具体如图6-1。

然而,需要说明的是,本书对影响因素的探讨是基于对行动实践及实证资料的分析、归纳与概括,而非逻辑上的演绎。在经验世界中,微观、中观与宏观层面的因素不可能截然分开或相互封闭，社会工作、高校学生工作及两者的交互性在不同层面的作用力与影响力也不尽相同。因此，该图示并非是一个逻辑严密的"理想类型"，而只是分析的参考框架。

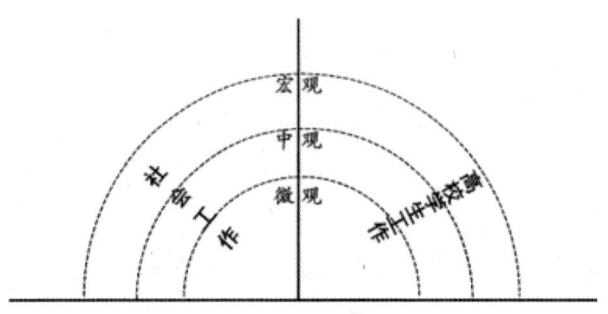

图 6-1 社会工作参与高校学生工作的影响因素

（一）微观因素

微观因素是社会工作参与高校学生工作在具体实践层面的影响因素。即社会工作功能发挥在实践层面的最直接影响因素。这些因素是促进此种实践后果实现过程中的若干变量，这些变量直接影响了社会工作参与高校学生工作实践后果的形成。基于前述章节的研究结论不难发现，就微观层面而言，社会工作行动框架嵌入高校学生工作实践的积极主动性，或者说社会工作在高校学生工作实践中的框架借用的积极主动性对参与实践的促进起了至关重要的作用。但就实践后果，即实现的影响因素而言，在该层面的若干更为必然、稳定和一般性的变量需予以进一步凝练与挖掘。

1. 行动实践者的精神素质

基于对多位具有社会工作专业背景的高校学生工作者的访谈及笔者的行动反思发现，在微观层面，社会工作参与功能发挥的一个重要因素是行动实践者的精神素质。这种精神素质是社会工作专业价值观驱使下行动实践者在高校学生工作实践过程中所展现出的一种信念持守与价值追求。这种信念持守与价值追求往往能够驱使行动者重建高校学生工作的实践意义，突破传统高校学生工作实践的框架约制，超越现行高校学生工作实践价值异化。

首先，具有社会工作精神素质的学生工作者往往会重建高校学生工作的实践意义。在行动实践中，行动者们往往把高校学生工作的实践过程视为一个专业的助人过程，将其实践客体学生视为是其服务的案主，将与学生建立的人际关系定义为社工与案主的关系，将其教育与管理工作职责视为是一种服务与帮扶的责任，将教育与管理学生的过程视为是一种促进案主增能与成长的过程。正是这样的意义重建，使得大学生的思想政治工作更具亲和性，针对学生的管理工作更具"善治"性，针对大学生成长发展的指导性工作更具实效性。

其次，具有社会工作精神素质的学生工作者往往能突破传统高校学生工作实践框架的约制。如前文所述，我国高校学生工作的实践框架具有目标取向的政治性、价值取向的育人性、实施过程的任务性、工作对象的全体性、工作范式的经验性、问题归因上的偏差性等特性。这些特性形塑了我国高校学生工作的基本实践框架，同时也成为了高校学生工作实践的一种路径依赖，从而形成了一种规制高校学生工作者行动框架的强大约制力。在行动实践中，具有社会工作精神素质的高校学生工作者往往敢于突破此种约制，弥补高校学生工作传统取向的弊端所在。比如，行动者往往将抽象的政治实践、道德实践的目标取向化解为更贴近学生的日常实践、生活实践的目标；又如，行动者往往将具有很强任务性，容易流于形式的工作实施过程反转成为具有很强的参与性和体验性的工作任务；再比如，行动者往往在对问题学生的处理上，会将批评教育甚至是惩罚的过程反转成为一种平等交流，帮助其挖掘心理创伤，挖掘其优势与潜能的过程。

再次，行动者拥有的社会工作精神素质往往能够超越现行高校学生工作实践的异化困顿。在前文的实证研究中描述了高校学生工作实践中的多种异化。此种异化困顿的形成从实践者层面而言，是其行动取向选择的错位。申言之，现行高校学生工作的工作焦点的错位、考核机制的过度量化、评价机制有失偏颇以及职业发展的瓶颈与困境将高校学生工作者的实践过程异化成为了一种工具理性的行动过程，这使得高校学生工作者往往在工作中忽视甚至是遗忘了其工作本身应具有很强价值理性的一面，其工作本身还应是工作者持守人生信仰、实现人生价值的价值合理性行动。在此方面，具有社会工作精神素质的高校学生工作者在实践中往往能够予以超越。因为社会工作专业是视价值为生命与灵魂的专业，具有社会工作精神素质的高校学生工作者往往会在实践中持守助人价值，将行动取向的价值合理性始终作为其行动选择的首要标准，将其行动道义的实践意义置于工具实践意义之前，这使其在日常工作中往往能够超越现有学生工作的价值困顿，使工作的最终目标回归育人本质。

进一步而言，所谓社会工作精神素质为何，笔者基于自身与访谈对象的行动实践的反思与概括，可从如下几个方面予以明晰。第一，责任感。通常，责任意味着依照身份、地位或职业，由命令或习俗责成的工作、行为、服务或职务。社会责任就是人们所扮演的社会角色所应该发挥的功能。或者说，是为了尊重、保护和帮助公众而产生的行为。而在社会工作专业领域，社会工作者的责任分为社会责任和专业责任。前者是指在一般社会关系中力所能及的助人行为，后者则是在专业岗位上应尽的工作义务。事实上，社会工作者的精神素质中，其所持有的责任感更多的是一种专业责任，而这种责任往往要高于一般意义上的社会责任，这是由社会工作专业的历史传统与职责使命所决定的。因此，社会工作者的责任感往往是其精神素质的重要表征之一。这在高校学生工作的具体实践中往往使得学生工作者更具使命感、对学生问题具有更高的关注度与敏感度。第二，人文情怀。人文情怀是人类与生俱来的对自身的亲近情感，是人类对自身生命、健康、尊严的自然关爱。人文情怀是社会工作者开展专业实践的感情基础与感性动力，与一般人的人文情怀相比，社会工作的人文情怀显得更为丰富、成熟与稳定，与其专业价值

第六章 社会工作参与高校学生工作的实践模式 Ⅰ

一脉相承,并能通过专业实践不断得到强化与固化。在高校学生工作的实践中,具有社会工作行动框架的高校学生工作者往往更具人文情怀,这使其往往对学生更具情感性、亲和性,对学生面临的现实困境与发展困扰更加感同身受,更加视为己任。第三,挑战与创新精神。所谓挑战与创新精神,是指在对传统的思想、道德、行为和制度的怀疑、批判过程中创造新事物方面所展示出的信念和毅力。社会工作精神素质中的挑战与创新精神,是社会工作者在专业实践中所展示出的现有行动框架与制度框架的一种质疑、反思、批判与创新。在高校学生工作的实践中,具有社会工作专业背景的学生工作者往往对现存高校学生工作的行动框架与制度框架具有反思与批判精神,并通过自身专业能力予以创新,在此过程中,社会工作的挑战与创新精神往往支撑并推动行动者不断突破传统、克服困难并进一步探索创新。

2. 行动实践者的专业能力素养

在微观因素中行动实践者的专业能力素养是社会工作参与高校学生工作实现的另一重要因素之一。能力素质是建立在专业能力基础之上的一种水平与状态。所谓社会工作的专业能力是指在其专业价值观、知识和技术方面可观察和可测评的核心实践行为力,由此,社会工作的能力素养则是以上三方面的核心实践行为的水平和状态。可见,社会工作专业的能力素养体现在对专业价值、知识与技术的运用上。如果说上述精神素质是社会工作者行动实践的灵魂,能力素养则是行动实践的大脑。在社会工作参与高校学生工作实践过程中,社会工作专业行动实践者所展现出的能力素质是参与实现的重要变量。这一变量的影响也从上述三个方面有所显现。

第一,行动实践者对专业价值的操作与运用程度。行动实践者对社会工作专业价值的把握和运用往往使得高校学生工作中的抽象价值得以操作。社会工作的价值体系是由从抽象到具体的社会价值、专业价值、实务价值与伦理守则四个层次组成。其中实务价值是对更高层次的专业价值与社会价值的具体操作。事实上，在抽象层面的价值上，高校学生工作的价值原则与学校社会工作是相通的，这在前文已有所论述。而在实践中，社会工作者的能力素养则体现在其对这些基本价值的操作与实现上。具备较强社会工作能力素养的行动实践者可将若干具有较强抽象性的价值原则落实到其学生工作的日常实践中。比如，在第四章中的若干案例中，学生工作中以人为本的原则，在具体实践中通过案主自决、个别化、保密等实务价值得以实现。

第二，行动实践者知识结构的多元与宽广程度。在社会工作专业实践者的能力素养中，其掌握知识结构的多元与宽广是其从事专业实践的重要知识储备。皮拉利思（Pilalis）对社会工作理论结构的划分中，社会工作者在中观层面所需掌握的知识包括解释性理论与介入模式理论。解释性理论是对人的行为与社会过程的某些方面做出解释的理论，包括了社会学、心理学、人类行为与社会环境、政治学和管理学等多学科知识作为知识背景。介入理论则是具体的干预理论，包括了个案工作（心理—社会模式、理性情绪模式等），小组工作（互动模式、发展性模式等）和社区工作（社会组织模式、社区发展模式等）相关干预模式。在高校学生工作的实践中，社会工作的上述知识结构显得宽广与多元，这样宽广与多元的知识储备使得具有社会工作专业背景的高校学生工作者的行动选择显得更加丰富，能够更为准确地找到合适的解释性理论与干预模式。就此种意义而言，知识结构的宽广与多元是社会工作行动实践者的重要能力素养，在高校学生工作实践中发挥了建设性的功能。

第三，行动实践者对工作方法与技巧的使用能力。所谓技术能力是专业实践者在实践中运用各种工作方法与技巧的能力。在社会工作专业领域，行动者的技术能力主要包括沟通、组织、记录、评估等具体实践行为。在高校学生工作的实践中，行动者的技术能力是保障其工作科学性与规范性的重要能力支撑。比如，在学生的面谈中，专业面谈技巧的运用是其与学生培育良好关系进而协助学生解决问题与困扰的重要媒介工具。又比如，在开展组织建设中，小组工作的控制规范、文化建设、体验反思等相关技巧可有效提升工作的实效性；再比如，在学生实际困难与问题的确定中，科学的评估与规范的记录发挥着重要的作用。因此，在社会工作参与实践中，社会工作专业的技术能力素养可在实践中提升高校学生工作的科学性与规范性，对参与功能的实现提供了重要能力保障。

（二）中观因素

在社会工作参与实践过程中，所谓中观因素是社会工作参与高校学生工作过程中与实践后果直接相关的场域性因素。这些因素在个体实践能动性这一微观行动层面之上，具有一定的时空结构性，对社会工作参与高校学生工作的实现产生了直接性影响。申言之，在社会工作参与实践过程中，高校事实上就是社会工作参与行动所处的时空场域，这一时空场域中的若干因素对社会工作参与功能的实现具有直接的影响，而在此层面的行动主体则表现为更为抽象的学校层面的行动主体。

张力是社会学家帕森斯在描述系统内部紧张而出现不适应环境状态的一个概念。其意涵的实质是系统内部出现的不协调或无序状态。在此视角下，若将高校学生工作视为一个行动系统，其内部的张力往往是社会工作参与高校学生工作得以实现的动因。这些因素在本书的第二章已通过实证研究从主体、客体与环境三个方面予以了澄清。在此，需要进一步探讨的是，社会工作参与功能发挥中，哪些高校学生工作这一行动主体系统的张力直接促使社会工作参与功能的实现，即哪些张力的存在为社会工作参与的实现提供了空间，也就是说，高校学生工作这一行动系统的哪些张力直接转化成为了高校学生工作系统吸纳社会工作行动框架进入其系统的"拉力"。同时，若同样将社会工作视为一个行动系统，其在高校这一中观时空场域的哪些因素，能够成为社会工作参与高校学生工作的"推力"。基于对行动实践的反思，如下几个方面的因素可成为参与实现的重要动因。

1. 学生工作系统的功能定位

在中观层面，探讨高校学生工作的功能定位并非基于抽象的理想或是文本的范畴，而是基于具体的实践范畴。在中观层面探讨此问题，更多的是从时空场域中的具体实践来探讨。事实上，对于不同层次、不同属性、不同类型的高校而言，高校学生工作的功能定位往往有所不同。这种功能地位的不同，往往源自于这一高校对学生工作的目标取向，甚至是其培养人才的目标取向。这往往成为社会工作参与实现的一个重要因素。

众所周知，高校学生工作系统是高校诸多运行系统当中十分重要的结构要件之一。这在全国高校的系统设置中具有一致性与统一性。然而，高校学生工作系统这一重要的结构要件在高校人才培育与自身发展中功能定位如何，往往因校而异。也就是说，每个高校对学生工作的功能作用认识与期望不同。在前文中，多位辅导员的访谈资料反映了一个重要问题，不同学校对学生工作重视程度不同。就此意义而言，即使高校学生工作系统在结构设置上具有高度的统一性与完整性，但在现实的运行中，不同高校对其功能发挥的定位是有所不同的。这种对学生工作系统的功能定位至少从两个层面影响了高校学生工作系统的运行状况。

第一，高校学生工作系统的专业化程度。专业化是高校学生工作发展的必然趋势，但由于各高校对学生工作的功能定位不同，其对学生工作专业化的需求程度与推动力度也有所不同。具体而言，若某一高校只将学生工作系统定位为一种经验性、行政化的工作，且在整个高校系统运行中处于辅助性的地位，其对学生工作系统的专业性要求肯定不高，对专业化进程的推动力度也不会很大。反之，若某一高校将学生工作视为是一种专业性、发展性的工作，且在整个高校系统运行中处于一个重要地位，其对学生工作系统专业性要求就会比较高，对专业化进程的推动力度就会比较大。第二，高校学生工作的内卷化程度。内卷化的概念由美国人类学家戈登威泽（Coldenweise A.）最早提出，其运用内卷化

第六章 社会工作参与高校学生工作的实践模式 Ⅰ

概念分析社会文化问题时指出,当一种文化模式发展到某种终极状态时,它既不能进入稳定状态,也很难转变达到一种新的状态,唯有不断在内部变得更加复杂。① 这一概念后被经济学、社会学等多学科的研究者加以运用,旨在描述某一事物徒有增长,而无发展,只注重外延的增大,而不注重内涵提升的发展方式。这里用"内卷化"表述一个高校学生工作系统,其实质是描述学生工作系统的工作状态。具体而言,若某一高校将学生工作定位为是一种任务式、外在指标化的工作,其学生工作系统往往就会处于一种较高内卷化的状态;反之,若某一高校将学生工作看作是一种满足学生需要、内在育人性的工作,其学生工作系统往往内卷化程度较低。

事实上,在此探讨高校学生工作功能定位给学生工作系统带来的影响问题,并非旨在探讨该问题本身,而是探讨不同学校对高校学生工作的功能定位不同而带来的专业化与内卷化问题对社会工作参与高校学生工作实现的发挥具有重要意义。与传统高校学生工作相比,社会工作优势在于其价值理念的人文性与方法技巧的专业性,这就意味着其在参与高校学生工作中能够有效促进学生工作的专业化与内涵性。然而,这两大功能在某一时空场域中实现需以该时空场域对其功能发挥的需求为前提。也就是说,若某一高校对学生工作系统的功能定位与社会工作的专业优势不吻合,社会工作参与功能的实现也就无从谈起了。

总而言之,社会工作参与治理的方式是一种服务型治理。② 这就意味着社会工作在参与高校学生工作的实践中,会发挥着服务的显功能与教育、管理的潜功能,这在本书的第四、五章已作详细阐析。但值得注意的是,这些功能发挥的前提是所在高校对学生工作创新,即系统功能

---

① 参见张红、李航:《"新失业群体"的社会地位及其社会流动——以"内卷化"为分析视角》,载《青年探索》,2006年第4期,第26—29页。

② 参见王思斌:《社会治理结构的进化与社会工作的服务型治理》,载《北京大学学报(哲学社会科学版)》,2014年第6期,第30—37期。

完善与增强是有所期待，并有所作为的，若某一高校仅仅将学生工作视为"保姆"、"扫尾打杂"，甚至是"鸡肋"，将学生工作悬浮于表面数据与外在指标，这就会使社会工作参与功能无法发挥，因为该学校可能并没有意愿或期望更好地发挥学生工作系统在育人中的功能，从而也必然没有改善与创新学生工作的潜在需求。这样，社会工作的行动框架也就无用武之地了。

2. 学生工作系统的开放性

在社会工作参与高校学生工作的行动实践中，学生工作系统的开放性是参与实现在中观层面的又一重要影响因素。所谓系统的开放性意指一个系统能够开放自身固有边界与其他系统进行信息与能量交换的系统属性。就高校学生工作系统而言，其系统的开放性是指自身作为一个行动系统在行动过程中是否能够接受来自于其他系统的信息与能量的进入，并融入到自身系统。开放性的系统属性对高校学生工作的革新具有十分重要的意义，决定了其是否能够适应甚至是超越外部环境的变迁。在高校学生工作的实际运行中，系统的开放性程度的影响因素是多元的，包括对学生工作传统取向的固守和路径依赖程度。

众所周知，我国高校学生工作的传统源自于革命战争时期的思政工作，因而在学科支撑上，是以思想政治教育学作为学科支撑，这就使我国高校学生工作有别于西方国家的学生事务管理，也有别于高校中的学校社会工作，具有浓厚的价值合理性取向。这种取向本身并无可厚非，但值得注意的是，这样的取向若被曲解或是放大往往也会使得高校学生工作系统的边界出现僵化与封闭的状态，而拒绝与其他新系统产生交换。这一点尤其对于社会工作参与实现影响甚大。

在现有高校学生工作的学科背景知识中，管理学、心理学、社会学等学科的知识均被学生工作系统所吸纳，成为实践中重要的背景知识。但对上述学科进一步加以审视不难发现，这些学科的学科范式具有很强的工具理性色彩，也就是说，其哲学基础与方法论基础主要是建立在理性主义之上,具有价值中立性,因此,高校学生工作实践在运用这些学科相关知识时,主要是运用具有很强"价值中立"性的理论与方法,很少涉及价值关联层面的问题。与上述学科相比,社会工作专业的历史传统与学科性质均具有较强的价值关联性,甚至其学科的显著特征就在于浓厚的价值意义性。因此,当社会工作参与高校学生工作的行动实践出现后,社会工作诸多专业价值理念往往被许多的高校学生工作者,特别是学生工作的领导层所误解,而使得参与实践的推进受阻,而无法走向制度化。由此而言,在社会工作参与高校学生工作的实践中,高校学生工作系统的开放性是社会工作参与得以实现的一个重要影响因素之一。

3. 社会工作专业教育主体的参与和推动

本书论述的笔者及多位同仁的相关行动实践是一种偶发性实践,我们以学生工作者的角色进入到高校学生工作框架内,并利用此种角色将社会工作的行动框架嵌入到原有框架中。单从行动动机看,社会工作专业教育主体的行动呈现自发性,但就行动后果而言,新主体并非未对原有主体的行动框架分解重组,而是对原有主体行动意义的拓展与补充。然而,除了行动后果外,若能将上述实践过程所展现出的参与优势置于社会工作参与功能实现的影响因素这一更具一般性意义的议题中,这样的探讨也许更具价值。

截至 2016 年底,全国已有 400 多所高校、研究机构分别招收社会工作专业专科、本科和硕士学生。同时,在前文谈及的内地高校社会工作的初步本土实践中,绝大多数都是由社会工作专业教育主体推动的。更为关键的是,中国内地社会工作的发展进程中,专业教育的发展先于专业实践,而且在诸多社会服务领域,前者是后者的重要参与者与推动力之一。然而,相较于诸多社会基层治理创新领域而言,社会工作在参与高校学生工作创新领域的实践呈现零星化,仍处于"前制度化"阶段。这就意味着该领域的行动实践也可能向其他领域的行动实践在"前制度化"时期的发展轨迹那样,社会工作专业教育主体可能成为重要的参与者与推动者,而现存的高校社会工作本土实践也证明了此种设想。事实上,更为值得注意的是,就社会工作参与其他社会服务或社会基层治理领域的创新而言,高校这一实践领域也许具有独特的内在规定性。这种内在规定性就体现在社会工作专业教育主体与高校学生工作主体的行动统一于高校这一同一时空场域内,具有共生亲和性的优势,这样的优势至少表现在如下方面:

第一,降低与学生工作领导层达成共识的难度。在社会工作参与高校学生工作的过程中,与其他实践主体相比,社会工作专业教育主体的参与和推动,能够降低与学生工作领导层达成共识的难度,具体则体现在可消减高校学生工作领导层由于"阵地意识"和"守城意识"而对新行动主体产生的质疑,比如学工领导层基于"阵地意识"产生的对社会工作行动者及其行动框架意识形态的警觉以及由于"守城意识"带来的对问责风险的担忧等。第二,降低学生工作者对社会工作嵌入的斥力。在社会工作作为一种理念与方法在学生工作者日常工作行动策略构建的过程中,社会工作专业教育主体的参与和推动可有效消减由于学生工作者对原有工作模式的路径依赖与边界固守而对社会工作产生的斥力,这些斥力包括对社会工作者角色身份的矮化、工作理念与方法的质疑等。第三,促进学生对"社工"身份的认可。若想要社会工作的参与功能得以实现,社会工作需作为一种服务供给在学生求助的行动选择层面加以建构。而在此过程中,社会工作专业教育主体的参与和推动可使社会工作者带有"老师"的符号意义,从而消减了学生对社工角色的陌生感,促进服务对象——学生对社会工作服务的认可度,从而使社会工作专业服务在学生中的合法性得以显现,进而提升其对社会工作专业服务的信任和接受程度。

（三）宏观因素

社会工作参与功能实现的影响因素中，所谓宏观因素主要是指对社会工作参与实践产生影响的社会背景和政策背景因素。宏观因素事实上是社会工作参与行为时空场域以外的更大环境层面的因素。这些因素并非对社会工作参与实践产生直接影响，而是从发展趋势层面产生间接性影响。因此，在对参与影响因素的分析中，宏观因素必须加以探讨。

1. 高校管理从"管理"向"治理"的转变

在宏观层面，高校管理模式从"管理"向"治理"的转变是社会工作参与高校学生工作实践得以实现的一个重要影响因素。20世纪90年代以来，西方国家在全球化、信息化、政府规模过大、管理失灵及公民社会崛起等多重压力下，兴起了一场公共管理领域的大变革，其变革的核心就是管理模式从"管理"向"治理"的变更。"治理"（Governance）一词源自于希腊语和拉丁文，原意是统治，而后西方学者赋予其新的意涵。国内学者毛寿龙在译介治理时指出"英文中的动词Govern既不是指统治（Rule），也不是指行政（Administration）和管理（Management），而是指政府对公共事务进行治理，它掌舵而不划桨，不直接介入公共事务，只介入负责统治的政治与负责具体事物的管理之间，它是对于以韦伯的官僚体制理论为基础的传统行政的替代，意味着新公共行政或者新的公共管理的诞生，因此可译为治理。"[①] 治理理论的主要创始人之一罗西瑙（Rosenau J.N.）在其代表作《没有政府的治理》中，将治理定义为一系列活动领域里的管理机制，它们虽未得到正式授权，却能有效发挥作用。与统治不同，治理指的是一种由共同的目标支持的活动，这些管理活动的主体未必是政府，也无须依靠国家的强制力

[①] 毛寿龙：《西方政府的治道变革》，北京：中国人民大学出版社1998年版，第5页。

量来实现。① 从上述论断不难发现，公共管理学领域的这场变革是作为法定管理主体的政府的管理模式在管理主体、权力运行、职责范围、组织运行等多方面的革新，其核心观点是管理主体由单一转向多元，管理方式由"行政管制"转向"协同善治"。显然，"治理"作为公共管理学的新思想，其运用范围不仅仅局限于政府主体，其广泛运用于企业、基层社区、学校等管理主体，因此，也成为目前我国高校管理模式创新的一种重要路径和发展趋势。在"治理"思想中，高校学生工作可被重新定义，学生及学生组织不再是工作客体，而转变成了重要的治理主体，学生主体性需被充分调动与挖掘，而学生工作的管理方式不再是自上而下的行政管制，而是上下融合式的"协同善治"。

值得注意的是，高校管理模式的此种发展趋势或许对社会工作参与高校学生工作的实践提供了重要空间，因为社会工作在诸多社会服务与基层社区治理领域的实践空间正是政府主体管理模式从"管理"向"治理"转变后所让渡的。就此而言，高校管理模式向"治理"的转变将成为社会工作参与高校学生工作实践的重要宏观背景性因素。

2. 高校思政工作的改革与创新

在宏观因素中，高校思政工作改革与创新是社会工作参与高校学生工作实践得以实现的另一重要影响因素。2016年12月8日，习近平总书记在全国高校思想政治工作会上的重要讲话为我国高校思政工作的改革与创新指明了方向。他指出，思想政治工作从根本上说是做人的工作，必须围绕学生、关照学生、服务学生，不断提高学生思想水平、政治觉悟、道德品质、文化素养，让学生成为德才兼备、全面发展的人才。做好高校思想政治工作，要因事而化、因时而进、因势而新。在中

---

① 〔美〕詹姆斯 N.罗西瑙：《没有政府的治理》，南昌：江西人民出版社2001年版，第7页。

第六章 社会工作参与高校学生工作的实践模式

共中央国务院随后印发的《关于加强和改进新形势下高校思想政治工作的意见》（以下简称《意见》）中的第三部分论述了发挥哲学社会科学育人功能的相关内容，第六部分专门论述了推进高校思想政治工作改革创新的相关内容，强调要贴近师生思想实际，以改革创新精神做好高校思想政治工作，第七部分则指出要形成党委统一领导、党政齐抓共管、职能部门组织协调、社会各方积极参与的工作格局。从习近平总书记的重要讲话和《意见》内容中不难发现，高校思政工作改革与创新是一种必然趋势。科学性、专业性、人本性、学科多元性和社会参与性是今后高校思政工作发展的基本方向。高校学生工作系统作为大学生思想政治教育的重要渠道与阵地，其改革与创新的趋势也必将遵循高校思政工作改革与创新的发展趋势与基本方向。

更为关键的是，此种发展趋势与基本方向也许会使社会工作专业在其中大有作为。首先，高校思政工作的科学性、人本性和精准性趋势使得社会工作作为一个专业参与其中得以成为可能。具体而言，社会工作专业特性中的科学性、专业性、人本性与统筹性契合于高校思政工作改革与创新的基本方向。其次，高校思政工作的学科多元性趋势为社会工作作为一门学科参与其中得以成为可能。具体而言，高校思政工作的改革与创新过程鼓励充分发挥哲学社会科学学科的育人功能，这就为社会工作参与高校育人工作提供了可能性。随后，高校思政工作的社会参与性趋势也为社会工作作为一种制度安排参与协同提供了可能性。由于积极鼓励社会力量参与高校思政工作，这就使得学校引入社会工作机构参与高校思政工作的组织模式作为一种思政工作的制度创新成为可能。综而述之，高校思政工作的改革与创新在多个层面为社会工作参与高校学生工作创新的实践提供了发展空间，是其参与功能实现的又一重要宏观影响因素。

3. 专业社会工作的发展水平

上述所论及的宏观因素均是从参与客体的视角对社会工作参与高校

学生工作的影响因素予以阐析。事实上，作为参与主体的社会工作在宏观社会层面的发展趋势对参与实践产生的影响同样不容忽视。目前，就我国社会工作发展现状而言，相较于政府作为主导力量将社会工作作为一种制度安排在社会基层治理创新领域的整体性推进而言，其目前对学校特别是高校这一实践领域的干预较少。这主要是由于社会工作本土化进程所决定。检视内地现有的开展高校社会工作本土实践可知，几乎所有的本土实践均发生在一线城市或沿海发达地区，这些区域社会工作专业教育开展较早，社会工作职业化、专业化水平较高，社会工作制度化框架较为成熟，社会工作专业的社会认可度较高。因此，身处这些地域的高校更具开展社会工作参与高校学生工作创新的相关实践。比如，以广东省的 DG 大学为例，其以自上而下的方式通过引入学校之外的纯民间社会工作机构的专业服务参与高校学生工作。通过笔者对其驻校社工的深度访谈发现，这种实践的促成主要与诸多因素密切相关，包括地域内成熟发达的社工体系、较高的社会认可度、学校上层领导的社工背景、社会工作专业教育主体的大力推动等因素直接相关。就此而言，在影响因素中，学校所在地域专业社会工作的发展水平本身就是参与实践能够走向制度化的重要宏观背景性因素。

二 实践模式类型变量与分析变量的建构

在上一部分内容中，本章对社会工作参与高校学生工作的影响因素进行了分析，这为参与实践模式的探讨奠定了基础。然而，若要对实践模式的议题予以进一步明晰，还需要对其予以细化与划分，在细化与划分的过程中，变量体系的建构显得尤为重要，因为这些变量的建构能为实践模式的划分提供基本依据。因此，本节内容就对实践模式划分的变量体系予以阐述。

第六章 社会工作参与高校学生工作的实践模式 |

(一) 变量建构的基本思路

对于本书而言,对社会工作参与高校学生工作实践模式问题的探讨,并非旨在建构出一种统一参与的模式,而是力图对该议题的探讨在实然层面予以进一步深入和细化。因此,在接下来的内容中,本书将基于上节中社会工作参与高校学生工作影响因素的分析,力图首先建立一套完整的变量体系,这套变量体系是一组完整的概念工具体系,通过这组概念工具体系能够对社会工作参与高校学生工作的实践模式予以清晰划分与完整分析。

基于此,若要对实践模式进行清晰的划分与完整的分析,在概念工具的选择中,对实践模式类型划分的变量与模式特征表述的分析变量的明晰显得尤为重要。所谓模式划分的类型变量是指区分社会工作参与高校学生工作实践模式类型的一组不同向度的概念工具。这套概念工具的建构可从类型上对实践模式予以更为明确的划分。所谓模式分析变量主要是指对不同模式的特征予以分析的概念工具。这套概念工具可对每种类型的实践模式的具体特征予以分析。这样,在逻辑上,这两条变量体系就组成了一个完整的二维分析框架,可对社会工作参与高校学生工作的实践模式进行全面的类型划分与特征分析,进而探讨其适用性问题。

在绪论部分的研究综述中已谈及目前我国大陆地区研究者们对社会工作行动系统进入高校学生工作行动系统的模式持两种不同观点,一种是保守取向的"融入"说,一种是激进取向的"重构说"。总体而言,"融入说"的观点认为,社会工作者无法在高校学生工作的实践场域中独立开展工作,也不能有一种制度化的建构。社会工作行动框架仅仅只是作为一种理念与方法被纳入到高校学生工作者的行动逻辑中,这样并不会改变现行高校学生工作的运行机制。而与之相反,"建构说"的观点则认为,社会工作应作为一种制度安排,在高校学生工作体系中予以建构,这种建构能使社会工作行动框架在高校学生工作中独立开展工作,社会工作者也是相对独立的身份。也就是说,社会工作行动框架是作为一种角色设置或是制度安排被纳入到高校学生工作运行机制中。事实上，这样的区分是从两种相悖的视角对社会工作参与高校学生工作的实现模式进行了区分，这从概念上为该议题的探讨奠定了基础。

然而，对此两种观点予以进一步考量不难发现，目前研究者们对上述问题的探讨似乎显得过于笼统、含糊、不够深入与细化。总体而言，研究者们的观点更多的是基于某种哲学基础和某种假设，是一种应然层面的演绎，是从类型学的角度进行"理想类型"的建构。这样的构建并未涉及其在实然层面的诸多问题。具体而言，主要体现在如下方面：

第一，缺乏对驱力问题的探讨。无论研究者持哪种取向，其探讨只是对社会工作进入高校学生工作系统的结果予以揭示，而并未对此种结果形成背后的驱力问题予以探讨。也就是说，到底是哪种类型的动力能够推动社会工作参与高校学生工作客观结构的实现，不同类型的动力会不会形成不同的实践结果。具体而言，比如什么动力会形成"融入"的局面，什么动力会形成"重构"的局面，在这两种结果之间，会不会有中间状态，有什么动力推动，形成中间状态。上述问题，现有的研究均未作出明确的回答。

第二，缺乏对参与形成过程的描述。研究者们在探讨该议题时，只是从后果层面加以描述，比如，在"融入"取向中，只描述了"融入"的后果性，而未涉及融入后果形成的过程。也就是说，研究者只是笼统地表述了一下后果，而未对后果形成的过程予以更为清晰详细的描述。比如，融入的过程是如何实现的，建构的过程又是如何实现的，等等。

第三，缺乏对参与之后两者关系状态的揭示。研究者们只是从应然层面描述了社会工作进入高校学生工作系统的即时状态，而未从实然层面对社会工作进入高校学生工作系统后，两者呈现出一种怎么样的协同关系予以描述。也就是说，社会工作参与高校学生工作的实践后果形成后，两者是一种怎么样的关系状态。不同的驱力、不同的实现过程，会不会表现出不同的关系状态。在实然层面又会有哪些关系状态的类型。

第四，缺乏对模式具体特征的分析。研究者们提出的"融入"与

"建构"的观点只是从宏观概念上提出了两种不同的模式,并未对每种模式的具体特征予以分析。进一步而言,若未对每种模式的具体特征予以明晰,模式的实用性问题就无法有进一步的探讨。而事实上,若能明确每种模式的具体特征,模式的实用性问题就可通过特征的分析予以进一步明确。

值得注意的是,对上述四个方面的分析在客观上为社会工作参与高校学生工作实践模式变量体系的建构提供了细化与深化的思路。模式划分类型变量与模式特征分析变量概念工具的挖掘可从上述四个方面予以延展。

(二) 实践模式划分的类型变量

通过上述对既往研究的进一步考量可知,对社会工作参与高校学生工作实践模式划分的类型变量问题的探讨似乎可从如下三个维度予以展开。

1. 驱力

所谓驱力主要是指促使社会工作行动系统进入高校学生工作行动系统的驱动力。也就是说,在社会工作参与高校学生工作实现过程中,到底有哪些动力类型可对此起到积极推进作用。更为重要的是,若能从实然层面总结概括出这些驱动力的类型,就会对实践模式类型的划分起到十分重要的意义,因为不同类型的驱动力,往往决定了社会工作参与高校学生工作不同的实践形式。

就此而言,我们需对目前社会工作参与高校学生工作的驱力问题予以进一步的探讨。事实上,目前我国大陆地区社会工作参与高校学生工作的实践形式是多元的,有具有社会工作专业背景的高校学生工作者开展的行动实践,也有高校内社会工作专业教师积极地参与,还有社会工作机构派驻专职社工进入校园开展的行动实践。而从这些行动实践的形式看,其背后的驱力是有所不同的。而若将驱力视为一个变量,进一步从更为一般性的视角考量这个变量的取值类型，即对驱力作类型的划分，这或许是实践模式类型划分的重要变量。

就现下而言，此种驱力主要有三种。第一种主要是来自于高校学生工作行动系统内部。比如，在有些院校，高校学生工作领导层了解社会工作专业，并意识到了社会工作的专业优势，在高校辅导员岗位招聘过程中，将社会工作纳入其招聘的专业背景中，并积极鼓励在岗辅导员学习社会工作专业知识，考取社会工作职业证书。此种状况是高校学生工作系统主动在系统内部植入社会工作专业的行动框架。不难发现，这种参与实践形式的驱力主要是高校学生工作系统内部产生的，若从驱力性质来划分，此种类型可称之为原发性驱力。

在社会工作参与高校学生工作的具体实践中，第二种类型的驱力就是社会工作专业教育主体。在现实中，表现为社会工作专业教育主体在其所在院校内积极主动地参与到高校学生工作的各项事务中，如在上文中提及的开展新生适应小组系列活动，进行学生组织建设等。不难发现，这种参与形式的驱力是高校体制内部形成的，但并未源自高校学生工作系统本身。此种形式的驱力显然并非学生工作系统内部原发，但又源自高校内部，因此，将其称之为内驱力较为适切。

除上述两种驱力外，在现实中，还存在第三种形式，就是推动社会工作参与高校学生工作的力量来自高校以外的系统。这种情况主要发生在社会工作专业化、职业化水平较高，社会工作制度较为完备的地区。在这些地区，推动社会工作参与高校学生工作的力量源自于高校系统以外，如社会工作机构、政府行政力量（纵向的教育主管部门、横向的所在地政府部门）等。如高校上级教育主管部门积极鼓励高校引入社会工作专业背景的辅导员，社会工作专业机构主动谋求与高校的合作等。由于此种社会工作参与高校学生工作的驱力源自于高校以外，故可将此种驱力称之为外驱力。

综而述之，根据驱力来源主体的类型不同，社会工作参与高校学生工作的驱力有原发性、内驱性和外驱性三种不同性质。若将驱力视为社会工作参与高校学生工作模式的类型变量,该变量有三个取值,即原发、内驱和外驱。

2. 实现过程

所谓实现过程是指社会工作参与高校学生工作的实现的表现形式。在目前社会工作参与高校学生工作的具体实践中,这样的过程表现形式至少包括如下几个方面:

第一,融入性。所谓融入性,是社会工作行动框架被吸纳进高校学生工作行动系统内,此过程对于社会工作行动框架而言呈现出融入的过程特质。在此种实现过程中,社会工作行动框架在外在表现形式上,并未独立予以呈现,只是被高校学生工作者在本职工作中所运用,社会工作的行动框架更多的是被行动者作为高校学生工作行动框架的一种提供工作实效性与专业性的拓展性行动框架。值得注意的是,此种实现过程,社会工作行动框架主要是作为一种理念与方法在高校学生工作者的行动意义脉络与行动选择中予以建构。

第二,诱导性。所谓诱导性,主要是指参与的实现过程是社会工作行动框架在高校学生工作中实践先行,取得了良好的效果,因此得到高校学生工作行动系统的接受与认可;此种实现过程的关键点在于实践先行。也就是说,社会工作行动框架首先以一种服务供给的形式提供给高校学生工作的工作对象,是一种底层驱动,然后逐渐被高校学生工作者认可,进而被高校学生工作领导层接受并认可的过程。此种过程明显呈现出自下而上的诱导性变迁过程。目前,在高校中,社会工作专业教育主体主动在高校学生工作系统中开展的实践活动就具备上述的诱导性特征。因为社会工作专业教育主体,主要是社会工作专业师生在开展实践前,并未刻意宣传社会工作行动框架的优点,而是以实践先行,逐渐显现出工作效果后,被高校学生工作系统熟知并认可。

第三,嵌入性。所谓嵌入性,是指参与实现过程在外部力量的推动下完成,社会工作行动系统整体嵌套进高校学生工作行动系统中,具有强制性变迁的特征。嵌入性的实现过程是社会工作行动框架作为一种独立开展工作的行动策略被整体植入到高校学生工作行动系统中，并以一种结构化的形式加以固化。此种社会工作参与的实现过程是一种整体性参与过程，是社会工作作为一种制度安排嵌入到高校学生工作中。是在高校学生工作各个行动子系统中的同步建构。包括学生系统、学生工作者系统和领导层系统等。在目前社会工作参与高校学生工作的具体实践中，表现为沿海发达地区的某些高校，基于社会工作专业化蓬勃发展的大趋势，引入专职社会工作者进驻校园，与高校学生工作者共同开展工作。

综上所述，社会工作参与高校学生工作的实现过程至少包括融入性、诱导性和嵌入性三种。同样，若将实现过程视为是实践模式划分的类型变量，此变量也会有三个取值，即融入、诱导和嵌入三种。

3. 关系状态

所谓关系状态是指社会工作参与高校学生工作实现后，在实践中社会工作行动系统与高校学生工作行动系统呈现出一种什么样的关系态位。而这种关系态位背后的本质是社会工作行动系统与高校学生工作行动系统呈现出的关系结构如何。通过对已有参与实践的分析，这种关系状态至少存在三种形式，分别是附着、协助和合作。

第一，附着关系。所谓附着，是社会工作行动框架作为高校学生工作行动系统的一种选择被纳入到其中，社会工作行动框架成为高校学生工作行动框架的一部分。在此种关系中，社会工作行动框架处于一种依附状态，社会行动框架并没有独立的表现形式，也无法独立地发挥效用。在现实中，此种附着关系主要表现为高校学生工作者在行动实践中对社会工作行动框架的运用，也就是说，社会工作行动框架的运用必须依附于高校学生工作者的行动实践。而从关系结构而言，社会工作行动框架呈现出明显的附着性。

第二，协助关系。所谓协助，这种关系介于合作与附着状态之间。

社会工作行动系统虽然能够独立地开展工作，但工作内容和实践空间主要是在高校学生工作行动系统规定的框架内，社会工作行动系统开展工作的形式也主要呈现出一种辅助性。在社会工作参与高校学生工作的实践中，此种关系状态主要表现在社会工作专业教育主体在其所在院校开展的社会工作实践活动。这些实践活动呈现出一种"框架借用"的状态，社会工作行动框架借用高校学生工作的行动框架开展工作。若从实践空间的角度予以分析，社会工作行动系统虽然有自己独立的身份，也能独立开展工作，但实践空间始终是高校学生工作的让渡空间，而并没有或很难获得自主拓展空间。

第三，合作关系。即社会工作参与高校学生工作实现后，两者呈现出一种伙伴式的关系状态。这种关系状态呈现出两者的平等性。在此种关系结构下，社会工作行动系统不仅能够独立开展工作，而且工作内容与实践空间并不需要依靠高校学生工作行动系统，能够独立拓展自己的实践空间。在现实中，我国沿海发达地区的某些高校，在引入专职社会工作者进驻高校后，呈现出的"两工"联动，即社会工作者与学生工作者的协同联动工作状态就是合作关系状态的生动映射。在校园内，社会工作者独立开展工作，拓展了诸多实践空间，比如，学生宿舍社区化建设、入党积极分子的自组织孵化等。

综上所述，社会工作参与高校学生工作实践后，两者的关系态位呈现出附着型、协助型和合作型三种类型。同样，若将关系状态作为社会工作参与高校学生工作实践模式划分的类型变量，此变量上的取值分别是附着、协助和合作。

（三）实践模式特征的分析变量

在变量体系中，明晰模式分析变量的意义在于其在取值上的不同就显示出不同参与模式的差异性特征。这些差异性特征能够表现出不同实践模式的适用性问题。因此，对模式分析变量的明晰显得尤为重要。而从选择与建构的基本思路而言，社会工作参与高校学生工作实践模式的分析变量必须依据上述参与影响因素的分析，因为若将实践模式看成是因变量，这些影响因素就是作为一种自变量直接影响社会工作参与高校学生工作的实践形式。

基于此，本书尝试性地提出用来具体描述社会工作参与高校学生工作实践模式特征的分析变量。这些变量具有层次性，即每个主要变量下又可分为若干个子变量。

1. 参与行动主体

所谓参与行动主体是指在社会工作参与高校学生工作的实践过程中，推动此行动实践的人群。具体表现为代表专业的某一群体或组织的行动者。而行动者所表现出来的不同特质，是实践模式呈现不同特征的重要表现。由此，在社会工作行动主体这一主变量中，还需继续对若干子变量予以明晰。通过对上述社会参与高校学生工作影响因素的分析，这些子变量至少包括如下几个方面。

第一，行动主体的身份归属。即社会工作参与高校学生工作行动主体身份隶属于哪个行动系统。比如，是属于高校学生工作系统，还是属于社会工作组织，抑或是属于专业教师系统。此子变量是参与主体不同特征的基本变量。

第二，行动者的超越性与创新性。即在社会工作行动框架下实施社会工作专业活动对现有高校学生工作行动框架的超越程度与创新程度。在本章第一节中谈及参与的影响因素时，社会工作者的精神素质是重要变量，而社会工作者精神素质是内在事实，不可观察，而将其用可替换的外在事实加以表达，就体现在参与主体对现有高校学生工作行动框架的超越性与创新性程度上。不同的实践模式其行动主体对高校学生工作行动框架敢于超越与创新的程度是不同的。

第三，行动者的自主性。即行动主体在高校内从事实践活动时持守社会工作专业价值，独立运用社会工作方法与技术，保持工作独立性的程度。不同的实践模式，参与行动者工作的自主性不同。这种自主性体现在行动者在多大程度上运用社会工作专业能力，并独立开展工作。运用社会工作专业能力开展工作的独立性越强，其越具有行动的自主性。

第四，行动者行动的合法性。即行动者运用社会工作行动框架从事的专业活动被原有学生工作行动框架所认可的程度。诚然，随着参与实践的推进，社会工作行动框架的合法性必然最终得以确认。因此，在此谈及合法性，主要是指社会工作行动框架在参与实践伊始，其被原有行动系统的认可程度。

2. 参与环境

所谓参与环境主要是指来自于外部系统对社会工作参与高校学生工作中产生影响的相关因素。这些因素从环境层面对社会工作参与实践的促成、参与目标达成、参与双方的关系等。具体而言，这些环境因素在本章第一节中已有所谈及，在本书中主要是指宏观环境。在此需予以进一步明晰。

第一，学校所在地域的社会工作专业化进程。即地域内社会工作专业化发展程度。如，北京、上海、广东、四川等，良好的社会工作专业化进程会提升社会工作在所在地域内高校对社会工作专业的认可度。反之亦然。

第二，学校所在地域的思想开放性与创新性。此因素影响到高校思政工作及高校学生工作的创新意识与开放意识。比如，在思想开放的地域，学校领导层就会更具改革与创新意识，而敢于也勇于将"社会工作"这一新的行动框架融入到原有学生工作框架中。而在思想保守的地域，受到大环境的影响，高校学生工作领导层也会显得相对保守。

3. 参与客体

所谓参与客体是指社会工作参与的对象。在本书中，参与客体显然是高校学生工作行动系统。在参与客体这一变量中，其功能定位与开放性是其两个主要的子变量。此内容已在本章第一节中予以澄清。

第一，功能定位。功能定位这一子变量主要是指高校学生工作功能定位的超越性程度，即其功能定位是被动适应性的，还是主动超越性的。具体而言，是高校学生工作对传统取向及现行运行机制的一种路径依赖程度。某一高校对学生工作功能定位越保守，越呈现一种适应性，就越无所谓新的行动框架的引入。

第二，开放性。开放性主要是指学生工作系统对新行动框架的接受程度。具体而言，一个高校学生工作行动系统边界越有弹性，其就越能接受社会工作行动跨框架的参与。反之亦然。

4. 参与空间

所谓参与空间是指社会工作在高校学生工作体系中的实践空间。即社会工作行动框架在高校学生工作中的实践空间的问题。在此变量中，子变量主要包括如下方面。

第一，参与空间范围。即实践空间包括高校学生工作的哪些领域。是传统领域还是拓展领域？比如，是主要涉及大学生成长发展服务，还是涉及思想政治教育和日常事务管理。

第二，参与空间的专业性。即社会工作行动框架实践空间的专业性程度如何。比如，是从事专业性活动，还是行政性活动。具体而言，社会工作在参与高校学生工作的实践空间中，社会工作行动框架实现其专业特性的程度如何。

第三，实践空间的属性。即实践空间的核心性程度，也就是在社会工作参与高校学生工作的行动实践中，实践空间是否涉及高校学生工作较为核心的内容。比如，在参与实践中，社会工作行动框架是否参与到入党积极分子的培养与组织的活动中，如果参与，其实践空间就涉及了高校学生工作的核心区域。

5. 参与机制

所谓参与机制，主要是指社会工作参与高校学生工作实践得以实现的运行机制。这主要包括人员岗位机制、资源提供机制、服务传递机制、沟通反馈机制及评估监督机制等。参与机制是一个十分多维立体的结构，若将该变量进行定类的处理，显得较为复杂。

在本书中，参与机制作为模式分析变量，并非将其做定类层面上的处理，指代各种具体的参与机制，而是将其做定序层面的处理，主要考量不同实践模式所需机制的完善程度与建构的难易度。

第一，机制完善程度。机制完善程度是指社会工作参与高校学生工作所需建构机制的完善程度。不同的实践模式，所需要的参与机制的完善程度是不同的。例如，若社会工作行动框架是通过引入社会工作组织派驻专职社工的形式进入高校学生工作系统，就需要较高完善程度的参与机制。若社会工作行动框架只是作为高校学生工作者的行动策略参与其中，此种形式所需要机制的完善程度就较低。

第二，建构的难易度。所谓建构的难易度，主要是参与机制建构的难易程度。即有的实践模式参与机制的建构较为复杂，周期较长，所需条件较多，影响因素也较多，因此建构难度较大。而有的实践模式则由于阻力小，所需条件少，影响因素少，建构起来显得较为容易。

三　实践模式的类型、特征与适用性

如前所述，对于高校学生工作的社会工作参与模式类型的划分主要从驱力、实现过程和关系状态三个维度的变量予以展开。而就概念推演而言，根据在此三个维度上的不同取值，可建构出多种不同类型的参与模式。但值得注意的是，若只是就此种意义上进行模式构建，这只是建立了"理想类型"。然而，"理想类型"的建构并非本书的初衷。对于本书而言，参与模式的建构主要旨在观照其在实践中可能表现出的形式、特征与其适用性问题。因此，在本书中，参与模式的建构是实然取向的，旨在探讨在实践层面可予以呈现的参与模式，并参照模式分析的变量体系阐析每种参与模式的特征。就实践层面的可操作性而言，有三种类型的参与模式值得加以阐析。

（一）原发融入附着型模式

1. 模式类型分析

如图6-3所示，所谓原发融入附着型实践模式，从模式划分的类型变量出发，可作如下描述：在驱力上，主要是指促使社会工作行动系统进入高校学生工作行动系统的驱力来自于高校学生工作行动系统内。主要是高校学生工作行动系统主动推动社会工作行动框架进入其中，具体表现为高校学生工作领导层意识到了社会工作的专业优势，主动吸纳社会工作行动框架进入高校学生工作行动框架中。在现实中，具体表现为社会工作专业的理念与方法被融入到高校学生工作的理念与方法中，或是社会工作专业背景被认可成为高校学生工作者的专业背景之一。接着，在参与实现后，社会工作行动框架被融入高校学生工作行动系统

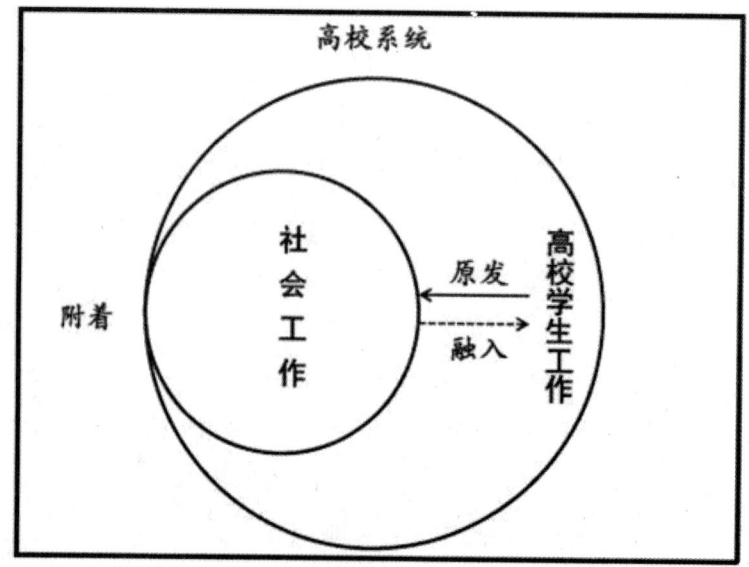

图6-3 原发融入附着型模式

第六章 社会工作参与高校学生工作的实践模式Ⅰ

中,社会工作行动框架对于高校学生工作行动系统而言,处于一种附着状态。在现实层面具体表现为社会工作的角色身份与行动框架并未能在高校学生工作行动系统中清晰识别,主要还是以高校学生工作者的角色身份出现,而行动框架也是以高校学生工作的行动框架出现。

2. 具体特征分析

从模式分析的变量体系予以审视,该参与模式呈现出如下特点:

第一,从行动主体看,该参与模式的行动主体主要归属于高校学生工作行动系统,行动者的身份隶属于高校学生工作系统,其角色主要是辅导员、班主任等。在行动者的超越性与创新性上,由于行动者隶属于高校学生工作行动系统,运用社会工作行动框架开展超越性与创新性实践的可能性较小。在专业自主性上,由于社会工作行动框架的附着状态,其专业自主性相对较弱,因为行动者还需从事社会工作专业活动以外的各种行政性、事务性工作,包括党建工作与日常管理工作。同时,其行动选择往往也会受到原有高校学生工作行动框架的制约与影响,往往很难持守社会工作的专业价值或独立运用社会工作的专业方法。在行动主体合法性问题上,由于该实践模式中的社会工作行动系统具有原发性特征,在实践伊始,其被原有高校学生工作行动系统的认可度较高,因而呈现出较高的合法性。

第二,从参与外部环境看,外部环境包括地域环境与思想环境。从地域环境看,此种实践类型的参与模式的地域环境内社会工作专业发展水平较低。这些地域内,社会工作专业组织发展并不成熟,专业社会工作的社会认受度不高,社会工作行动系统专业能力还略显不足,因此,社会工作行动系统无法形成独立力量在高校内开展专业活动。而就思想环境而言,此种参与模式所处外部环境开放程度较低,处于对高校学生工作行动系统改革与创新步伐较小的思想环境中。

第三,从参与客体这一变量看,此种参与模式的参与客体对高校学生工作功能定位仍然较为传统,以被动适应为主,在工作理念上仍以规制为主，工作手法上仍以行政性与经验性方法为主。同时，在系统开放性程度上，相对于后述其他两种参与实践模式而言，此种模式的参与客体呈现出开放性程度相对不高的特点。也就是说，高校学生工作系统受到传统工作惯性的影响，并不容易接受社会工作行动框架这一新生行动系统，也不愿轻易开放边界，让非传统专业背景支撑的社会工作行动框架独立开展工作，而是作为其补充。

第四，就参与空间而言，此种参与模式中，社会工作行动框架的实践空间性相对较小，可能仅限于大学生成长发展服务的部分工作，同时，行动者利用社会工作行动框架开展专业实践活动在日常活动中所占比例相对不高，利用社会工作行动框架涉及高校学生工作实践中的核心内容也相对较少。

第五，在参与机制上，该参与模式提供的机制保障主要是人员岗位方面的机制保障。比如，在辅导员招聘的专业背景中加入社会工作专业，对高校学生工作者队伍进行社会工作专业知识的培训，制定学生工作者参加社会工作者职业水平考试的激励机制等。由此，此种参与模式所需参与机制较为简单，参与机制所需完善程度较低，建构的难度也相应较小。

（二）内驱诱导协助型模式

1. 模式类型分析

如图6-4所示，第二种实践类型是内驱诱导协助型参与模式。从参与的驱力看，此种参与模式的驱力是社会工作专业教育主体。在本章第一节对参与影响因素的阐述中，社会工作专业教育主体是其中重要的影响因素之一。由于我国社会工作专业教育先于专业实践这一特殊发展轨迹，在我国社会工作本土化进程中，社会工作专业教育主体是其中重要且不可忽视的力量。在此，将社会工作专业教育主体推动社会工作参与高校学生工作的力量称之为内驱，是因为社会工作专业教育主体作为一个行动主体，与高校学生工作行动主体处于同一时空场域内。所谓诱导性，则是指社会工作专业教育行动主体在推动过程中，其实践过程主要是一种通过先行实践促进高校学生工作系统对社会工作行动框架予以认可的过程。具体而言，社会工作专业教育主体利用其在同一体制内的特殊优势，不断通过行动实践与高校学生工作行动系统进行互动，使高校学生工作行动系统逐渐认识到社会工作行动框架是高校学生工作行动系统的有益帮手。所谓协助，则是描述社会工作专业教育主体作为社会工作行动系统的代表，与高校学生工作行动系统呈现出一种协助的关系状态。即社会工作行动系统在具体实践中，主要是一种"框架借用"的状态，协助高校学生工作行动系统开展工作。

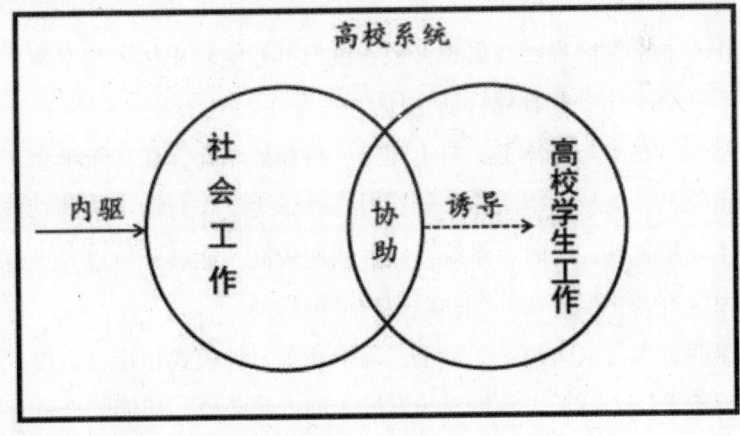

图 6-4 内驱诱导协助型模式

2. 具体特征分析

同样，在模式分析的变量体系中对此参与模式予以解析，该参与模式呈现如下特征。

第一，从参与行动主体看，该行动主体来源于高校体制内。具体而言，主要是高校内从事社会工作专业教育的人群。其角色主要是社会工作专业教师，其身份隶属于高校专业技术人员。相对于高校学生工作者的身份，其工作的超越性与创新性程度相对较大，其行动自主性与原发融入附着型模式相比较强,而又弱于后述的外驱强制合作型。在实践中,具体表现为社会工作行动系统可较为独立地开展工作,也可保持社会工作行动框架的自主性,但其行动内容主要是在高校学生工作行动系统的让渡或指导之下。而其行动的合法性与上述第一种模式相比较低,因为其行动要得到高校学生工作行动系统的认可并不断与之互动,而且在互动中需要积极沟通与游说。但与后述的外驱嵌入合作模式相比,其合法性程度又略高,处于中间状态。因为行动主体是所在学校专业教师,具有身份与角色上的优势,更容易消除高校学生工作领导层的顾虑,而赢得信任与认可。

第二,从参与的外部环境看,与其他两种参与模式相比,该参与模式受外部环境的影响不大,对外部环境的要求也不高,外部环境中的社会工作专业化发展程度与思想开放程度对其影响较小。因为其驱力主要来自于社会工作专业教育行动主体。

第三,在参与客体上,与上述第一种模式相比,在高校学生工作的功能定位上,高校学生工作领导层对高校学生工作行动系统的功能定位具有主动超越性;同时,系统开放性程度较高,能够开放边界允许其他行动系统进入,但需在其行动框架内开展活动。

第四,参与空间这一变量上,与上述第一种模式相比,该模式实践空间范围更广,除了大学生成长发展方面的服务外,还能够介入一部分的日常事务管理与大学生思想政治教育的工作。在参与空间的专业性程度上,与第一种模式相比,该参与模式从事的活动专业性较强;在实践空间的属性上,其实践空间更加接近于高校学生工作实践空间的核心层。

第五,在参与机制这一变量上,该参与模式需要有资源提供机制、反馈评价机制等多种参与保障机制,相较于原发融入附着型参与模式而言,此种参与模式所需参与机制的复杂程度较高,构建难度也较大。

（三）外驱嵌入合作型模式

1. 模式类型分析

如图 6-5 所示，参与模式的第三种实践类型是外驱嵌入合作型参与模式。此种模式的驱力主要来自于高校以外的力量。具体而言，主要来自于目前政府行政力量对专业社会工作行动系统自上而下地强制性推进。此种外驱力并不注重校方对其认可的态度，主要通过行政命令的形式加以推行。在实践中，社会工作行动系统进入高校学生工作行动系统的过程具有嵌入性的特征。这种嵌入性表现在社会工作行动系统的独立性与完整性。所谓合作，是指社会工作行动系统进入高校学生工作行动系统后，两者在参与实践中是一种合作式的关系。具体而言，两者有相对独立的领导系统与运行机制，地位较为平等，在工作中针对学生出现的各种问题以一种联合互助的形式共同参与其中。

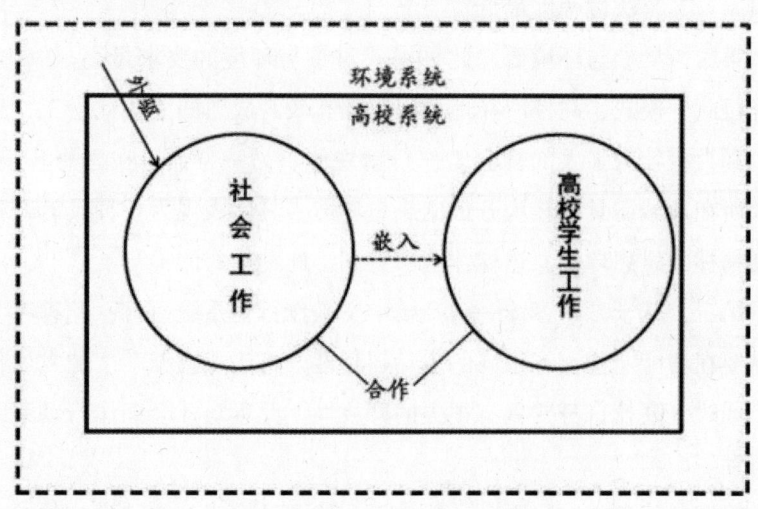

图 6-5　外驱嵌入合作型模式

2. 具体特征分析

在模式分析变量上来分析此种参与模式，其特征有如下表现：

第一，在参与行动主体上，此种行动主体的形式是高校体制外专业社会工作行动系统，更为准确地说，主要来自于校外较为成熟的社会工作组织及其代表人群。行动者的角色就是受聘于专业社会工作组织的社会工作者，其身份隶属于社会工作组织，而从行动主体工作的超越性与创新性看，此种模式的行动主体相较于上述两种模式而言，其开展工作的超越性与创新性的可能性较大，因为其行动者的身份并非受限于高校学生工作系统。由于此种社会工作行动主体的角色与身份独立于高校体制外，相较于上述两种模式，其行动自主性最强，在实践中持守社会工作专业价值、保持独立性程度最高。然而，由于此种模式推进社会工作行动系统的强制性，其行动系统较为独立与完整，相较于上述两种模式，此种模式会与原有高校学生工作行动系统产生较大张力，在参与实践伊始，其合法性程度最低。

第二，从参与环境看，此种模式对参与环境的要求最高。一方面，要推行此种模式，高校所在地域内需拥有较为成熟的专业社会工作运行机制和力量较为强大的社会工作行动主体。另一方面，在思想环境上，高校所在地域需具有较为开放的思想环境，具体表现为一种具有开拓与创新精神的思想环境，这样才能够有利于此种模式的推行。

第三，基于参与客体——高校学生工作行动系统而言，此种参与模式需要在功能定位上有很高的主动超越性，将焦点置于学生的发展性工作，同时，高校自身要具有很强的开放性，愿意与社会工作行动系统共同行动。

第四，就参与空间而言，相较于上述两种模式，此种模式的参与空间领域最为宽广，社会工作行动系统能够与学生工作行动主体共同参与教育、管理与服务的诸多方面。从参与空间的专业性程度看，此种模式参与空间的专业性程度最高，参与的空间均是需要较高专业能力作为支撑的领域，而从此种模式参与空间的核心程度看，此种参与模式的实践空间最接近于高校学生工作实践空间的核心内容。比如，参与到危机或突发事件的处置中，参与到入党积极分子的培训与教育中等。

第五，从参与机制看，此种机制需要的机制保障最为完善，包括人员岗位机制、资源提供机制、服务传递机制、沟通反馈机制及评估监督机制等多种机制。与上述两种系统机制相比，此种系统模式所需的参与机制完整程度最高，建构过程最为复杂，建构难度也最大。

（四）三种实践模式划分的适用性意义

综上所述，上述对参与模式实践类型的划分是基于类型变量与特征分析变量两个向度予以展开。

第一，模式划分的类型变量。类型变量的确定旨在从类型上建构不同参与模式的概念工具，之所以选择驱力、实现过程与关系状态这三个维度，旨在从社会工作参与高校学生工作这一行动实践的过程序列的分析确定参与模式的基本类型。第一个维度——驱力用于描述社会工作参与高校学生工作过程实现前的动力源问题，也就是说，是哪种力量推动了此种实践的开展。而对驱力的分析是基于目前在高校时空场域中可能作为动力源的多个行动主体的识别；第二个维度——实现过程是用于描述社会工作参与实践过程中参与主体与客体产生参与关系的方式。申言之，就是社会工作行动系统在参与实践实现时，是以何种方式进入高校学生工作系统的，描述的是参与实践实现时的参与关系的实现形式。第三维度——关系状态是对参与实践实现后，在参与实践过程中，参与主体与客体两者关系状态的描述。这种关系状态的不同类型也是体现社会工作参与高校学生工作行动实践不同类型的重要表现维度之一。

第二，模式分析变量。模式分析变量是用于描述参与实践模式每种类型内部特征的概念工具。其以一组变量体系的形式出现。参与行动主体这一主变量用于探究不同参与模式在参与行动主体上的不同表征；参与环境用于描述不同参与模式在实然状态下所处或是在应然层面上其适用的外部环境的不同特征；参与客体是对作为参与对象的高校学生工作行动系统特征的描述变量，旨在探究不同参与模式在高校学生工作行动系统特征上的不同表现；参与空间这一变量则是用来识别不同参与模式在参与实践空间上存在的差异。包括空间大小、空间性质与空间态位等方面；最后，参与机制则是用于描述不同参与模式在所需运用保障机制上的复杂与完整程度上的差异。

基于上述两个向度，本书中参与模式的三种类型可通过表6-1予以更为清晰地呈现。

表6-1 三种类型的参与模式

分析变量	参与模式	原发融入附着型	内驱诱导协助型	外驱嵌入合作型
参与行动主体	人群性质	现有学生工作者	社会工作专业教师	专业社会工作者
	行动超越性与创新性	小	居中	大
	行动自主性	弱	居中	强
	行动合法性	高	居中	低
参与环境（地域环境）	社会工作发展程度	低		高
	思想开放性	低		高
参与客体（高校学生工作系统）	功能定位的超越性	低	居中	高
	开放性	低	居中	高
参与空间	范围	小	居中	大
	专业性	弱	强	强
	核心程度	低	居中	高
参与机制	完善程度	低	居中	高
	建构难度	小	居中	大

通过表6-1对上述三种不同的参与模式的直观呈现不难发现,对参与实践模式类型的划分意义可以至少从两个层面予以阐析。

首先,模式适用范围问题的明晰。参与模式主要是从参与驱力、实现过程及参与关系状态三个维度加以划分。这样的划分事实上可进一步探讨不同参与模式的适用范围问题。这一问题具体表现为哪一种参与模式在哪种环境空间或哪种类型的高校中最为适用。其一,在原发融入附着型参与模式中,其社会工作行动系统的力量显然比较薄弱。之所以薄弱,主要是由于其外部环境与高校内部缺乏驱力,而在现实中只可能表现为有少数高校学生工作领导层了解社会工作,认识到了社会工作的专业优势,因此通过自己的影响力将社会工作专业纳入到了高校学生工作系统中。因此,此种模式主要适用于那些身处社会工作专业化发展水平不高地域内,且学校内尚未开展社会工作专业教育,但高校学生工作领导层了解并认可社会工作的高校。其二,就内驱诱导协助式参与模式而言,此种模式的驱力主要是社会工作专业教育主体,而所在地域社会工作专业化发展水平的高低对此种模式影响较小,因此,此种模式主要适用于开设了社会工作专业教育的高校。其三,就外驱嵌入合作型参与模式而言,由于其驱力主要来自于高校系统外,且参与主体主要是具有较强独立性的社会工作专业人群,其可适用的范围显然是那些身处社会工作专业化发展水平较高,社会工作专业人群数量庞大,社会工作组织发达地域内的高校。由此可见,模式类型的划分在空间维度层面为参与模式的适用范围问题提供了参考框架。

其次,社会工作行动框架结构生长过程的呈现。如前所述,对于三种不同参与模式的划分从空间层面予以剖析,可对其适用范围问题予以明晰。然而,对这三种实践类型予以进一步考量不难发现,三种实践类型的参与模式中"社会工作"具有不同的外在结构化意义。其一,在原发融入附着型参与模式中,社会工作行动系统是以"专业背景"、"专业知识"等意义符号在高校学生工作主体的行动框架中加以建构。此时,社会工作行动系统结构化的表现形式是一种"理念与方法",社会工作对高校学生工作的参与功能就在其专业理念与方法的结构化。其二，在内驱诱导协助型参与模式中，"社会工作"的行动系统的符号意义就不仅仅是作为一种"理念与方法"的结构化建构，而是表现为一种"专业角色"和"专业活动"层面的结构化建构。也就是说，对于高校学生工作行动系统而言，社会工作行动系统具有了一种给其带来实际帮助的专业实践者及其开展的专业实践活动的结构化意义。此时社会工作行动框架的结构化程度较之于原发融入附着型参与模式有所生长。其三，在外驱嵌入合作型参与模式中，社会工作行动系统在高校学生工作行动系统中的意义建构除了上述方面外，其还表现出了一种"制度安排"层面的意义符号。此时，社会工作行动系统的行动框架的结构化意义更为丰富与全面。由此可见，从社会工作行动框架的结构化程度而言，原发融入附着型参与模式最为单一，内驱诱导协助型参与模式次之，外驱嵌入合作型参与模式最为全面。

值得注意的是，若将三种参与模式中社会工作行动系统的结构化程度置于时间维度中予以考察，上述三种参与模式划分的意义除了在空间结构维度上具备了探讨适用范围的议题外，同时还在时间过程维度上具备了描述社会工作行动系统在高校学生工作行动系统中结构生长过程的意义。即若将三种模式从纵向发展的视角加以审视，可发现社会工作行动系统的行动框架在高校学生工作行动系统中也许会经历一个从专业"理念与方法"参与，到专业"角色与活动"的参与，再到"制度安排"参与的结构化过程。这一过程显然可被用于呈现社会工作行动框架在高校学生工作行动系统中的结构生长过程。

结　语

本书至此，主体部分的内容已叙述完结，在从开始选题到完成写作的过程中，笔者对高校学生工作的社会工作参与这一议题的研究有了许多新的思考与体会。

首先，就选题意义而言，本书是基于高校学生工作面临的现实问题与探寻创新路径的初衷，希望通过一种新的路径能够有效应对目前高校学生工作面临的现实问题，为高校学生工作注入一种新的行动策略。而社会工作行动框架的参与就是新的行动策略之一。在内容构思上，之所以做出如此的推论，一方面，主要是基于国内社会工作本土实践领域不断延展与新形势下高校思政工作有待创新的背景在宏观历史发展脉络上的契合性；另一方面，也是基于作者自身的专业背景与工作经历上在此选题上的啮合。然而，需要指出的是，正如本书绪论部分所言，本书的研究意义与研究者的立场密切相关，如果在研究中未能保持一种理性客观的态度，也许研究意义就容易有所偏移。事实上，从西方舶来的社会工作行动框架并非比我国现有高校学生工作的行动框架更好，更不是万能的。相反，我国高校学生工作的行动框架沿袭了中国共产党思想政治教育的优良传统与方法，在诸多领域是十分具有实践效果的，如理想信念教育领域的榜样法、示范法，学生奖惩领域的"惩前毖后，治病救人"的传统等。因而，社会工作行动框架的参与首先不是否定高校学生工作的传统与特质，而只是一补充。同时，社会工作行动框架也不可能解决高校学生工作面临的所有问题，而是其固有的诸多专业特点能够在某些领域提升高校学生工作的实效性,进而提升大学生思想政治教育的实效性。因此,在此研究意义的阐释上,将社会工作置于一种客位显得尤为重要,只有这样,才能在研究中始终保持一种理性客观的研究态度。若后续研究者欲在该领域的研究上有所深化,也应保持此种理性客观的研究态度,以保证研究意义的现实指导性。

其次,就研究内容而言,本书是基于高校学生工作面临的问题为逻辑起点予以延展的,核心内容聚焦于高校学生工作社会工作参与的功能实现与实践模式。之所以选择上述两项内容作为本书的研究聚焦,是与目前此项行动实践的实然状况相符的。目前,高校学生工作社会工作参与的行动实践相较于国内其他领域社会工作参与的行动实践而言,只是出现了一些零星的实践。在目前阶段,该研究在实然层面首先需回答的问题是社会工作作为一种专业行动框架参与到高校学生工作中到底能发挥什么样的功能,而且目前可能存在有多少种的实现形式,这些形式分别有哪些特征,即实践模式的系列问题。事实上,这只是该研究在实然层面的开始,后续研究的内容必然随着该领域行动实践的不断深入而予以延展。比如,在后续研究中可进一步深入探讨在社会工作参与的行动实践中,社会工作的合法性形成条件与演化过程等问题;再比如,可继续进一步研究在制度化参与过程中,社会工作行动框架在高校学生工作实践场域中,即在本土化过程中会产生哪些新问题。

再次,就研究方法而言,本书针对不同的问题采用了不同研究方式,如当阐述高校学生工作面临的现实问题上,本书选取了问卷调查与结构式访谈的研究方式,因为在该问题的阐述上,选择更有信度、广度的研究方式显得更为适切。而当论及社会工作参与功能的实现时,本书选择了更具效度、深度的参与观察、无结构访谈与行动反思法。若单从研究方式的使用看,本书使用了多种研究方式,或许读者会觉得有些许庞杂,但在此需要指出的是,无论是基于客位的问卷调查和结构访谈,还是基于主位的行动反思与参与观察,它们本质上都是实证取向的,本书更多的是将实证取向作为一种认识论予以看待。在后续研究中,这种实证取向的认识论应是研究者们需要持守的。而同时需要进一步指出的是，随着该研究的不断深入，后续研究在研究方式的选取上应更为聚焦，比如，是否能选取一所已开展社会工作参与高校学生工作制度化实践的高校做一段时间的较为深入的实地调查，从中发现更多更为深入的实然问题与研究议题。

参考文献

经典著作

[1]《马克思恩格斯选集》第 1 卷,北京:人民出版社 1995 年版。

[2]《马克思恩格斯选集》第 3 卷,北京:人民出版社 1995 年版。

[3]《马克思恩格斯选集》第 4 卷,北京:人民出版社 1995 年版。

[4]《马克思恩格斯全集》第 23 卷,北京:人民出版社 1972 年版。

[5]《马克思恩格斯全集》第 42 卷,北京:人民出版社 1979 年版。

[6]《马克思恩格斯全集》第 46 卷下,北京:人民出版社 1979 年版。

[7]《马克思恩格斯文集》第 1 卷,北京:人民出版社 2009 年版。

[8]《马克思恩格斯文集》第 2 卷,北京:人民出版社 2009 年版。

[9]《毛泽东著作选读》上下册,北京:人民出版社 1986 年版。

[10]《毛泽东文集》第一卷,北京:人民出版社 1993 年版。

[11]《毛泽东文集》第二卷,北京:人民出版社 1993 年版。

[12]《毛泽东文集》第三卷,北京:人民出版社 1996 年版。

[13]《毛泽东文集》第四卷,北京:人民出版社 1996 年版。

[14]《毛泽东文集》第五卷,北京:人民出版社 1996 年版。

[15]《毛泽东文集》第六卷,北京:人民出版社 1999 年版。

译著

[1]〔美〕乔斯·B.阿什福德等:《人类行为与社会环境:生物学、心理学与社会学视角》,王宏亮等译,北京:中国人民大学出版社2005年版。

[2]〔美〕林恩·拜伊、米歇尔·阿尔瓦雷斯主编:《学校社会工作:理论到实践》,章军译,北京:中国人民大学出版社2014年版。

[3]〔美〕戴维·R.D.:《学校社会工作——有效的服务技巧与干预方式》,李丽日等译,台北:五南图书出版公司2006年版。

[4]〔美〕弗里德曼·J.、库姆斯·G.:《叙事治疗——结构并重写生命的故事》,易之新译,台北:张老师文化事业股份有限公司2000年版。

[5]〔美〕弗洛伦斯·A.汉姆瑞克等:《学生事务实践基础——哲学、理论、教育成果强化》,游敏惠等译,成都:四川大学出版社2009年版。

[6]〔联邦德国〕哈肯 H.:《信息与自组织——复杂系统的宏观方法》,郭治安等译,成都:四川教育出版社1988年版。

[7]〔美〕迪安·H.赫普沃思、罗纳德·H.鲁尼等:《社会工作直接服务:理论与技巧(第七版)》,何雪松译,上海:格致出版社2015年版。

[8]〔德〕马克斯·韦伯:《社会科学方法论》,杨富斌译,北京:华夏出版社1999年版。

[9]〔比〕G.尼科利斯、I.普里戈金:《非平衡系统的自组织》,徐锡申译,北京:科学出版社1986年版。

[10]〔美〕詹姆斯·N.罗西瑙:《没有政府的治理》,张胜军等译,南昌:江西人民出版社2001年版。

[11]〔美〕温斯顿等:《学生事务管理者专业化论》,储祖旺等译,北京:科学出版社2010年版。

学术专著

[1] 陈秉公：《21 世纪思想政治教育工作创新理论体系》，长春：吉林教育出版社 2000 年版。

[2] 陈成文：《社会弱者论：体制转型时期社会弱者的生活状况与社会支持》，北京：时事出版社 2000 年版。

[3] 陈万柏、张耀灿：《思想政治教育学原理（第三版）》，北京：高等教育出版社 2015 年版。

[4] 程勇、陈天柱、苏祥：《学校社会工作概论》，北京：北京师范大学出版社 2012 年版。

[5] 储祖旺：《高校学生事务管理教程》，北京：科学出版社 2008 年版。

[6] 方宏建、张宇：《高校学生工作概论》，山东：山东大学出版社 2009 年版。

[7] 风笑天：《社会研究方法（第四版）》，北京：中国人民大学出版社 2013 年版。

[8] 冯刚、杨晓慧：《高等学校辅导员工作概论》，北京：高等教育出版社 2011 年版。

[9] 冯培：《中国高校学生事务管理模式创新》，北京：中国人民大学出版社 2009 年版。

[10] 耿乃国：《高校辅导员工作的理论与实务》，北京：北京师范大学出版集团 2011 年版。

[11] 龚海泉、张晋峰、张耀灿：《20 世纪的中国高等教育（德育卷）》，北京：高等教育出版社 2003 年版。

[12] 郭庆：《ESM：大众化教育时期高校学生工作模式研究》，北京：人民出版社 2011 年版。

[13]《国家中长期教育改革和发展规划纲要（2010—2020 年）》，北京：人民出版社 2010 年版。

[14] 韩庆祥、张洪春：《论以人为本——从物到人》，南京：江苏

人民出版社 2006 年版。

[15] 何东昌：《中华人民共和国重要教育文献》，海口：海南出版社 1998 年版。

[16] 何雪松：《社会工作理论》，上海：上海人民出版社 2007 年版。

[17] 皇甫速玉、宋荐戈、龚守静：《中国革命根据地教育纪事》，北京：教育科学出版社 1989 年版。

[18] 教育部思想政治工作司组：《社会工作方法在大学生思想政治教育中的应用》，北京：高等教育出版社 2010 年版。

[19] 库少雄：《人类行为与社会环境》，武汉：华中科技大学出版社 2005 年版。

[20] 黎民、张小山：《西方社会学理论》，武汉：华中科技大学出版社 2005 年版。

[21] 李增禄：《社会工作概论》，台湾：巨流出版社 1986 年版。

[22] 林胜义：《学校社会工作》，台湾：巨流图书公司 1988 年版。

[23] 刘光：《新中国高等教育大事记（1949-1987）》，长春：东北师范大学出版社 1990 年版。

[24] 陆庆壬：《思想政治教育学原理》，北京：高等教育出版社 1991 年版。

[25] 毛寿龙：《西方政府的治道变革》，中国人民大学出版社 1998 年版。

[26] 彭志忠，王水莲：《人才测评学》，济南：山东大学出版社 2006 年版。

[27] 漆小萍：《中国高校学生事务管理》，广州：中山大学出版社 2011 年版。

[28] 邱伟光、张耀灿：《思想政治教育学原理》，北京：高等教育出版社 1999 年版。

[29] 山东省教育厅学生处：《高校学生工作文件选编》，济南：山

东人民出版社 2013 年版。

[30] 上海市高等教育局研究室等：《中华人民共和国建国以来高等教育重要文献汇编（上下）》，上海：华东师范大学出版社 1982 年版。

[31] 佘双好：《大学生思想政治教育研究方法》，北京：高等教育出版社 2010 年版。

[32] 石彤：《学校社会工作实务教程》，北京：中国人民大学出版社 2010 年版。

[33] 宋丽玉、曾华源、施教裕等：《社会工作理论——处境模式与案例分析》，台北：台湾洪叶文化事业有限公司 2002 年版。

[34] 谈松华：《中国高等学校思想政治教育史纲》，北京：高等教育出版社 1992 年版。

[35] 王攀峰：《行动研究的理论与方法》，北京：首都师范大学出版社 2013 年版。

[36] 王思斌、马凤芝：《社会工作导论（第二版）》，北京：北京大学出版社 2011 年版。

[37] 王思斌：《社会工作概论（第三版）》，北京：高等教育出版社 2014 年版。

[38] 翁铁慧：《高校辅导员行动指引》，上海：中国福利会出版社 2007 年版。

[39] 夏建中：《社区工作》，北京：中国人民大学出版社 2005 年版。

[40] 修毅：《人的活动的哲学》，北京：中国大百科全书出版社 1993 年版。

[41] 徐震、林万亿：《当代社会工作》，台北：五南出版社 1983 年版。

[42] 杨晓龙、张子中：《高校社会工作》，北京：中国社会出版社 2010 年版。

[43] 杨威：《思想政治教育的社会学研究》，北京：中国社会科学出版社 2014 年版。

[43] 于昆：《教育大辞典（第一卷）》，上海：上海教育出版社 1990 年版。

[44] 张书明：《社会工作视野下的大学生事务管理》，济南：山东大学出版社 2007 年版。

[45] 张斯虹：《社会工作嵌入高校学生工作研究》，广州：中山大学出版社 2013 年版。

[46] 张耀灿、陈万柏：《思想政治教育学原理》，北京：高等教育出版社 2001 年版。

[47] 张耀灿、郑永廷、刘书林等：《现代思想政治教育学》，北京：人民出版社 2001 年版。

[48] 郑杭生等：《转型中的中国社会和中国社会的转型》，北京：首都师范大学出版社 1996 年版。

[49] 中共北京市委教育工作委员会宣教处、北京高校学生工作学会编：《新时期高校学生工作实用读本》，北京：北京邮电大学出版社 2000 年版。

[50]《中国大百科全书（社会学卷）》，北京：中国大百科全书出版社 1991 年版。

[51] 中国社会工作教育协会组、许莉娅：《学校社会工作》，北京：高等教育出版社 2009 年版。

[52] 许莉娅主编：《个案工作（第二版）》，北京：高等教育出版社 2013 年版。

期刊文章

[1] 蔡应妹：《思想政治工作的适应性发展——兼论对社会工作理念与方法的吸纳》，载《思想理论教育导刊》，2010 年第 10 期，第 101—103 页。

［2］蔡应妹：《社会工作介入思想政治工作的思考》，载《求实》，2011年第4期，第81—84页。

［3］曾华源、黄俐婷：《心理暨社会派、生态系统观点及增强权能观点对"人在环境中"的诠释比较》，载《东吴大学学报》，2006年第14期，第63—89页。

［4］曾雅丽、周志荣：《大学新生适应性教育与社会工作的介入——基于生态系统理论的视角分析》，载《高教探索》，2011年第6期，第146—148页。

［5］陈石研：《社会工作方法在高校思想政治教育中的运用与成效》，载《教育与职业》，2015年第9期，第48—50页。

［6］陈树强：《增权：社会工作理论与实践的新视角》，载《社会学研究》，2003年第5期，第70—83页。

［7］陈伟东、李雪萍：《社区自组织的要素与价值》，载《江汉论坛》，2004年第3期，第114—117页。

［8］程毅：《嵌入、建构、增能：学校社会工作视角下高校学生工作的功能拓展》，载《中国青年研究》，2010年第2期，第101—104页。

［9］冯绍红：《专业化发展：高校学生工作势之必然》，载《黑龙江高教研究》，2005年第3期，第143—145页。

［10］付翃飞：《社会工作理论对高校思想政治教育创新的支撑》，载《黑龙江高教研究》，2010年第5期，第116—118页。

［11］高建科、冯浩：《浅析维希昂与替尔斯的社会工作思想——兼论其对中国社会工作本土化的方法论》，载《社会工作》，2014年第3期，第69—78页、第154页。

［84］高潮、彭丽媛：《学校社会工作嵌入高校学生工作治理的可行性与现实路径》，载《学校党建与思想教育》，2016年第18期，第47—50页。

［12］高攀：《社会变迁下对思想政治教育客体的再认识——基于

社会工作的价值观》，载《西南民族大学学报（人文社会科学版）》，2011年第S3期，第142—145页。

[13] 葛道顺：《社会工作转向：结构需求与国家策略》，载《社会发展研究》，2015年第4期，第1—23页、第238页。

[14] 谷慧玲、孟子焱：《学校社会工作介入高校学生工作问题研究综述》，载《才智》，2011年第1期，第307—308页。

[15] 郭翠霞、吴蕊：《社会工作方法介入高校主体间性思想政治教育的探析》，载《山东社会科学》，2013年第S2期，第289—290页。

[16] 何涛：《高校青年志愿者社团优化发展研究》，载《三峡大学学报（人文社会科学版）》，2014年第S1期，第104—106页。

[17] 黄红：《从优势视角审视思想政治工作的心理疏导》，载《成人教育》，2011年第10期，第46—47页。

[18] 黄克剑：《个人自主活动与马克思历史观》，载《中国社会科学》，1988年第5期，第120页。

[19] 黄永乐：《高校学生工作专业化发展初探》，载《辽宁教育研究》，2004年第7期，第85—87页。

[20] 黄志祥：《学校思想政治教育与学校社会工作：比较、借鉴、整合》，载《西南民族大学学报（人文社会科学版）》，2011年第S3期，第108—110页。

[21] 姜峰、钟维悦、邓卓星：《学校社会工作对创新学生工作理念与方法的启示》，载《经济师》，2010年第8期，第120—121页。

[22] 金明媚、吴妍：《"基于专业"的高校学生工作模式改革探索》，载《思想教育研究》，2013年第8期，第92—95页。

[23] 雷晓锋：《大学生班集体建设案例研究》，载《思想教育研究》，2009年第S1期，第105—107页。

[24] 黎开谊：《港台高校学生事务管理与内地高校学生工作的比较及其启示》，载《高等教育研究》，2010年第7期，第83—86页。

[25] 李海燕、谢小琼、李兰铮：《从管治到善治：公共治理视域

下的高教管理改革路径选择》，载《高教探索》，2012年第1期，第8—13页。

［26］李辉、任美慧：《思想政治教育环境论：现状、问题与展望》，载《思想理论教育》，2014年第7期，第33—38页。

［27］李湘萍、洪成文：《美国高校学生事务管理专业协会：历史、结构及功能》，载《高等教育研究》，2012年第8期，第71—76页。

［28］李忠伟、江俊文：《论社会工作对大学生思想政治教育的介入》，载《理论与改革》，2010年第2期，第119—121页。

［29］李煜：《社会工作介入新疆民族大学生社会主义核心价值观培育工作研究》，载《教育与职业》，2016年第19期，第55—57页。

［30］刘枫、王成奎：《高校学生工作的新路径——学校社会工作》，载《江苏高教》，2005年第5期，第152页。

［31］刘海鹰、刘昕：《学校社会工作介入大学生弱势群体救助的可行性分析》，载《当代教育科学》，2014年第21期，第51—54页。

［32］刘湘玉：《关注大学生弱势群体，构建"四位一体"帮扶体系》，载《中国高等教育》，2012年第5期，第52—53页。

［33］刘艳霞、王晓东：《社会工作视角下的高校思想政治教育工作》，载《山西师大学报（社会科学版）》，2014年第S2期，第146—147页。

［34］刘扬、章国昌：《学校社会工作介入高校学生管理的可行性及路径分析》，载《南昌航空大学学报（社会科学版）》，2011年第1期，第62—66页、第77页。

［35］卢玲：《小组工作在构建高校和谐心理氛围中的实践与启示》，载《思想教育研究》，2010年第7期，第104—106页。

［36］倪赤丹：《社会工作视野下增强高职院校思想政治教育实效性的研究》，载《教育与职业》，2013年第9期，第59—61页。

［37］钱再见：《中国社会弱势群体及其社会支持政策》，载《江海学刊》，2002年第3期，第97—103页。

[38] 乔凯：《高校辅导员有效运用个案社会工作方法研究》，载《学校党建与思想教育》，2013年第12期，第87—89页。

[39] 屈艳红、王冬：《社会工作视野下的大学生思想政治教育创新》，载《中国成人教育》，2009年第18期，第44—45页。

[40] 佘双好：《论高校学生工作体系的生成与发展——兼论学校社会工作的介入空间》，载《思想理论教育》，2008年第19期，第77—83页。

[41] 盛佳伟：《新形势下高校班集体建设的思考》，载《思想理论教育导刊》，2014年第5期，第139—141页。

[42] 宋莉、郑添华：《大思政视野下高职院校社会工作介入学生工作的思考》，载《教育与职业》，2014年第35期，第70—72页。

[43] 史慧：《青少年社会工作介入高校思想政治教育工作的实效性分析》，载《内蒙古师范大学学报（教育科学版）》，2014年第1期，第25—27页。

[44] 史立伟：《小组工作介入大学新生适应性教育的探索与实践》，载《思想教育研究》，2017年第3期，第117—120页。

[45] 苏丹：《社会工作视阈下民族高校思政大教育观构建》，载《贵州民族研究》，2017年第38期，第240—243页。

[46] 田晓江：《高校少数民族学生德育工作创新研究——基于学校社会工作介入视角》，载《贵州民族研究》，2015年第36期，第219—222页。

[47] 田国秀：《学校社会工作的模式变迁：美国的经验及启示》，载《首都师范大学学报（社会科学版）》，2014年第6期，第126—132页。

[48] 田晓江：《高校少数民族学生德育工作创新研究——基于学校社会工作介入视角》，载《贵州民族研究》，2015年第5期，第219—222页。

[49] 王畅：《个案工作方法在大学生思想政治教育中的运用研

究》，载《教育与职业》，2012年第36期，第72—73页。

[50] 王鹏：《美国高校学生工作的核心理念、基本特征及启示》，载《思想教育研究》，2013年第4期，第100—103页。

[51] 王思斌、阮曾媛琪：《和谐社会建设背景下中国社会工作的发展》，载《中国社会科学》，2009年第5期，第128—140页、第207页。

[52] 王思斌：《社会工作实践权的获得与发展——以地震救灾学校社会工作的展开为例》，载《学海》，2012年第1期，第82—89页。

[53] 王思斌：《社会治理结构的进化与社会工作的服务型治理》，载《北京大学学报（哲学社会科学版）》，2014年第6期，第30—37页。

[54] 王思斌：《社会转型中的弱势群体》，载《中国党政干部论坛》，2002年第3期，第18—21页。

[55] 王思斌：《中国社会工作的嵌入性发展》，载《社会科学战线》，2011年第2期，第206—222页。

[56] 王向红：《大学学习指导的社会工作嵌入：原因、路径与保障》，载《高等教育研究》，2015年第2期，第62—66页。

[57] 王新文：《引入社会工作理念创新高校学生思想政治教育》，载《江苏高教》，2005年第3期，第87—89页。

[58] 王杨、陈树文：《学校社会工作介入高校学生工作探析》，载《广西社会科学》，2012年第1期，第186—188页。

[59] 王玉香：《社会工作介入青少年思想政治教育的可行性分析》，载《中国青年研究》，2013年第9期，第31—35页。

[60] 魏爽：《"小组工作"方法在高校学生党建工作中的应用》，载《中国青年研究》，2006年第5期，第85—87页。

[61] 吴金洋、曹芳、关昌峰：《高校辅导员素质与能力要素构建分析》，载《北京化工大学学报（社会科学版）》，2010年第1期，第80—82页。

[62] 吴立忠、王玉香：《论社会工作视角下高校学生思想政治教育评价的创新》，载《中国青年研究》，2016年第7期，第34—38页。

[63] 辛德军：《社会工作视角下辅导员队伍建设理念的构建与创新路径》，载《学校党建与思想教育》，2017年第19期，第91—93页。

[64] 谢俊贵、王亮：《思想政治工作引入社会工作方法论略》，载《求索》，2010年第10期，第57—59页。

[65] 许莉娅：《偏差行为青少年犯罪预防的社会工作介入——以北京市流浪儿童与社区青少年犯罪预防为例》，载《中国青年政治学院学报》，2011年第3期，第124—128页。

[66] 许莉娅：《专业社会工作在学校现有学生工作体制内的嵌入》，载《学海》，2012年第1期，第94—102页。

[67] 许瑞：《高校辅导员核心素质研究》，载《福建论坛（社科教育版）》，2009年第4期，第109—110页。

[68] 徐选国、赵环：《社会工作：高校思想政治教育的创新逻辑与现实路径》，载《青年探索》，2015年第2期，第92—96页。

[69] 杨贵华：《城市社区自组织能力及其指标体系》，载《社会主义研究》，2009年第1期，第72—77页。

[70] 杨威：《简析思想政治教育与社会工作相结合的内在依据》，载《思想理论教育导刊》，2014年第11期，第97—100页。

[71] 姚红：《社会工作理念和方法在高校思想政治理论课教学中的运用》，载《学校党建与思想教育》，2009年第19期，第59—60页。

[72] 姚进忠、邓玮：《学校社会工作介入高校学生工作的新取向——基于嵌入性整合的分析》，载《集美大学学报（哲学社会科学版）》，2012年第3期，第107—113页。

[73] 易钢、肖小霞：《学校社会工作与学生思想政治工作创新》，载《高教探索》，2007年第6期，第94—96页。

[74] 尹冬梅：《我国高校学生工作专业化的回顾与展望》，载《思想理论教育》，2015年第9期，第98—101页。

[75] 于翠英：《弱势群体社会资本要论》，载《前沿》，2007年第11期，第173—174页。

[76] 袁贵仁：《以人为本是科学发展观的核心》，载《求是》，2005年第22期，第25—27页。

[77] 袁琳：《临床象限——21世纪一种新的学校社会工作实务模式简介》，载《社会工作》，2006年第7期，第16—18页。

[78] 臧小林：《社会工作视角下少数民族大学生思想政治教育的大教育观探析》，载《黑龙江民族丛刊》，2012年第3期，第173—177页。

[79] 张大维、郑永君：《软性嵌入：学校社会工作介入德育教育的行动策略——基于武汉两所学校的社会工作介入实验》，载《中州学刊》，2015年第7期，第84—88页。

[80] 张红、李航：《"新失业群体"的社会地位及其社会流动——以"内卷化"为分析视角》，载《青年探索》，2006年第4期，第26—29页。

[81] 张琳：《论社会工作与高校思想政治教育的共轭与模式生成》，载《高等农业教育》，2014年第5期，第26—29页。

[82] 张钦文：《中美高校学生工作的比较研究与启示》，载《思想教育研究》，2010年第3期，第62—65页。

[83] 张书明、李莉丽、徐法寅：《社会工作理念和方法在学生工作中的应用》，载《中国高教研究》，2007年第5期，第78—79页。

[84] 张勖：《大学生参与志愿服务长效机制研究——中美比较的视角》，载《中国高教研究》，2009年第12期，第71—72页。

[85] 张燕婷、成伟：《高校学生社区服务的社工介入：理念、原则与路径选择》，载《湘潭大学学报（哲学社会科学版）》，2014年第5期，第152—156页。

[86] 张书明：《高校学生思想政治教育的社会工作路径选择》，载《学校党建与思想教育》，2016年第15期，第53—57页。

[87] 张威：《生活世界为本的社会工作理论思想——兼论构建社会工作基础理论的战略意义》，载《社会工作》，2017年第4期，第3—25页、第108页。

[88] 章羽：《学校社会工作：高校学生思想政治工作的新架构》，载《探索与争鸣》，2011年第12期，第111—113页。

[89] 邹绍清、李国安、屈宸羽：《社会工作方法在大学生思想政治教育中有效运用的思考》，载《思想理论教育导刊》，2012年第6期，第98—101页。

[90] 赵占信：《社会工作方法与思想政治工作的创新》，载《河北学刊》，2007年第2期，第71—73页。

[91] 赵志君、魏纪林：《新时代高校思想政治教育的路径转换与方法创新——以社会工作介入式为视角》，载《湖北社会科学》，2018年第1期，第193—198页。

学位论文

[1] 冯培：《组织变革视野下高校学生事务管理模式创新研究》，北京工业大学博士学位论文，2008年。

[2] 黄燕：《文化视野下的中美高校学生事务管理比较研究》，华东师范大学博士学位论文，2013年。

[3] 靳玉军：《高校辅导员素质开发研究》，西南大学博士学位论文，2008年。

[4] 盛云：《大学生思想政治教育模式创新研究》，大连理工大学博士学位论文，2015年。

[5] 史仁民：《高校辅导员专业发展研究》，辽宁师范大学博士学位论文，2014年。

[6] 宋志强：《残疾大学生思想政治教育研究生》，中共中央党校博士学位论文，2009年。

[7] 孙跃：《我国高等院校学校社会工作介入模式研究》，南开大

学博士学位论文，2009年。

［8］童静菊：《生本理念下高校学生工作体系研究》，华中科技大学博士学位论文，2008年。

［9］张粉霞：《社会工作介入灾后重建跨部门合作机制研究》，华东理工大学博士学位论文，2014年。

［10］朱鸿庆：《社会治安管理视野下的社会自组织研究》，华东政法大学博士学位论文，2011年。

外文文献

［1］Brager G., Specht H., *Community Organization*, New York: Columbia University Press, 1973.

［2］Compton B., Galaway B., *Social work Processes*, 5th, Pacific Grove, CA: Brooks/Cole Publishing Company, 1994.

［3］Compton B., Galaway B., *Social Work Processes*, Illinoise: The Dorsey Press, 1975.

［4］Cornell K.L., *Person-In-Situation: History, Theory, and New Directions for Social Work Practice*, California: Praxis, 2006.

［5］David S.A., *Wellness Issues for Higher Education: A Guide for Student Affairs and Higher Education Professionals*, New York: Routledge, 2015.

［6］Dubois B., Miley K.K., *Social work: An Empowering Profession*, Boston: Allyn and Bacon, 1999.

［7］Duffy K.G., Wong F Y., *Community Psychology*, Boston: Allyn and Bacon, 1996.

［8］Dunham A., *The New Community Organization*, New York: Thomas Y. Crowell Co., 1970.

［9］Fink A.E., *The Field of Social Work*, 6th, New York: Holt Rinehart and Winston, Inc. 1978.

[10] Franklin C.G., "Predicting the Future of School Social Work Practice in the New Millennium", *Social Work in Education*, 2000, (22), pp.3-7.

[11] Frey A.J., Dupper D.R., "A Broader Conceptual Approach to Clinical Practice for the 21st Century", *Children & Schools*, 2005, 27(01), pp.33-44.

[12] George S.M., Jeremy S., *The Handbook of Student Affairs Administration*, 4th, San Francisca: Jossey-Bass, 2016.

[13] Goldstein E.G., *Psychosocial Approach in Encyclopedia of Social Work*, 19th, New York: Free Press, 1995.

[14] Greene R.R., Epress P.H., *Human Behavior Theory and Social Work Practice*, New York: Aldine de Gruyter, 1991.

[15] Hancock B.L., *School Social Work*, New Jersey: Prentice-Hall, Inc. 1982.

[16] John H.S., J.Patrick B., *Assessment in Student Affairs*, 2nd, San Francisca: Jossey-Bass, 2016.

[17] Kathleen M., Jillian K., *One Size Does Not Fit All: Traditional and Innovative Models of Student Affairs Practice*, 2nd, New York: Routledge, 2013.

[18] Margaret J.B., George S.M., *Making Change Happen in Student Affairs: Challenges and Strategies*, San Francisca: Jossey-Bass, 2014.

[19] Meares A.P., *Social Work Services in Schools*, 6th, New Jersey: Prentice Hall Inc., 2009.

[20] Merton R.K., *Social Theory and Social Structure*, Glencoe IL: Free Press, 1957.

[21] Nebo J.C., "The School Social Worker As Community Organizer", *Social Work*, 1963, 8 (01), p.105.

[22] Prahalad C.K., Hamel G., "The Core Competence of the Corpora-

tion", *Harvard Business Review*, 1990, 5(6), pp.79-93.

[23] Roger B.W., Don G.C., *The Professional Student Affairs Administrator: Educator, Leader, and Manager*, New York: Routledge, 2014.

[24] Ross M.G., Lappin B.W., *Community Organization: Theory Principles and Practice*, New York: Harper and Row, 1967.

[25] Sarri R.C., Maple F.F., *The School in the Community* [C]. Washington, DC: NASW, 1972.

[26] Shafer W.E., "Deviance in Public School: An Interactional View", in Tomas E.J., *Behavioral Science for Social Worker*, New York: Free Press, 1967, pp.51-59.

[27] Solomon B.B., *Black Empowerment: Social Work in Oppressed Communities*, New York: Columbia University Press, 1976.

[28] Thomas E.M., Roger W.S., *Risk Management in Student Affairs: Foundations for Safety and Success*, San Francisca: Jossey-Bass, 2014.

[29] Wood G.G., Middleman R.B., *The Structural Approach to Direct Practice in Social Work*, New York: Columbia University Press, 1989.

附 录

高校学生工作现状调查问卷

亲爱的各位同学:

您好!衷心感谢您参与此项调查!

为了了解目前我国高校学生工作发展现状,我们将开展一次系统性的问卷调查。我们将从全国各大高校的同学中随机抽取部分同学作为代表,很高兴,您是其中的一员。

问卷的题目分为选择题和量表题两种,答案没有正确与错误之分。请您根据自己的实际情况和真实感受进行填写。选择题有单选与多选之分,每题题干后均有说明,请在对应选项上打钩;量表题请在对应的矩阵表格中打钩。

本次调查问卷采取无记名的方式,我们将严格遵守《中华人民共和国统计法》的相关规定,对您的回答予以保密。

再次感谢您对此项调查活动的大力支持!

《高校学生工作发展现状调查》课题组

2017年6月

1. 你的性别是:

    A. 男　　　　B. 女

2. 你的年级是:

    A. 大一　　　B. 大二　　　C. 大三　　　D. 大四

E. 大四以上

3. 你所学专业属于：

   A. 理工医农类　　B. 人文社科类　　C. 艺术体育类

4. 你来自：

   A. 农村　　　　　B. 城市

5. 你所在院校的类型是：

   A. 一本　　　　B. 二本　　　　C. 三本　　　　D. 高职高专

6. 你所在院校是否配备班主任或班导师？（若选"B 否"，请跳过第7题）

   A 是　　　　　　B 否

7. 班主任（或班导师）与你沟通或谈心多吗？

   A. 从不　　　　B. 很少　　　　C. 有时　　　　D. 经常

   E. 总是

8. 辅导员与你沟通或谈心多吗？

   A. 从不　　　　B. 很少　　　　C. 有时　　　　D. 经常

   E. 总是

9. 你所在班级的凝聚力如何？

   A. 非常强　　　B. 比较强　　　C. 一般　　　　D. 不太强

   E. 没有凝聚力

10. 你对辅导员日常从事和开展的各项工作满意吗？

    A. 非常不满意　　　　　　B. 不大满意

    C. 比较满意　　　　　　　D. 非常满意

11. 你愿意参加学校及院系组织的各种文体活动吗（比如辩论赛、趣味运动会等）？

    A. 很不愿意　　　　　　　B. 不太愿意

    C. 比较愿意　　　　　　　D. 非常愿意

12. 你对学校或院系组织各种文体活动的评价是：

    A. 没意思，流于形式

B. 不太好，收获不大

C. 一般，取决于自己的参与和投入程度

D. 比较好，收获很多

E. 非常好，特别有收获

13. 你觉得现在高校学生社团开展的活动多吗？

　　A. 几乎没活动　　　　　B. 很少

　　C. 一般　　　　　　　　D. 比较多

　　E. 非常多

14. 你认为目前高校学生工作以哪种理念为主？（可多选）

　　A. 增强学生综合素质、促进学生全面发展的理念

　　B. 根据学生需要，为学生提供各方面服务的理念

　　C. 统一管理、保障安全的理念

　　D. 其他（请注明）_____

15. 你希望高校学生工作应该是：_____（可多选）

　　A. 教育性的　B. 管理性的　C. 服务性的　D. 引导性的

　　E. 其他（请注明）_____

16. 你觉得当前我国高校学生工作的优势是：_____（可多选）

　　A. 组织机构完整且严密，有利于学校任务的上传下达

　　B. 工作理念先进，工作目标具体、明确

　　C. 工作内容涉及面广，涉及学生学习、生活、人际交往等方方面面

　　D. 处理突发事件能力强，有利于统一指挥与部署

　　E. 培养与教育学生的工作路径多，工作形式多样

　　F. 便于开展思想教育，及时了解学生思想状况

　　G. 使学生对班集体具有很强的归属感

　　H. 能培养学生集体主义价值观和团队合作精神

　　I. 其他（请注明）_____

17. 你觉得当前我国高校学生工作的不足是：_____（可多选）

A. 过度行政化，按部就班，缺乏创新精神

B. 工作理念相对滞后，工作目标往往变成完成上级交给的任务，偏离"育人为本"的教育目标

C. 服务意识不足，不能及时了解学生的各种真实需求，不关注学生实际问题的解决

D. 对学生组织（班集体、学生会、社团等）多以使用管理为主，疏于培育与建设

E. 学工老师与学生沟通缺乏技巧，多以说教为主，让学生很难接受和信服

F. 开展活动时，更多注重院系荣誉与比赛结果，忽视学生在活动过程中的成长与发展

G. 对学生缺乏事前的预防教育，多以事后的补救工作为主

H. 其他（请注明）_____

18. 在目前高校学生工作中，你对下列高校学生工作原则贯彻情况的评价是：

选项＼内容	很不好	不太好	一般	比较好	非常好
(1) 育人为本、德育为先					
(2) 授人以鱼不如授人以渔					
(3) 既讲道理又办实事					
(4) 既以理服人又以情感人					
(5) 激励与约束相结合					
(6) 引导学生在日常实践中体验和反思					
(7) 培育平等师生关系，注重与学生平等对话					

19. 你觉得辅导员在你的大学生活中是否扮演了如下角色：

选项＼内容	从不	很少	有时	经常	总是
(1) 学校规定和政策的传达者					
(2) 学生日常事务(寝室管理、奖惩管理、奖助学金发放等)管理者					
(3) 学生成长与发展困扰的引导者					
(4) 党和国家大政方针、政策的传播者					
(5) 集体活动(院系、班级、团组织活动等)的组织者					
(6) 学生党支部和班委会建设的指导者					
(7) 学生骨干、干部的培养者					
(8) 特殊需要学生(残障、少数民族学生等)的帮扶者与关怀者					
(9) 与任课教师、心理咨询老师、家长的沟通协调者					

20. 当你在大学生涯中遇到如下方面的困扰时,你会向谁求助?

选项＼内容	同学或朋友	学长或学姐	家人(父母或亲戚)	学工老师(辅导员、班主任等)	关系密切的任课老师	其他(请注明)
(1)大一刚来时,对大学生活各方面的不适应						
(2)对所学专业不满意、没兴趣						
(3)学习缺乏动力与自觉性						
(4)表白或恋爱受挫						
(5)与室友不能很好相处						
(6)人际沟通能力欠缺						
(7)就业压力大、就业信息匮乏						
(8)对未来缺乏规划、感到迷茫						
(9)纠结于考研,还是就业						

21. 在《普通高等学校辅导员队伍建设规定》中，辅导员拥有如下工作职责，请对你院系辅导员在日常工作中如下工作职责的履行情况做出评价：

选项＼内容	很不好	不太好	一般	比较好	非常好
(1) 帮助高校学生树立正确的世界观、人生观、价值观，确立马克思主义、走中国特色社会主义道路、实现中华民族伟大复兴的共同理想和坚定信念					
(2) 经常性地开展谈心活动，帮助和引导学生养成良好的道德品质、心理品质和自尊、自爱、自律、自强的优良品格，以及克服困难、经受考验、承受挫折的能力					
(3) 有针对性地帮助学生处理好学习成才、择业交友、健康生活等方面的具体问题，提高思想认识和精神境界					
(4) 了解和掌握高校学生思想政治状况，针对学生关心的热点、焦点问题，及时进行教育和引导					
(5) 及时化解矛盾冲突和处理有关突发事件，维护好校园安全和稳定					
(6) 落实好对经济困难学生资助的有关工作，组织好高校学生勤工助学，积极帮助经济困难学生完成学业					
(7) 积极开展就业指导和服务工作，为学生提供高效优质的就业指导和信息服务，帮助学生树立正确的就业观念					
(8) 以班级为基础，以学生为主体，发挥学生班集体在大学生思想政治教育中的组织力量					

内容　　选项	很不好	不太好	一般	比较好	非常好
(9) 组织、协调班主任、思想政治理论课教师和组织员等工作骨干共同做好经常性的思想政治工作，在学生中间开展形式多样的教育活动					
(10) 指导学生党支部和班委会建设，做好学生骨干培养工作，激发学生的积极性、主动性					

再次衷心感谢您的参与！

高校学生工作现状访谈提纲

1. 从体制和运行的角度谈谈目前高校学生工作的弊病与困顿?(从目标、理念、内容、活动、学生特点、社会环境等方面)

2. 高校学生工作的实际目的(比如,不出事、维稳等等)与培养学生、促进学生发展的目标的偏离?(能不能举自己工作中的例子说明)

3. 现在高校学生工作的价值导向是什么?以学生需求为本还是以完成学校任务为本?以约束为本还是以成长为本?(最好能举例说明,价值取向是偏离以生为本)

4. 辅导员的日常工作职责主要是什么?(比如大学生思政教育、日常管理和成长服务等,主要是在做一块?哪个职责占据了主要的精力?你觉得这样合理吗?)

5. 辅导员为什么那么累?怎么样从体制上改革才能不累?(比如,理念、分工等方面,是因为应付上面的任务,比如填表、报数据,还是面对学生的复杂情况造成的?是"对上"累还是"对下"累,还是工作本身事情真的太多了,事无巨细?)

6. 就普遍情况而言,辅导员与大多数学生接触沟通得多吗?除了传递信息的沟通外,特别是深入沟通多吗?

7. 现在学生信任辅导员吗?会主动向辅导员求助吗?会主动把一些心理困境、家庭困境、人际交往困境等向辅导员倾诉吗?如果会,是为什么?如果不会,又是为什么?

8. 一个优秀的高校学生工作者具备哪些素质和能力？（从思想上、心理上、专业上和能力等方面谈谈）

9. 你对目前班级与学生组织（学生会、社团、志愿者协会）建设的评价如何？它们分别存在哪些问题？

10. 目前大学生对学校的一些学团活动（团组织生活、志愿服务活动、表彰庆祝活动等）感兴趣吗？愿不愿意参加？评价如何？你觉得这些活动对促进大学生成长的实效性如何？还是只为了完成任务？

11. 目前大学生的个性和在其遇到的问题呈现出什么特点，这给学生工作带来哪些难度？（比如，个性差异大，遇到的问题多样化等）

12. 目前社会环境的复杂给高校学生工作带来哪些困顿？（比如，信息渠道的多元，传播的快速以及社会上各种思潮的冲击等。